埋橋孝文/矢野裕俊/田中聡子/三宅洋一 [編著]

子どもの貧困/不利/困難を考えるⅢ

施策に向けた総合的アプローチ

ミネルヴァ書房

刊行にあたって
――子どもの貧困に立ち向かうために――

　日本で子どもの貧困に注目が集まるようになって（2008年）からおよそ10年が経った。2007年にユニセフ・イノチェンティ研究所から『先進国における子どもの幸せ』（レポート・カード7）が出され，国際比較でみて日本の子どもの状況にはさまざまな課題があることが知られるようになり，2008年には，「子どもの貧困」と題する複数の本が刊行された。2014年には子どもの貧困対策を総合的に推進することを目的に，「子どもの貧困対策の推進に関する法律」が施行され，それにもとづいて政府の「子供の貧困対策に関する大綱」が示された。

　この10年ほどの間に「子どもの生活実態調査」などの名において子どもの貧困の実態を把握するための調査が全国的に自治体レベルで取り組まれてきた。その嚆矢となったのは私たちが2012年に実施した「大阪子ども調査」であった。子どもの貧困は行政の言葉としてもすっかり定着している。

　そうした調査からは子どもの貧困が経済的な困窮にとどまらず，食生活のあり方や健康とも関連するものであり，学習のための環境の貧しさ，人間関係の狭さ・乏しさ，さまざまな体験の不足などの問題とも関連していることが明らかにされている。子どもの貧困は，人生においてきわめて重要な時期に悪影響を及ぼし，健やかに学び育つことを危うくしているのである。各地で行政による事業をはじめとしたさまざまな対策として，子ども食堂の開設，居場所づくりや学習支援事業が急速に広がってきた背景にはこのような事情がある。

　統計数字でみると，子どもの貧困率は2012年の16.3％から2015年には13.9％へと下がった。相対的貧困の状態にある子どもの数が6人に1人から7人に1人になったのである。しかし人数にすると，およそ280万人の子どもが今なお貧困ということになり，下がったとはいうものの，日本における子どもの貧困はその規模において依然として際立った問題状況を示している。

　たとえば，内閣府から公表されている「平成28年度子供の貧困の状況と子供

i

の貧困対策の実施状況」によれば，生活保護世帯の子どもの教育に目を向けると，高等学校進学率は93.3％と，全世帯の平均98.9％と大きく遜色はないが，大学への進学率となると，全世帯平均が53.0％であるのに対して，生活保護世帯からの進学率は19.0％と格段に低くなっている。

また，高等学校に入学してから中退する比率も生活保護世帯で歴然として高い。日本の子どもの貧困は，すでに準義務教育化した高等学校教育の修了すら危機にさらされているというのが現状である。そのことが職業選択を制約し，学習・文化・スポーツなどの機会を狭めることになれば，まさしく貧困の世代的連鎖につながる。

子どもの貧困という問題に立ち向かううえで，当事者である子どもへの福祉・教育的働きかけが必要ではないか，という問いかけは私たちが共有する問題意識であった。

ここで「福祉・教育的」と述べたが，実は福祉と教育とを統合して一つの働きかけを実現するといったことは，果たして期待できるのであろうか。福祉と教育は隣接しており，両者の間には相互に重なり合う局面がたくさんある。たとえば，乳幼児の保育はそれを必要とする子どもに対するケアであり，同時にまた教育でもある。日々行われる保育の中には，ケアと教育が不可分に混じり合っているのである。しかしながら，福祉と教育には懸隔があることも認めざるを得ない。学校では，特別支援教育として，障害のある子どもを対象に教育上必要な支援を講じることはあっても，貧困状態にある子どもを特に対象とした教育は行われず，奨学の措置が講じられるのみである。学校では，「人種，信条，性別，社会的身分，経済的地位又は門地によって，教育上差別されない」（教育基本法第4条）という教育機会均等の原則にもとづいて，すべての子どもに対して教育は平等に行われなければならないと考えられているからである。是非はともかく，福祉施策として設けられている就学援助の制度は，学校では教員の教育活動とは切り離されている。

福祉と教育を架橋する必要性は誰もが認めるところであるが，実際に橋を渡し，両者の間を自由に往還するのは至難のことである。しかし，子どもの貧困に対処するには，この困難な課題への挑戦が不可欠である。本書では，そうした困難の背後にある葛藤の一端にも注目している。

刊行にあたって

　私たちは，子どもの自己肯定感やレジリエンスに注目して子どもに対して貧困が及ぼす影響を最小限にくい止めるためのサポートのあり方を福祉と教育の両面から考えてきた。自己肯定感やレジリエンスといった，子どもの心の働きが力となって，貧困に対して防御機能をもつのではないか，との仮説が出発点となっていた。それらを高めることで，子どもが個人としてはもとより，子ども同士を含む人とのさまざまな関係性の中で貧困に負けない状況を作り出すことはできないだろうか。それが私たちの研究を通底するモチーフであった。

　子どもの貧困は親の貧困から切り離してはありえず，親の貧困が第一次的に重要であり，立ち向かうべき問題である。しかし，親の貧困への対策が子どもの貧困をすべて解消してくれるというわけではない。親の貧困に対処することと並んで子どもへの働きかけが必要なゆえんである。

　本書はいまだそれについて結論的なことを述べるまでには至っていないかもしれないが，「子どもの貧困に対する総合的アプローチ」を提示しえたことで，少なくとも前著『子どもの貧困／不利／困難を考える Ⅰ――理論的アプローチと各国の取組み』および『子どもの貧困／不利／困難を考える Ⅱ――社会的支援をめぐる政策的アプローチ』（Ⅰ，Ⅱとも2015年）以降の私たちの問題関心と研究による知見を深められたのではないかと思う。

　読者の皆さんから忌憚のないご意見をいただいて，研究をさらに発展させることができればと念じている。

2019年2月

埋橋孝文・矢野裕俊・田中聡子・三宅洋一

子どもの貧困／不利／困難を考えるⅢ
——施策に向けた総合的アプローチ——
目　次

刊行にあたって──子どもの貧困に立ち向かうために

序　章　「子どもの貧困」への総合的アプローチ ……………埋橋孝文…1
 1　マクロ・ミクロ両分野への架橋 …………………………………………1
 2　第1期プロジェクトから第2期プロジェクトへ ………………………3
 3　本書の3つの大きな検討課題 ……………………………………………5
 4　「親の貧困」から「子どもの貧困」へ至る経路とステージ …………6
 5　貧困対策の区分 ……………………………………………………………9
 6　子どもの貧困の解決策を探るためのリサーチクエスチョン ………12
 7　本書の構成 ………………………………………………………………13

第一部　子どもの貧困のトータルな把握のために

第1章　子どもの貧困と自己肯定感 ……………………………矢野裕俊…21
 1　自己肯定感のさまざまな捉え方 ………………………………………21
 2　子どもの自己肯定感への注目 …………………………………………24
 3　子どもの貧困と自己肯定感 ……………………………………………25
 4　自己肯定感，レジリエンス，貧困／不利／困難に負けない力 ……30
 5　自己肯定感を育てる福祉・教育プログラムに必要な視点 …………32

第2章　子どもの「貧困に負けない力」とレジリエンス ……埋橋孝文…37
 1　なぜ学校や福祉の現場での取り組みが遅れているのか ……………37
 2　レジリエンス研究の傾向 ………………………………………………39
 3　レジリエンスという概念 ………………………………………………41
 4　レジリエンスと自己肯定感 ……………………………………………43
 5　いくつかの実践事例から ………………………………………………46
 6　事後ケアの重要性 ………………………………………………………54

目　次

第 3 章　社会福祉の対象と子どもの貧困……………………田中聡子…61
　　1　社会福祉の対象：社会福祉は子どもの貧困にどう向き合ったか……61
　　2　対象としての子どもの貧困：社会福祉の貧困問題への可能性………67

第 4 章　親の貧困と所得保障………………………………………桜井啓太…73
　　1　なぜ「親の貧困」が問題か？：ひとり親世帯をめぐる状況…………73
　　2　ひとり親世帯に対する所得保障政策（社会手当，生活保護）………77
　　3　所得保障が脆弱な子どもの貧困対策……………………………………81
　　4　"貧困"を解決するために…………………………………………………83

第 5 章　障害のある親の場合にみる子どもの貧困問題……山村りつ…86
　　1　障害をもつ親の存在………………………………………………………86
　　2　障害者の貧困………………………………………………………………87
　　3　親子関係の剝奪……………………………………………………………95
　　4　対策：子どもの貧困の観点から…………………………………………98
　　5　障害をもつ親のニーズに取り組む意義…………………………………101

第 6 章　妊娠・出産を機に貧困の連鎖を断つ………………鷲巣典代…104
　　1　妊娠・出産期における貧困の表れと影響………………………………104
　　2　保健医療・福祉による妊娠・出産に対する支援………………………112
　　3　貧困の連鎖を断つためのストラテジー…………………………………116
　　4　胎内から子どもの人権を守るために……………………………………121

第二部　子どもの貧困を直視して

第 7 章　子どもの貧困と保育……………………………………石田慎二…129
　　1　保育所で表れる子どもの貧困の現状……………………………………129
　　2　保育所における子どもの貧困への対応…………………………………130

3　子どもの貧困対策としての保育所の役割と課題 …………………… 131
　　　4　保育ソーシャルワークの可能性 ………………………………………… 138
　　　5　適切な支援につなげていくために ……………………………………… 137

第8章　子どもの貧困と学校教育 ……………………………… 小川眞智子 … 140
　　　　　──小学校を中心に──
　　　1　小学校教育における「子どもの貧困」 ………………………………… 140
　　　2　小学校における「子どもの貧困」への対応 ………………………… 143
　　　3　小学校における取り組みの現状と現場の願い ……………………… 150
　　　4　学校が「子どもの貧困」対策のプラットフォームとなるために … 154

第9章　子どもの貧困と学校ソーシャルワーク ……………… 門田光司 … 159
　　　1　アメリカでの学校ソーシャルワークの始まり ……………………… 159
　　　2　子どもの貧困と学校ソーシャルワーク ……………………………… 164

第10章　児童養護施設における自立支援 ……………………… 梅谷聡子 … 174
　　　　　──レジリエンス理論に着目して──
　　　1　レジリエンス理論と研究方法 ………………………………………… 174
　　　2　不利・困難な状況が児童養護施設の子どもたちにもたらす現象 … 175
　　　3　児童養護施設職員が考える子どものレジリエンスを育むストラテジー … 178
　　　4　入所している子ども・退所者のレジリエンスを育む自立支援内容 … 181
　　　5　子どものレジリエンスを育む自立支援の構造 ……………………… 185
　　　6　児童養護施設の子どもの自立を支えるために ……………………… 187

第11章　子どものレジリエンスが育まれる過程 ……………… 田中弘美 … 189
　　　　　──生い立ちの整理の実践から──
　　　1　児童養護施設の子どもを取り巻く貧困／不利／困難 ……………… 190
　　　2　生い立ちの整理 ………………………………………………………… 191

　　　　　　　　　　　　　　　　　　　　　目　　次

　　3　児童養護施設の子どもが抱える困難……………………………192
　　4　生い立ちの整理の中身……………………………………………193
　　5　生い立ちの整理をとおして子どもにみられた変化……………195
　　6　レジリエンスが醸成されていくプロセス………………………198
　　7　過程に寄り添い支える「人」の存在……………………………201

第12章　子どもの貧困と子ども食堂………………………田中聡子…205
　　1　増え続ける子ども食堂……………………………………………205
　　2　子ども食堂は子どもの貧困に対するどのような取り組みなのか……206
　　3　子ども食堂はどのような効果をもたらすのか…………………210
　　4　これからの議論のために…………………………………………216

第13章　「子どもの貧困」と児童文学……………………三島亜紀子…219
　　　　　――二宮金次郎ストーリーを超えて――
　　1　レジリエンスとナラティブ………………………………………219
　　2　近代児童文学と貧困………………………………………………220
　　3　貧困を描く児童文学の今後………………………………………228
　　4　子どもと社会のレジリエンスを高める物語……………………231

終　章　総合的アプローチ再考……………………………三宅洋一…235
　　1　現代日本における貧困……………………………………………235
　　2　2部構成で研究を展開……………………………………………235
　　3　第一部の意義………………………………………………………236
　　4　第二部の意義………………………………………………………240
　　5　改善の方向について………………………………………………241

あとがき……243
索　　引……245

序　　章
　　　　「子どもの貧困」への総合的アプローチ

　　　　　　　　　　　　　　　　　　　　　　　　埋橋孝文

1　マクロ・ミクロ両分野への架橋

　近年，子どもの貧困に注目が集まっている。2014年1月にいわゆる子どもの貧困対策推進法が施行され，同年8月には「子供の貧困対策に関する大綱」が定められた。さらに，学術的な研究面でも多くの成果が公表されるに至っている。そうした中で以下のようなことが明らかになってきた（図序-1）。
　①子どもの貧困率は2015年で13.9%であり，7人に1人の子どもが貧困状態にある。
　②世帯類型別にみてひとり親世帯の子どもの貧困率は高く，2015年で50.8%という高い水準にある。
　③子ども期の貧困が，低学力（学歴）や非正規雇用，低所得を介して成人後の貧困に結果するという「貧困の世代間連鎖（継承）」がみられる。
　こうした状況の中で貧困および子どもの貧困に関する研究も著しく進展することになった。図序-2から〈貧困〉をタイトルもしくはキーワードに含む論文数（右目盛）が，1996年以来急増し，とくに2006年以降の増え方は顕著であり，2009年には1072件の大台に乗ってピークに達し，それ以降はやや減っている。しかしそれでも，ほぼ年間600件以上の水準にある。貧困率の数値について1997―2002年が第1の画期，2007―12年が第2の画期であるといわれているが（戸室 2016：39），その傾向に合致した形で論文数が推移している[1]。
　〈子どもの貧困〉に関する研究は，2002年から増え始め，とりわけ2008年からは急増している（2008年64件，2009年158件，2010年227件，2011年155件）。こうしてみると，〈子どもの貧困〉の研究趨勢は〈貧困〉のそれと，ほぼ同じ動きをし，量的には〈貧困〉全体の2～3割を占めている。

図序 - 1　相対的貧困率の推移

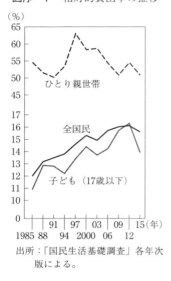

出所:「国民生活基礎調査」各年次版による。

しかし，貧困率というマクロ的な指標でみた深刻な様相とそれに対応しての貧困研究が進展したのであるが，貧困家庭の子どもと接する機会の一番多い教育現場や福祉現場で「子どもの貧困」あるいは「貧困家庭の子ども」に具体的にどう対応すべきか，といったミクロのプラクティスに関する知見はそれほど得られていない。

下記の引用文は，全国社会福祉協議会主催「2015年度ファミリーソーシャルワーカー研修会〈2016年2月8日〉パネルディスカッション事前アンケート集約結果」の一部ではあるが，福祉現場で切実な問題がどこにあるかを如実に示している。

図序 - 2　貧困に関わる研究（学術論文数）

出所：CiNiiの検索（1945-2016）から筆者作成。2017年7月20日閲覧。

序　章　「子どもの貧困」への総合的アプローチ

「貧困問題の具体」（「聞きたいこと」分類，全社協事務局整理）
1．「貧困問題がある家庭支援で，うまくいった例と，うまくいかなかった例をできる限り具体的に教えて頂きたい。また，貧困問題がある家庭支援で現場レベルでできることは何なのかというところもあわせてきいてみたい」
2．「子どもの貧困に立ち向かう力として「レジリエンス」が注目されていますが，レジリエンスと自己肯定感の関連性が示唆される中で福祉現場の役割として自己肯定感を育むかかわり，取り組みの中でどのように工夫されているか実践例などがあれば教えてください」
3．「子どもたちを貧困の連鎖から抜け出させるために大切だと考える支援について，具体的に伺いたいと思います」
4．「子どもの貧困問題とあるが，実際子どもが貧困に陥る背景として，親の影響は大きいように思う。子どもが豊かであるには，親や周囲の環境が整っていることが必要な条件の一つとなるだろう。……母子が生活している場において（＝母子生活支援施設），貧困問題に対してどのようなアプローチが必要なのか，また実践しているのか，事例があるのならばお聞かせ願えればと思う」
5．「貧困な状態に置かれている子供を発見し，家庭に介入していく際，実際にどのような支援を行っているのか。親と子の関係性も調整する必要があると思うが，どのようなアプローチをされているのか。等について具体的な実践の例など，情報交換をしたいです」

出所：全社協主催「2015年度ファミリーソーシャルワーカー研修会〈2016年2月8日〉パネルディスカッション事前アンケート集約結果」から。

つまり，児童養護施設，乳児院，母子生活支援施設で働くソーシャルワーカーは，①うまくいった例やうまくいかなかった例，②貧困問題の解決に向けた現場の支援によって何ができるのか，そのために必要なアプローチや実践，③レジリエンスや自己肯定感を高める福祉現場での実践例，などへの関心が高い。子どもの貧困に対してソーシャルワーカーがどのように対応したらよいかをめぐってのヒントを先進的な取り組み例から得ようとする姿勢がうかがわれる。こうしたことは，「マクロ・ミクロ両分野に架橋し，福祉・教育現場における実践に役立つ知見や原理」を引き出す試みが，今まさに現場のソーシャルワーカーによって求められていることを意味している。

2　第1期プロジェクトから第2期プロジェクトへ

私たちの科研プロジェクト「貧困に対する子どものコンピテンシーをはぐくむ福祉・教育プログラム開発」（2011—13年度，以下第1期プロジェクトという）[2]の

柱ともいうべき問題意識は，以下のとおりであった。

　第1に，「親の貧困」と区別される「子どもの貧困」の特性の解明はいまだ不十分であり，第2に，現場（学校，福祉施設，地域）でそれにミクロ的にどのように対応するべきかという問題についてはあまり深められていない。「子どもの貧困」をめぐって，マクロ的貧困研究とミクロの福祉・教育実践を繋ぐメゾ領域が未開拓であり，missing ring となっている（埋橋・矢野 2015：13）。

　そのうえで，以下の4点を指摘し，従来の研究では見落とされていた点，あるいは，曖昧にとどまっていた点を明確にした。
　第1に，子どもの貧困と親の貧困は「原因」と「およぼす影響」という2つの点において区別されるべきである。親の貧困の原因には，失業や雇用の問題のほか疾病や障害，離婚などが考えられるが，子どもの貧困の直接の原因は親の貧困である。影響面では子どもは「可塑性」に富むことから，プラスにせよマイナスにせよ，環境からの影響を成人よりも受けやすい。子どもの貧困は，そうでなければ子どもが享受しえたであろうさまざまな機会や資源へのアクセスを著しく困難にする（排除・剥奪状態）。たとえば，①親が子どもと向き合う十分な時間が取れない，②居住スペースの狭さ，③適切な教育環境の不足などであり，そのことは「可塑性」に富み「教育による陶冶の可能性の高い」子どもの成長過程に負の影響を及ぼす。
　第2に，子どもの貧困にどのように対応するべきかという問題をめぐって，子どもの貧困の「直接的な原因」である親の貧困への対応が必要であることは当然だとして，それ以外に，学校や福祉の現場での子ども自身への働きかけについては，これまで十分な検討が行われなかった。そのため，子どもへの働きかけが必要なのかどうか，あるいはそもそも可能なのかどうか，働きかけの対象や目標は何か，などの重要な原理が曖昧なままに残されており，その結果，学校現場や福祉現場，地域で子どもの貧困に対してどのように対応すべきかに関するガイドライン的なものすら存在しない。
　第3に，上のような限界や難点を乗り越えるために一種のレジリエンス概念

である「貧困／不利／困難に負けない力」(以下,「貧困に負けない力」という)を想定し,その増進を働きかけの「対象」および「目標」に設定することが妥当ではないか。つまり,子どもが「貧困／不利／困難」というリスクに直面しても,それを乗り越えたり,あるいは,その負の影響を最小限にするような作用＝レジリエンスを検討することが肝要である。

　第4に,私たちの調査は「貧困家庭の子どもの間ではそうでない子どもに比べて自己肯定感が有意に低い」ことを実証的に明らかにした。貧困でない家庭の子どもたちが当たり前に手にしているもの(たとえば流行の衣服やグッズ,塾などの学校教育以外の教育機会やスポーツ・音楽などの社交の機会など)を利用しえないということは,他と違うという疎外感につながり,自らへの期待や自己肯定感を低めていくことにつながる。また,児童養護施設の職員に対するインタビューの中で,虐待や親との離別,十分な説明なしに措置で施設に入所したことなど,さまざまな不利や困難を経験した子どもへの働きかけに際して,自己肯定感の低い子どもにはなかなか効果を挙げにくいこと,したがって,まずその自己肯定感を引き上げることが肝要であることが繰り返し語られた。同じことは自己肯定感が低い貧困家庭の子どもにも当てはまり,「自己肯定感は,主体性・意欲をはぐくみ,そこから自立生活を築いていくうえでの根幹に位置づけられるキー概念」(田中 2015)であることが明らかになった。

3　本書の3つの大きな検討課題

　ただし,第1期プロジェクトからもち越された検討課題がいくつかある。それを引き継いでのフォローアップ研究である第2期プロジェクトの成果をまとめた本書の目的は,以下に列挙する検討課題を「解決する」ことである。
　第1は,自己肯定感が「貧困に負けない力」の基礎にあるものとして捉えたが,それは実証的に支持されるのか,あるいは,自己肯定感の大小を決めるのは何か,自己肯定感を高めるにはどのようにすればいいのか,という問題が残された。
　第2は,「貧困に負けない力」という概念を措定し,それをレジリエンスの一つとして捉えたことに関連する。第1期では「貧困に負けない力」を教育的

および福祉的働きかけの対象と目的と設定したのであるが，次には，それぞれの「力」を具体的にどのようにして育んでいくべきかを明らかにする必要がある。

　第3は，「親の貧困」と「子どもの貧困」との関係を明確にするという課題である。両者の貧困の特性と違いや関係を明らかにすることが，政策的な対策を考えるためには必要不可欠である。

　以上の3点が明らかにすべき課題である。

　上のうち第1の課題については，京都市教育委員会事務局の協力を得て「京都子ども調査」を実施し（2017年2月実施），多変量解析の手法を用いて「自己肯定感」の規定要因を探った。[6]その成果は本書第1章に生かされている。

　第2の課題については，レジリエンス概念を検討し，子ども時代を振り返る回顧的インタビュー調査で，どういう場合に自己肯定感を回復し，「貧困に負けない力」を結果的に身につけることができたかを検討した。現在子どもの貧困が大きな注目を集めても，福祉や教育の現場でどのように対応すべきかをめぐってあまり多くの知見の蓄積はみられないのが現状である。ただし，そうはいっても日々の実践の中で積み重ねられた貴重な知見があるはずである。インタビューを通して，「貧困に負けない力」を奮い起こしたような，「埋もれた，このままでは忘れ去られかねない貴重な実践事例」を掘り起こしていく。これらの検討の結果得られた成果は本書第2章で紹介する。

　第3の課題については，そうした問題を今回のプロジェクトでより詳しく検討する中で，子どもの貧困に迫る総合的アプローチを構想することができるようになった。以下では，この第3の課題に関連した「子どもの貧困への総合的アプローチ」の考え方を示し，本書の各章に共通するいくつかのリサーチクエスチョンを紹介する。

4　「親の貧困」から「子どもの貧困」へ至る経路とステージ

　私たちは「親の貧困」と「子どもの貧困」を区別しているが，そのことは両者が無関係であることを意味するものではない。むしろ逆で，いったん両者を区別してこそ，2つの貧困の密接な関係に迫りうるのである。図序-3の整理

によって，親の貧困と子どもの貧困の関係を明確にできる。

　図序-3は親の貧困から子どもの貧困へと至る3つの経路（⇒で示される）および「親の貧困」，「子どもの貧困」，「子ども自身（への影響）」という3つの段階（ステージ）から構成されている。この図そのものは今後のあるべき政策や対応をそれ自身示すものではなく，あくまでも，複雑に絡み合った複雑な事象をいくつかの〈プロセス〉に分けることで解きほぐし，理解を容易にするねらいをもつ。そのうえで，一連の流れの中の各ステージと各経路において必要かつ実施可能な政策的対応を明示している。

　図の左側から説明していけば，ステージ1は，「貧困」をどう捉えるかでかかわってくるが，所得や資産など経済的な資本の欠如，健康や教育など人的資本の欠如，つながりやネットワークなど社会関係資本の欠如など，3つの資本が欠如している状態である。経済的観点からの貧困の捉え方をベースにしながら，教育や社会関係などの要素をも加味して「貧困」を理解しようとしている。

　そうした「親の貧困」という結果に至る経路には失業や疾病，障害，低学歴，非正規雇用などのリスク要因を考えることができる。ここで留意したいのは，そうしたリスク要因はいわば単体で貧困をもたらす場合もあるが，多くの場合，リスク要因が複合的に作用して貧困をもたらしているということである。

　親の貧困が子どもの貧困に結びつく経路としては，貧困ゆえに子どもに当然与えられるべき各種資源や機会，たとえば，十分な食事と居住環境，教育・文化環境，旅行や余暇，スポーツをする機会，家族間のコミュニケーションなどが与えられない，存在しないことが考えられる。親の貧困の場合でも十分な水準の資源や機会から排除されたり，剥奪されていることがあるが，子どもの貧困の場合，そうした排除，剥奪の側面はより深刻な影響を及ぼす。なお，そうした経路とステージ2とを区別することは難しい。また，親（世帯）が貧困でなくとも，世帯内構成員，たとえば妻や子どもに配分される資源が少ない場合，子どもの貧困が出現することも補足しておきたい[7]。

　次に，子どもの貧困が子ども自身にどのような影響を与えているか（ステージ3）についていえば，それは長期的影響と短期的影響に分けられる。あるいは心理的，身体的影響や学力に及ぼす影響などに分けて検討されるべき問題である。日本では同一サンプルを長年にわたって経過追跡観察していくパネルデ

図序-3 子どもの貧困の経路・ステージと対応する施策

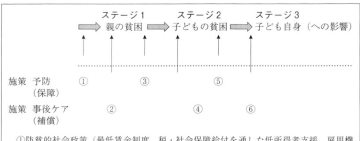

出所:筆者作成。

ータの蓄積が少ないことから長期的影響については確定的な結論は得ていないものの,「(生活保護受給者などの) 貧困の世代的継承」などの事実の検証が行われつつある (道中 2009)。

ここで注目したいのは,むしろ,貧困が現在の子どもにどのような影響を及ぼしているかという,先に2つに分けた言い方をすれば短期的影響の方である。この点についても,日本では子どもの視点からの貧困を理解するということ,すなわち貧困状態にある子どもや貧困状態にない子どもを含めた子ども自身が貧困をどのように理解しているかを探る「子ども視点 (child perspective)」からの研究が少ないのが難点である。それを推進していくには,もちろん倫理的な配慮のもと,子ども自身へのインタビュー調査などを視野に入れていく必要があるであろう[8]。

そうした留保付きではあるが,一般に貧困に直面した子どもは貧困という自分たちには責任がない事柄に対して憤りや怒りを感じることがあっても,また,資源や機会を享受している友達などを見てうらやましく思っても,自分自身の

力が及ばない事態に立ち向かうすべもなく，そうしたことから自分自身の状況を変える力がないのではないかという無力感が醸成されることになる。こうしたことから，貧困状態にある子どもの自己肯定感は低くなり（「大阪子ども調査結果の概要」2015年），同時に，先を見通すことや長期的な計画のもとで行動することが難しいという特徴が生まれてくる（山村 2015：60—61）。先を見通しても，あるいは長期的な計画のもとで行動しても何もよいことはない，かえって達成できない，あるいは裏切られることの方が多いという絶望に近い諦めがその根底にある。

5　貧困対策の区分

　図序‐3の一つの大きな効用は，子どもの貧困への政策的対応の整理が可能になることである。それぞれの経路とステージごとに実施される施策を「予防・事前ケア」か「事後ケア」かどうか，あるいは「金銭的支援」か「サービスによる支援」かどうかによって分類することができる。

　予防・事前ケアの場合（奇数番号①，③，⑤）は上段に，事後ケアの場合（偶数番号②，④，⑥）は下段に分類している。ただし，事後ケアといってもそれは後のプロセスとステージからすれば予防・事前ケアになることに注意が必要である。たとえば，生活保護手当の支給は，親の貧困に対しては事後ケアであったとしても，後のプロセスである子どもの貧困に対してはそれを予防することになるし，貧困が子どもに及ぼす影響を少なくすることになる。

　①の施策は親の貧困に至る経路を「狭くする」施策であり，貧困を未然に防ぐもしくは緩和する〈防貧的社会政策〉である。その中には，最低賃金制度などの〈規制〉施策や雇用機会の提供，職業能力の向上，税・社会保障給付などの金銭的方策，および，「生活保護に至る前の段階にある生活困窮者の自立を促進する」方策である生活困窮者自立支援法にもとづく各種施策が含まれる。[9]

　②の施策は，①にもかかわらず貧困を予防できなかった後に，つまり貧困の「認定」後に提供される生活保護手当がその代表である。

　③は，親の貧困が子どもの貧困に直結する度合いを緩和する方策であり，それらは児童手当や児童扶養手当，就学援助費などの金銭的方策，および，貧困

だけが理由ではないが養育困難による子どもの児童養護施設への入所，里親委託などの非金銭的「規制」政策がある。

　④に相当する子どもの貧困に対する事後的ケアとしては独立した施策は見当たらない。子どもの貧困が親の貧困と一体化している場合，それは生活保護手当でカバーされるべきである。子どもを直接対象としているという意味で教育扶助をここに挙げてもいいかもしれない。

　⑤が関係する子どもの貧困とは，子どもが当然享受する権利をもつさまざまな資源や機会にアクセスすることができないこと，つまりそうしたアクセスの権利を剥奪，排除されている状態である。この⑤は，そうした事態が実際に子どもに負の影響を与えるのをできるだけ少なくするような「補償」，「補填」のための方策である。つまり「中3学習会」は学習を補充するものであり，「子ども食堂」は食事を補填するものである。そのほか，保育・子育て支援サービスも，子どもが必要とするサービスを補填する。

　⑥と上の⑤を区別することは難しいが，いわば貧困によるさまざまな悪影響を被った子どもに対して教育や福祉に何ができるかを考えた場合，ダメージからの回復を主旨とする何らかのアフターケア方策がここに入る。それは，貧困によって極限にまで低下させられた自己肯定感や自信などを回復させる働きかけである場合もあるであろうし，あるいは，人間や社会への不信感を払しょくさせる形をとることも考えられる。

　図序-3によって「子どもの貧困に対する総合的なアプローチ」がどのようなものかが浮き彫りになる。つまり，総合的アプローチとは，図の中の①から⑥をすべて視野に入れるものである。その中には，親を直接的な働きかけの対象とするものもあれば子どもへの働きかけを中心とするものもある。また，予防的な施策もあれば事後的な「治療」的な施策もある。さらに，現金給付やサービス給付の両方を含み，しかも，最低賃金制度などの〈規制〉や，母子生活支援施設や児童養護施設などのサービスを提供する〈施設でのインケアとアフターケア〉をも含む。つまり，「子どもの貧困」に対する総合的なアプローチとは，以下のAからEまでの性格の異なる施策を視野に入れた，文字通り，包括的なものである。

　A．親が対象（A-1貧困に陥った親，A-2貧困に陥るリスクの高い親）／子どもが

序　章　「子どもの貧困」への総合的アプローチ

　　　対象
B．予防的な施策／「治療」的な施策
C．現金給付／サービス給付
D．再分配（給付）／規制
E．施設でのインケアと退所後のアフターケア

　上の「A-1　貧困に陥った親，A-2貧困に陥るリスクの高い親」について説明すれば以下のとおりである。

　子どもの貧困とは区別される「親の貧困」とは，健康や教育などの人的資本の欠如，つながりやネットワークなど社会関係資本の欠如なども考えられるが，基本は所得や資産などの経済的資本が欠如している状態である。したがって，親の貧困に関わる施策①，②は経済的所得に関わるものが主なものとなっている。

　ところで，Aの「親」とは具体的にいえばどういう人を指すかについては，直接的には「所得の低い成人」であるが，貧困の原因とも関係させれば，低学歴者，失業者，非正規労働者などの低賃金労働者，障害者，母子家庭の母親，などが考えうる。ここで，「所得が低い」ことを事由として公的現金給付が行われる生活保護，あるいは就学援助費であるが，それらは「貧困」であることを前提に支給される事後的救貧策である。それ以外に，貧困に陥る可能性が高い人，いわば貧困リスクが高い人に事前的に給付されるものの代表がひとり親世帯に支給される児童扶養手当である。したがって，ここではAの「親」は，A-1貧困に陥った親，A-2貧困に陥るリスクの高い親の2つに区分することができる。

　私たちは，子どもの貧困は親の貧困と区別されるべきであるという認識に立っている。そうして初めて福祉・教育の分野での子ども自身への働きかけが可能になる。あるいは，子どもの貧困への対応をめぐって，親と子どもの貧困を区別せずに「子どもの貧困は親の貧困である」と断定した場合に，視野に入ってくるのは**図序-3**の①，②であるが，区別すると③，④，⑤，⑥も視野に入ってくる。福祉的および教育的働きかけにとってこうした③，④，⑤，⑥は欠くことのできない重要な取り組み領域であることはいうまでもない。

　ただし，その一方で子どもの貧困の直接的な原因は「親の貧困」にあるのも

厳然たる事実である。それゆえに，子どもへの働きかけだけで子どもの貧困が予防できる，もしくは，根本的な解決に至るわけではない。**図序-3**は子どもへの働きかけだけで子どもの貧困が解決するわけではなく，根本的な解決のためには親の貧困への働きかけが必要であることをも示している。まさしく「総合的アプローチ」が必要なゆえんである。

6 子どもの貧困の解決策を探るためのリサーチクエスチョン

私たちの第1期プロジェクトが「子どもの貧困を考える」ことを目的としたのに対し，第2期のそれは「子どもの貧困問題の解決策を探る」ことを主たる目的としている。この点に関して以下の阿部（2017）の指摘は示唆に富む。

「貧困」が存在することを提示し，そして，それを描写するだけの貧困研究の時代は終焉を迎えている。問題はこの先である。どのような政策をとれば，貧困による不利が緩和されるのか，その答えが求められているのである。しかし，多くの学問においては，解決策を模索することが研究の目的ではなく，その手前で止まってしまうのである（阿部 2017：105—106）

家庭の経済状況が，日本全体の労働市場や，はたまた世界経済の動向に左右されてしまい，そう簡単に動かせないのであれば，私たちが動かせるのはこの「学校変数」となる（阿部 2017：106）

私が期待するのは，学校や教育そのものの変容である（阿部 2017：107）。

本書ではあまり問題が広がりすぎ拡散しないようにいくつかのリサーチクエスチョン（RQ）を設定し，それに答えていく形で解決策を探っている。

RQ1：子どもの貧困は，福祉や教育の場面でどのように表れ（現象し），どのような問題や困難をもたらしているか。

RQ2：（福祉や教育は）子どもの貧困にどのように対応してきたか，対応してこなかったか。

RQ3：現在どのような取り組みがあり，その効果はどのようなものであり，どういう方向，改善が望まれているか。

RQ4：（福祉や教育は）子どもの自己肯定感あるいはレジリエンスを高めるためにどういう働きかけを行っているか（行っていないか），今後どういう

対応をすべきか。

本書の各章はこうしたリサーチクエスチョンに答えることを大きな目的としている。

7　本書の構成

本書は2部構成・全13章からなっている。以下では，第一部，第二部それぞれの大まかな内容とねらいを明らかにしておく。

第一部「子どもの貧困のトータルな把握のために」は，まず第1に，子どもの貧困・貧困の子どもに対して福祉的，教育的に向き合い，働きかける場合にもっとも重要なキー・コンセプトである自己肯定感とレジリエンスを取り上げ，それらを規定する要因は何かを検討する（第1章「子どもの貧困と自己肯定感」，第2章「子どもの『貧困に負けない力』とレジリエンス」）。相互に関係が深い2つの概念は，子どもの貧困・貧困の子どもに対して「福祉的，教育的に向き合い，働きかける」場合の対象であり，かつ，その増進が目的でもあり，いわば福祉・教育実践の「導きの糸」である。

次いで，貧困に対して社会福祉学はどのように捉えているかが検証される（第3章「社会福祉の対象と子どもの貧困」）。わが国では戦後から1960年頃までは貧困は福祉や教育にとっての大きな課題であったが，その後，貧困問題は後景に退いた。1990年代後半に「貧困の（再）発見」があったのであるが（前出の注1を参照），その前後での社会福祉学による貧困認識の違いが見て取れるであろう。

第3に，本章でふれた**図序-3**に即していうと，左側（川上側）のステージ2の子どもの貧困をもたらす最大の要因である「親の貧困」にフォーカスし，それをもたらす要因と背景を検討のうえ，予防施策①および事後ケア②を明らかにする（第4章「親の貧困と所得保障」，第5章「障害のある親の場合にみる子どもの貧困問題」）。親の貧困への対応を検討している点ではこの2つの章は共通しているが，第4章は，主として所得などの経済的要因に注目しての検討であり，それに対して，第5章は障害をもつ親の貧困状態については経済的要因で説明しているが，その対策としては現金給付だけでなく障害をもつ親と子（ヤング

ケアラーを含む)のケア面での負担を軽減する支援サービスも併せて視野に入れている。また,第6章(「妊娠・出産を機に貧困の連鎖を断つ」)は,周産期に注目して「連鎖を断つ」手立てを検討し,現行の「特定妊婦制度」の意義を認めつつその態勢強化を提言している。

　第二部「子どもの貧困を直視して」は上でふれた本書の第4章,第5章,第6章が「親の貧困」に注目してその対策を論じたのに対して,子どもの貧困(貧困家庭の子ども)の深刻さに悩みつつも何とかそうした子どもに働きかけるすべはないかという問題意識のもと,執筆されている。福祉・教育現場での教職員の働きかけにヒントを与え,こういってよければ「役立つ」ことを目的としている。

　子どもの出発点は「出産」であるが,それは上の第6章で「出産する側の親」に注目して現状と対策を論じたので,第二部では「保育」から始め(第7章「子どもの貧困と保育」),次いで,小学校教育を検討する(第8章「子どもの貧困と学校教育——小学校を中心に」)。これらの章では第3章の社会福祉の場合と同じように,保育,教育の場面で「子どもの貧困はどのように表れ(現象し),どのような問題や困難をもたらしているか」(RQ1),「(保育や教育は)子どもの貧困にどのように対応してきたか,対応してこなかったか」(RQ2),「現在どのような取り組みがあり,その効果はどのようなものであり,どういう方向が望まれているか」(RQ3)というリサーチクエスチョンに沿って分析が進められている。

　続く第9章「子どもの貧困と学校ソーシャルワーク」,第10章「児童養護施設における自立支援に関する考察——レジリエンス理論に着目して」,第11章「子どものレジリエンスが育まれる過程——生い立ちの整理の実践から」の3つの章は,社会福祉に関わって子どもの貧困とその対策を考えている。いずれの章も自己肯定感やレジリエンスをどのように回復させるかを真正面から取り上げ,RQ4「(福祉や教育は)子どもの自己肯定感あるいはレジリエンスを高めるためにどういう働きを行っているか(行っていないか),今後どういう対応をすべきか」に答えようとしている。

　第9章ではスクールソーシャルワーカーが子どものレジリエンスや自己肯定感を回復するために家庭,親子関係,学校などの環境要因に働きかけることが

示される。第10章では児童養護施設職員へのインタビュー調査により,「子どものレジリエンスを育むストラテジー」と実際の支援例を明らかにする。第11章では「生い立ちの整理」に関わって上掲の RQ3 と RQ4 の解明を試みる。なお,「生い立ちの整理」は,レジリエンスの基盤となりうる子どもの自己肯定感に働きかける方法として,児童養護施設で取り組まれているもので,図序 - 3の中では⑥子どもの貧困が子ども自身に及ぼした影響への事後ケアに位置づけられる。

　第12章「子どもの貧困と子ども食堂」は,現在全国で設立が相次ぎ急増している子ども食堂を取り上げる。子ども食堂は図序 - 3における予防・事前ケアの⑤「福祉・教育プログラム」に位置づけられるが,それ以外の役割も果たし,また,住民の主体的な活動であるところに特徴がある。著者が行った全国調査をもとに,RQ3「現在どのような取り組みがあり,その効果はどのようなものであり,どういう方向,改善が望まれているか」を検討する。第13章「『子どもの貧困』と児童文学——二宮金次郎ストーリーを超えて」は,二宮金次郎から始まる児童文学作品をフォローし,相対的貧困を取り上げた作品が少ないこと,日本では「清貧の物語」化が進みやすい土壌にあること,格差問題が取り上げられていないことを踏まえ,子どものレジリエンスを高めるための児童文学とはどのようなものか,そうあるための3つの条件を挙げている。

注
(1)　日本では,1990年代後半とりわけ2006年以降,貧困研究は急増し,たとえていうならば,研究上の「貧困の(再)発見」がこの期間に生じたといっても過言ではない。イギリスで,1960年代に「貧困の再発見」がいわれたのは,それにはるかに先立つ C. ブースや J. ラウントリーによる「貧困の発見」があったからである。一方,日本ではそうした「貧困の再発見」に先立つ「貧困の発見」が歴史的に明確にあったと断定できない。したがって,1990年代後半とりわけ2006年以降の数年間を「貧困の発見」の時期といった方がいいかもしれないが,世界でも大いに注目された戦後日本経済の高度成長があり,GDP が世界第2位(2006年時点)であった時期と重なり,同時に「貧困問題」への関心が低下していた前史があるゆえに,そのことを強調する意味で「貧困の再発見」といってもよいかもしれない。近年の貧困と低所得者対策の研究動向については,埋橋(2017),埋橋・郭(2019)が詳しい。

(2) 第1期プロジェクト：科学研究費補助金 基盤研究(B)「貧困に対する子どものコンピテンシーをはぐくむ福祉・教育プログラム開発」（課題番号：23330186，研究代表者：埋橋孝文，2011—2013年度），第1期プロジェクトの成果：『子どもの貧困／不利／困難を考える Ⅰ——理論的アプローチと各国の取組み』（ミネルヴァ書房，2015年），『子どもの貧困／不利／困難を考える Ⅱ——社会的支援をめぐる政策的アプローチ』（ミネルヴァ書房，2015年）。
(3) 阿部・埋橋・矢野（2014），阿部（2015）。
(4) 主要なものを引用しておけば以下のとおりである。

A．「その子どもたちの特徴としては『自分が悪かったから入ってきているのではないか？』という部分は被虐待の子どもは特にそうですが，そうでない子どもも親御さんと生活できないことに対しての負い目をもっている子どもが大半ですわ。その中で自尊心とか自分はできるんだという自己肯定感はもちにくい環境があるということですね。その中で私たちとしては肯定的に褒めて，身近な目標達成させて達成感を与えてその繰り返しの中で持ち上げていく。スポーツも通してやっていますが，『あなた，こういう部分がいけないよ，こういう課題があるよ』としようとすると『いいんです，私なんか』という投げやりになる傾向があるということですね」。

B．「自己否定感が強いので，出す時には自己肯定感をもって出してやりたい。ただ『がんばれ，お前の人生バラ色だ』というのはむりで，そのために自己肯定感をもたせて施設から社会に送り出していくのが大事かなと」。

C．「やはり1番大切な事というのは，子どもが入所してきたらここの施設の子どもなのだと，この施設の一員なのだというところで，そこからまず虐待を受けた子ども達なんかは劣等意識というのか，そういうものが強いのです。だから有能感を与えていくということをまず大事にしていきたいなと思います。そういった寄り添いを大切にしながら，認めたり，愛したりしながら，この最終的な自立というところにもっていく，その間のプロセスというのが大事なことなのだろうなと思います。自立というのがここにあるものだとすれば，まあ色々な自立の方法があると思うのですが，半年間とかではなくもっと前の段階で，入所したときから始まるような仕組みというのを作っていく，重ねていく，そういったことが必要なのだろうなと思います。……虐待された子どもさん達が入所してくると，自分が何もできないから怒られたのだという風な感じ方をしてしまうのです。ですから，自己肯定感を高めていく方法は必要で，私は3つあると思うのです。それを小さいときからやっていくということで。まずは，守られる経験ですね。それから認められる経験，それから愛される経験。こういうのがあれば，本当に子どもというのは落ち着いてきて，自分をそんなに卑下しない様な子どもに育って

いくのではないかと思うのです」(2013年5―8月にかけて行われた児童養護施設職員に対するインタビュー調査から。同調査については埋橋・大塩まゆみ・居神2015：第2章を参照のこと)。
(5) 第2期プロジェクト：科学研究費補助金 基盤研究(C)「自己肯定感に注目した子どもの『貧困に抗う力育成のためのサポートシステムの構築』」(課題番号：15K03981，研究代表者：埋橋孝文，2015―2017年度)
(6) この調査結果については郭・田中・任・史(2018)を参照のこと。
(7) 世帯内構成員への世帯所得の不平等な分配についてはパール(1994)を参照のこと。
(8) 佐々木(2015)は，次のように述べる。「子どもの貧困について，今，一番必要なことは，子ども自身が感じている『貧困』を出来るだけ詳細に，心の奥深くまで掘り下げて率直に語ってもらうことではないだろうか。これらのジャーナリストの文献には，触れることは『貧困トラウマをさらに傷つけることにならないか』などの懸念がしばしば述べられているが，むしろ『あなたが語ってくれることこそが社会にとって大切な財産』であると励まし，ともに言語化への努力を続けることが重要な課題であると思う」(佐々木 2015：31―32)。
(9) 生活困窮者自立支援制度については埋橋孝文／同志社大学社会福祉教育・研究支援センター(2018)を参照のこと。

参考文献

阿部彩(2015)「子どもの自己肯定感の規定要因」埋橋孝文・矢野裕俊編『子どもの貧困／不利／困難を考えるⅠ――理論的アプローチと各国の取組み』ミネルヴァ書房。
阿部彩(2017)「子どもの貧困に対して教育社会学に期待すること」『教育社会学研究』第100集。
阿部彩・埋橋孝文・矢野裕俊(2014)「『大阪子ども調査』結果の概要」(http://gpsw.doshisha.ac.jp/osaka-children/osaka-children.pdf)。
埋橋孝文(2016a)「子どもの『貧困に負けない力』とレジリエンス」『Intl'ecowk』1058号。
埋橋孝文(2016b)「子どもの貧困と母子世帯」『季刊 個人金融』Vol. 11, No. 3。
埋橋孝文(2017)「2016年度学界回顧と展望――貧困・公的扶助部門」『社会福祉学』Vol. 58-3(No. 123)。
埋橋孝文・矢野裕俊編著(2015)『子どもの貧困／不利／困難を考えるⅠ――理論的アプローチと各国の取組み』ミネルヴァ書房。
埋橋孝文・大塩まゆみ・居神浩編(2015)『子どもの貧困／不利／困難を考えるⅡ

──社会的支援をめぐる政策的アプローチ』ミネルヴァ書房。
埋橋孝文・郭芳（2019）「2017年度学界回顧と展望──貧困・公的扶助部門」『社会福祉学』Vol. 59-3（No. 127）。
埋橋孝文・矢野裕俊・田中聡子（2018）「『京都子ども調査』結果の概要」（http://gpsw.doshisha.ac.jp/osaka-children/kyoto-children.pdf）。
埋橋孝文／同志社大学社会福祉教育・研究支援センター（2018）『貧困と生活困窮者支援──ソーシャルワークの新展開』法律文化社。
郭芳（2016）「日本における子どもの貧困──2008年以降の文献検討を中心に」『Intl'ecowk』1058号。
郭芳・田中弘美・任セア・史邁（2018）「子どもの自己肯定感に及ぼす影響要因に関する実証研究──京都子ども調査をもとに」『評論・社会科学』126号。
佐々木宏子（2015）「子どもの貧困と学術研究の隠れた枠組み」『学術の動向』22-10, 259。
田中弘美（2015）「児童養護施設の子どもにみる自己肯定感をはぐくむ支援」埋橋孝文・矢野裕俊編『子どもの貧困／不利／困難を考えるⅠ──理論的アプローチと各国の取組み』ミネルヴァ書房。
戸室健作（2016）「都道府県別の貧困率，ワーキングプア率，子どもの貧困率，捕捉率の検討」『山形大学人文学部研究年報』第13号。
永井保男（2016）「子供の貧困・その背景に関する人口学的考察」『中央大学経済研究所年報』48。
パール，ジャン／室住真麻子・木村清美・御船美智子訳（1994）『マネー＆マリッジ──貨幣をめぐる制度と家族』ミネルヴァ書房。
道中隆（2009）『生活保護と日本型ワーキングプア──貧困の固定化と世代間継承』ミネルヴァ書房。
矢野裕俊（2016）「子どもの貧困と自己肯定感」『Intl'ecowk』1058号。
山野良一（2008）『子どもの最貧国・日本』光文社新書。
山村りつ（2015）「子どもの貧困をどうとらえるべきか」埋橋孝文・矢野裕俊編著『子どもの貧困／不利／困難を考えるⅠ──理論的アプローチと各国の取組み』ミネルヴァ書房。

第一部

子どもの貧困のトータルな把握のために

第1章
子どもの貧困と自己肯定感

矢野裕俊

　日本の子どもの自己肯定感や自尊感情、自尊心が注目されるようになって久しい。それが諸外国の子どもと比べても低いことも問題として指摘されてきた（古荘 2009）。これらのことばはいずれもセルフエスティーム（self-esteem）の訳語として用いられてきた。こうした訳語の違いが解決されないままに存続してきたことは、原語自体のもつ多義性とも関係があるように思われるが、ここでは自己肯定感ということばを主として用いている。

　筆者らは子どもの貧困に関わる共同研究を進める中で、「貧困に負けない力」とは何か、またそれをどのように築くのかという問題関心に導かれて、子どもの自己肯定感やレジリエンスという概念に注目するに至った。それについては、序章で述べられたとおりである。

　本章では、先行研究と、「貧困に負けない力」をめぐる私たちの研究を踏まえて、貧困との関わりで、主として子どもの自己肯定感に注目し、その捉え方を整理するとともに、レジリエンスや「貧困に負けない力」と自己肯定感との関連について示唆を得ることを目的とする。

1　自己肯定感のさまざまな捉え方

　セルフエスティームの定義やその中での強調点は論者によって異なる。たとえば佐藤（2009）は、「自分自身の存在や生を基本的に価値あるものとして評価し信頼することによって、人は積極的に意欲的に経験を積み重ね、満足感を持ち、自己に対しても他者に対しても受容的でありうる」と述べて、能力やスキルなどの自己の特定の側面ではなく、「全体的に自己を肯定的に評価し満足しているレベル」と定義している。それに対して、古荘（2009）は、セルフエスティームは自分のことをどのように自分で捉えるかという概念であるとして、

ローゼンバーグ（Rosenberg, M.）による定義を借りて、「自己イメージの中枢的な概念で、一つの特別な対象、すなわち自己に対する肯定的または否定的な態度」であるとしている。佐藤は自己の肯定的評価のみをセルフエスティームと捉えているが、古荘は自己に対する肯定的な評価だけでなく否定的な評価をも含めてセルフエスティームであると考えているのである。

ちなみに、ローゼンバーグは「ローゼンバーグ自尊感情尺度（Rosenberg Self-Esteem Scale）」（1965）の作成者として知られる。山本・松井・山城（1982）によるものなど、いくつか尺度の邦訳版が出されている。この尺度の対象者は、大学生以上の成人であるが、高校生も回答可能と考えられている。ローゼンバーグは、他者との比較により生じる優越感や劣等感ではなく、自身で自己の尊重や価値を評価する程度のことを自尊感情と考えている。自身を「非常によい（very good）」と感じることではなく、「これでよい（good enough）」と感じる程度が自尊感情の高さを示すと考えている。そして自尊感情が低いということは、自己拒否、自己不満足、自己軽蔑を表し、自己に対する尊敬を欠いていることを意味すると捉えるのである。

これに対して、ハーター（Harter, S.）は「自己意識プロファイル（Self-Perception Profile for Children）」（1985年）という測定尺度を作成するに際して、子どもの自尊感情に影響を及ぼす要因として、学業能力、運動能力、友達関係という3つの領域における本人の有能感とともに、他者による承認・支持に注目した。2012年に出されたその改訂版では、小中学生（第3－8学年）用の尺度において、学業能力、社会的能力（social competence）、運動能力、身体的外見、ふるまい、グローバルな自己価値（global self-value、別名セルフエスティーム）という、6つの領域にわたって子どもの自己意識を測る指標が作成されている。このうち社会的能力は、どうすれば友達になれるのかを知っている、他者から好かれるようになるスキルがある、他者が自分を好きになり受け入れてくれるようにするにはどうすればよいかを知っている、人気者になるのに何が必要かを理解している、といった指標を含むものである。これらは他者による承認・支持を得る力とまとめることができる。

そして、これらと並行して設けられているのが6番目のセルフエスティームである。ハーターはセルフエスティームを自己意識の一面としてきわめて限定

的に捉えているが，自己意識を構成する要因の中でも，他者から好かれることや承認されることなどを社会的能力として重視している点が特徴的である。

このように，自己肯定感は一般に高い方が望ましいと捉えられがちであるが，学校教育での実践という観点から，自己肯定感や自尊感情を高めるということ自体に疑問を投げかけ，それに慎重な姿勢をとる立場もみられる。たとえば，国立教育政策研究所の生徒指導・進路指導センター（2015）は，自尊感情を，他者の存在を前提としない肯定的な自己評価であると捉え，そうした自己評価は社会性と結びつくとは限らない，と述べている。それに対して，人の役に立った，人から感謝された，人から認められた，ということで生まれる自己に対する肯定的な評価，すなわち自己有用感こそ重要だというのである。この2つの違いは，教育の実践において明白となり，自尊感情を育てることを意図した，「褒めて（自信をもたせて）育てる」教育と，自己有用感を育てることを意図した「認められて（自信をもつて）育つ」という発想の違いとして説明される。そして，後者によって得られる自信がより長続きするものだという。

自己肯定感の捉え方にはこうしたさまざまな違いがあるが，そうした違いをいかに精緻に検討しても，おそらく「真の自己肯定感」に到達することは難しい。私たちはすでにさまざまな定義とそれらにもとづく尺度を手にしており，それを手がかりに自己肯定感の高低を論じているのである。そして自己肯定感はバランスよく高いことが望ましいという考えがある一方，それが高すぎるのは問題だという指摘がなされたりもする。自己肯定感をめぐる議論は単純化を許さないのである。

そこで本書では，ハーターのように，自己肯定感を自己意識の一部として，自分の生き方や自分という存在に対する一般的な肯定の感覚というふうに理解するが，日本の子どもに即した議論の中で注目されてきた自己有用感もまた自己肯定感に含めるべき側面であると捉えることとする。ハーターのいう社会的能力の側面である。そうすると，自己肯定感ということばの意味もある程度限定的なものになる。あえて類型的に整理すれば，自己肯定感は，①自分自身に対する肯定的な認識（よいところがある，自分が好きだ），②自分がもつ将来展望（夢や希望がある，がんばれば報われる），③自分と他者との関係に対する認識（友達から好かれている，親に愛されている），という3つの要素から成り立っている

といえる。

2　子どもの自己肯定感への注目

　日本において子どもの自己肯定感に対する関心が高まってきた背景には，子どもが引き起こす事件の頻発や，いじめ，学校への不適応などの増大といった，子どもの心に関わる問題の広がりと深刻化がある。「自己肯定感や自尊感情といった言葉が目立つ時代は，社会全体が自己肯定を許さない環境，人がそのまま存在することを認める余裕のない状況でもある」（元永 2014：35）との指摘は，子どもだけの，しかも心理的な面にのみ目を向ける風潮に対する警告となっている。

　ところで，自己肯定感，自尊感情，自尊心ということばがいつから用いられるようになったのかを探るために，国立情報学研究所の CiNii Articles を手がかりにこれらのことばを検索すると，自尊心は861件で早くも1950年代半ばにすでに雑誌記事がみられ，自尊感情は1980年前後から論文のキーワードに並ぶようになり，2225件に上る。自己肯定感で検索して得た論文数は701件で，前二者に及ばない。その使用も遅く，1990年代以降のことである。

　図1-1は自己肯定感に関する論文数を年次別にまとめたものである。

　これによれば，自己肯定感という語が研究の視野に入ってきたのは比較的最近のことに属し，論文で本格的に取り上げられるようになるのは，2000年よりも後のことであり，2009年以降，歴然と増えている。自己肯定感への注目は今世紀に入ってからの現象である。

　また，図1-1は自己肯定感をキーワードに含む論文の数を，心理，福祉，教育という分野に分けて示している。分野別にみると，やはり教育との関連が断然多く，自己肯定感が主に教育との関連で問題にされていることがわかる。教育の世界で子どもの自己肯定感が低いことが問題視され，学習意欲向上のためにそれを高めようとする実践的関心の強まりがこうした論文数となって表れているものと考えられる。教育に比べると，福祉との関連で自己肯定感を論じる論文の数は今なお非常に少ないことがわかる。

図1-1　自己肯定感に関する論文数

出所：CiNiiの検索（2018年10月4日閲覧）から筆者作成。

3　子どもの貧困と自己肯定感

（1）さまざまな調査結果から

　私たちは，2012年11月に「大阪子ども調査」を実施した（阿部・埋橋・矢野2014）。この調査は大阪市の公立学校の協力を得て，小学校5年生と中学校2年生（子ども調査）およびその保護者（保護者調査）にそれぞれ別の質問紙を用意し，回答を依頼したものであり，子どもの将来の希望，学校生活，自己肯定感と，保護者の就労や経済状況，および2つの調査の関連を主な調査内容とするものであった。

　この調査の質問項目の中には，将来の夢以外にも，「がんばれば，むくわれる」，「自分は価値のある人間だと思う」，「自分は家族に大事にされている」，「自分は友だちに好かれている」，「自分の将来が楽しみだ」という，自己肯定感に関連のある5つの質問があった。このうち，「がんばれば，むくわれる」，「自分は価値ある人間だと思う」，「自分の将来が楽しみだ」の3つは自分を肯定する度合いであり，「自分は家族に大事にされている」，「自分は友だちに好かれている」は他者から自分に向けられた評価（についての自分の認識）を示すものである。これらの項目は，先述した自己肯定感概念の整理と重なり合って

いる。

　調査の結果は，小5，中2ともに，将来の夢が「ない」と答えた子どもの割合は貧困層において高かった。夢がない理由の第1は，「思い浮かばない」というものであった。自己肯定感に関する5つの設問のそれぞれに4段階（0〜3点）で回答してもらい，それらを合算して自己肯定感指標（0〜15点）を作成してみると，小5では女子10.4，男子10.2と統計的には有意な差はなく，中2では女子8.9，男子9.5で有意差がみられるとともに，小5と中2では指標の得点の低下がみられる。また，所得10分位別にみると，所得が低い階層の子どもの方が，自己肯定感が低く，その傾向は特に中2において顕著であった（埋橋・矢野編著 2015：80）。「貧困家庭の子どもたちの自己肯定感は，非貧困家庭の子どもたちに比べて有意に低いことが明らかになった」のである（埋橋・矢野編著 2015：25）。

　また，自己肯定感の高さと関連するものとして，将来の夢をもっているかどうか，についてみれば，小5，中2のいずれでも，夢があるとする回答の割合は貧困層の子どもにおいて低く，夢がないとする回答の割合はやはり貧困層の子どもにおいて高かった。

　ところが，貧困と子どもの自己肯定感の関連については，前者が後者に及ぼす影響は子どもにはさほど顕著に表れない，とする調査結果もある。2011年に内閣府の子ども若者・子育て施策総合推進室が全国の中学校3年生とその保護者を対象に行った「親と子の生活意識に関する調査」の結果によると，貧困が健康面や自己肯定感に与える影響は，親には顕著に表れているが，子にはそれほど表れていないという。この調査はまた，子の自己肯定感等を高めることが前向きな意識を形成することにつながる傾向があり，子のことをよく理解し，ほめてくれる親の存在，学校で皆の前でほめられたりする経験の有無により差がみられる，としている。そして，「努力すれば夢や希望が実現する」と思う親の子は，家計の状況にかかわらず親と同様に前向きな回答をしていると指摘している（内閣府 2014）。これは，子どもの貧困への対処において，子どもの自己肯定感だけでなく，親の自己肯定感を高めることが重要だと示唆するものであると受け取ることができる。

　なお，筆者が関わった「尼崎市子どもの生活実態調査」（2017年9月実施）は，

小学校5年生と中学校2年生およびその保護者を対象にした調査であるが，その結果は，貧困世帯とそうでない世帯の子どもの間には統計的に自己肯定感の有意な差はみられない，というものであった[(1)]。同様の結果はその他の多くの自治体調査にもみられる。

　また，子どもの自己肯定感に焦点化して中学校2年生とその保護者を対象に行われた「京都子ども調査」（2016年）の結果からは，子どもの経済状況と自己肯定感の間にみられる関連はかなり限定的なものであることが明らかにされている。この調査は，「今の自分に満足している」，「自分には人に負けない得意分野がある」，「自分でも人の役に立てることがあると思う」，「自分はダメな人間だと思うことがある」，「自分の性格でいやだと思うことが多い」という5項目について，「当てはまる」から「当てはまらない」までの5件法で回答を求めるものであった。子どもの自己肯定感に及ぼす要因とそうした要因が及ぼす影響の程度を分析した研究では，その5項目から自己肯定感の合成指標を作成し，それを従属変数として，独立変数（性別，親の学歴，世帯収入などの基本属性と，因子分析によりあらかじめ抽出された影響要因）との関連が調べられた（郭ほか2018）。

　それによると，自己肯定感に影響を及ぼす要因には「性別」，「経済的要因」（低収入），「関係的要因」（「親・親戚との関係」および「学校生活」に関する因子，さらに「友人関係（友人の多さ）」）があることが明らかになったが，階層的重回帰分析を試みると，「経済的要因」（低収入）は親・親戚や友人などといった，他者との諸関係を指す「関係的要因」ほどの説明力をもたないことわかった。子どもの自己肯定感に家庭の低収入は影響を及ぼすが，その度合いは学校生活や友人関係に比べて小さいのである。

（2）自己肯定感の高低をどう捉えるか

　子どもの貧困が自己肯定感にあまり影響を及ぼさないという結果には，どのような理由が考えられるのだろうか。まず，自己肯定感が高いとか低いというとき，何を拠り所としてそのように判断しているのか。いうまでもなく，自己肯定感はそれを測る尺度や，質問紙調査の回答にもとづいてその高低が語られている。

学校教育の現場では，自己肯定感を一つの技法として身につけさせようとする試みが比較的早くから行われてきた。その一例として，高橋（2001）が試みた実験授業に注目しよう。これは，小学校において自己肯定感を育てるための実験授業を実施し，それが子どもたちの自己意識にもたらす変化を，『Who am I』16答法という心理テストなどを用いた統計的手法により明らかにしたものである。そのために実験授業を受けた児童とそれを受けなかった児童との比較がなされている。

 高橋が試みた自己肯定感を高めるための実験授業の4回の内容は次のとおりである。日常の自分イメージを想起し，プラスのセルフトークを練習する（第1回），困った場面を出しあい，問題を明らかにする→解決方法を考える→それぞれから得られる結果を考える→最良の方法を選ぶ，という手順により問題解決スキルを実習する（第2回），怒りの感情をコントロールする方法を学び，ロールプレイにより相手に理解されやすい表現を考えあう（第3回），各自の長所をグループで把握しあい，それを自ら鏡の前で声に出して言い，他者に肯定してもらうことで強化する体験をする（第4回）という，スキル習得を主眼においたものである。第2回では，「困ってしまう場面」を考えるブレーンストーミングが行われ，児童からは「帰宅したが鍵がない」，「借りたものを壊した」といった例が出されている。

 高橋は，「自己肯定感の促進を目指した実験授業を受けた児童は，『Who am I』16答法における自己記述で，肯定的な記述の占める比率が上がり，肯定的な記述の数も増えたことが確認された」と述べ，「同一の記述に対する感情評定では，実験群Ⅱにおいて上がり，自己意識の改善とともに，自己意識も改善された」として，「実験授業は，自己を肯定的に受け入れ，否定的な自己意識を減じるのに一定の成果があった」と結論づけている（高橋 2001）[2]。

 こうした研究で確かめられた「効果」，すなわち促進されたとされる自己肯定感はどれほど子どもの自己意識として持続しうるものなのか。まして貧困という重い現実を背負わされた子どもの生活のさまざまな文脈のなかでは，どれほどの拠り所となりうるものなのであろうか。それはいわば「平時」の，しかも学校の教室という平等主義的に構築された環境での自己肯定感であり，それの高まりということである。これにはおそらく貧困か否か，どの程度の貧困か，

といった問題はあまり大きく影響しないのではないか。自己肯定感を高める教育が，子どもの経済的な状況にあまり左右されず，ある程度の効果を期待できるのはそのためであろう。

しかし，子どもには貧困が自分の人生における大きなリスクとなってのしかかるときがある。たとえば，高等学校や大学への進学のときがそれである。授業料をはじめとする教育費負担がそれまでと大きく変わるとき，進学するかどうか，進学先をどこにするか，といった問題に直面する。また進学した後でも，経済的な理由や学業不振に陥るなどにより，就学し続けるか，就学を断念するかといった岐路に立たされることもある。子どもの自己肯定感は，いわばこうした人生における「危機」の状況においてその真価が問われるのである。そのような状況にあって自分を支える拠り所になるもの，危機に直面しても圧倒されず，レジリエントな力となって働くもの，それが求められているのである。

（3）児童養護施設の子どもの自己肯定感

国や自治体の調査結果などをみるかぎり，子どもの貧困と自己肯定感の関係はあまり鮮明にみえてこない。しかし子どもの貧困を，経済的な困窮だけでなく，子どもが守られ健やかに育つ環境を得られず，無防備でさまざまな危険に晒され，ウェルビーイングを保って育つための豊かな関係性を手に入れられていない状態として，より広く解釈すれば，子どもの貧困状況は自己肯定感を脅かす大きな要因であることに変わりはない。そのことは，児童養護施設の子どもたちがとかく抱えがちな問題にみてとることができる。

すでに，私たちが取り組んだ第1期プロジェクトにおいて，児童養護施設の子どもの状況について2013年に行われた2つの調査研究の成果が公表されている（埋橋・大塩・居神編著 2015）。これは，全国の児童養護施設を対象に行われたアンケート調査と，そこでの協力依頼に応じてくれた施設の職員へのインタビュー調査である。アンケート調査の結果から浮かび上がったことは，子どもへの支援において，(1)保護者・福祉・教育の機関が連携し，必要な情報を子どもに提供すること，(2)自立に対する積極性をはぐくめる支援者との関係性の2点であった（埋橋・大塩・居神編著 2015：19）。このうちの前者は「生い立ちの整理」のためのケース開示として知られるが，それが子どもの自己肯定感にど

のように関わるのかについては、フォローアップ調査を踏まえて本書の第9章で論じられている。

また、インタビュー調査では、施設職員の語りの分析から、施設を退所してからの生活の順調／非順調を左右する要因がいくつかあることが明らかにされた。要因の一つは、「生きる、活動するための自尊心、自己肯定感、自己効力感がある」ということであった。職員が、子どもを肯定的に褒めて身近な目標達成を繰り返すことで、子どもの成功体験が増え、それが自尊心や自己肯定感につながる経験となって、退所後に新たなことに取り組む意欲や目標につながるという。その他にも「主体性・自立性がある」、「ソーシャルスキルがある」（人とうまくやっていく力がある）、「子どもがもっている力を高める環境がある」（施設内外で実施されるさまざまなプログラムや施設職員以外の支援者の存在）などの要因が関係するのだということも明らかにされた。

児童養護施設の子どもが退所後に社会人として、あるいは学生として自立的に生きていくうえでは、生い立ちの整理を含め自分自身を受け入れること、将来の目標をもつこと、人とうまくやっていく力をもつことがきわめて重要である。すでに述べたとおり、これらはいずれも自己肯定感という概念を構成する要素であり、それらの要素をしっかりと視野に入れた支援のあり方が問われているといえる。これはまた、児童養護施設の子どもにのみ当てはまることではなく、より広い一般性を有しているように思われる。

4　自己肯定感、レジリエンス、貧困／不利／困難に負けない力

古荘（2009）は「自尊感情の高い子どもは、逆境に強い。いじめに屈することもなく、他人を気にしない、失敗に動じない、悪い仲間の誘いを断り、『いやだ』と拒否することもできる、などといった報告もあります。自尊感情の低い子はその逆だといえます」と述べている。貧困が子どもの自己肯定感を低め、自己肯定感が低ければ貧困に対する防御促進要因とはならず、貧困によるダメージを受ける、というサイクルが仮にあるならば、そのサイクルを絶つ防御促進要因として重要なことは何かを探らなければならない。

自己肯定感を子どもの生活現実の文脈に則して検討するために、序章で取り

上げられているように，レジリエンスや貧困／不利／困難に負けない力（以下，「貧困に負けない力」という）との関係に踏み込むことが必要である。レジリエンスとの関係については小花和（2014）が，レジリエンスを育成する基盤として自己肯定感があると，両者の関係について言及している。自己肯定感は，レジリエンスを支えるものとして捉えられるというのである。

　そこで想起したいのは，自己肯定感が「平時」における自己に対する肯定的な感覚だということである。そうした自己肯定感は，将来の夢を打ち砕かれたり，努力が実を結ばなかったり，人間関係でつまずいたりするといった，突如として生起する危機の局面や厳しさを増す逆境に直面したとき，容易に揺らぎ，低下につながりかねない。それに対してレジリエンスは「平時」には働かず，危機や逆境の局面で初めて，その存在がみえてくるものである。そのように整理すると，自己肯定感とレジリエンスは明らかに別物であることがわかる。しかし，それでもなお両者には何らかの関係があるように思われる。危機に直面して働くレジリエンスは，自分や自分を取り巻く環境に対する肯定的な認識を前提にしなければ存在しえないからである。夢や目標が叶わず，努力が報われず，人との関係がうまくいかない中でも保ちうる，自己に対する肯定的な認識というものがあるのではないか。それはおそらく，自分とその環境，すなわち自分が住む世界への基本的な信頼であり，卑近な言い回しになるが，危機に直面しても「なんとかなる」という感覚であろう。

　自己肯定感の根底には，そうした感覚があり，それは危機の到来にも揺るがずに存続しうるものである。そしてレジリエンスは，そうした「なんとかなる」という感覚に支えられて発現するのである。ただ，そうした自分への信頼は，エリクソン（E. H. Erikson）の基本的信頼（basic trust）のように，パーソナリティの根幹部分として形成されるものかもしれない。そうであれば，その形成は人間の生育歴の最初の時期の発達課題であるはずだが，児童期に入った後も責任ある大人や友人との豊かな関係を築く中で強化されていくものであろう。先述した児童養護施設職員へのインタビュー調査結果でも，施設退所後，「上手くいっている子というのは，もう学園や施設に頼らなくても，自分のコミュニティのなかで相談したり乗り越えたり上手くやっている」（埋橋・大塩・居神編著 2015：34）という職員の語りがみられた。困ったときに他者に頼るこ

とで乗り越えられるのも自分への信頼があってこそである。

　次に「貧困に負けない力」とレジリエンスの関係についてはどうか。レジリエンスは，リスク要因（貧困）に直面し，呑み込まれそうな状況にあって，それに負けない反発力や時にはそれをやり過ごす力（防御促進要因）として発現するものである。その点ではレジリエンスは，「貧困に負けない力」にほぼ等しいともいえる。貧困がもたらす危機に直面して，レジリエンスが働くように，「貧困に負けない力」もまたその存在が試される。それはレジリエンスのように，「なんとかなる」という感覚に支えられた力でもある。

　しかし，「貧困に負けない力」はより広い力として考えるべきではないかと思う。個人に帰属する力としてのみ想定するのではなく，子どもが大人だけでなく，友人との間に築く関係性に埋め込まれる力としても捉えられるからである。「貧困に負けない」ということは，言い換えれば貧困が及ぼす影響を決定的なものにしない，ということである。そのためには当事者の子ども自身のレジリエンスが働くことが重要だが，それだけでなくその子を取り巻く環境がリスク要因の波に対する防波堤となって影響を最小限にくい止めることを同時に考えなければならない。そのためのさまざまな働きかけをすることで，子ども自身に育てるとともに，子どもの環境にも「貧困に負けない力」を埋め込むことが重要である。

5　自己肯定感を育てる福祉・教育プログラムに必要な視点

　私たちは2011年9月に，子どもの貧困に立ち向かう福祉・教育プログラム開発の研究の一環として香港を訪ねた。詳細は「香港でのインタビュー調査」（埋橋・矢野編著 2015）に譲るが，香港を調査地に選んだ理由は，香港が日本よりはるかに貧困率が高い格差社会であり，そこで子どもの貧困問題をめぐってどのような取り組みが行われているのかを知るためであった。訪問したのは，「香港小童群益会（The Boys and Girls Clubs Association of Hong Kong）」で，スタッフから聞き取り調査を行った。これは1936年設立の慈善団体で，現在では活動のための予算の70％を政府からの資金交付によりつつ，「子どもの成長のために，子どもにやさしい（child-friendly）社会をめざす」ことをミッション

としている。

　この団体の取り組みのなかで特に印象深かったのは「IMC サンデースクール」(10—14歳対象) である。子どもの視野を広げる，自己肯定感を高める，英語力を高める，香港での生活に慣れるように支援する，の4つを目標にして，学校の教科の学習のサポートよりも，子どもたちをビクトリア・ピークなど有名な観光スポットへ引率するといった体験活動を中心とした，年間26回の取り組みであった。

　この取り組みは，序章で示された「子どもの貧困の経路・ステージと対応する施策」(図序 - 3) の⑥に相当する一例である。香港の貧困な家庭の子どもは，たとえば学校の課外活動への参加率が50％未満 (香港では課外活動への参加は任意) であるなど，貧困でなければ普通に経験していることを経験する機会がなく，したがって経験をとおして学んだり，自分の世界を広げる機会が顕著に制限されている。それゆえにこの取り組みでは，かれらの経験を広げることを意図してさまざまな学習機会を提供し，広い意味での学習機会が貧困によって著しく狭められないようにすることがめざされていた。そうして，貧しくても楽しい，という自己肯定の意識を育てていきたいと考えているとのことであった。

　香港のケースは貧困状態にある子どもにターゲットを絞って行われており，学習支援を含むさまざまな機会の提供とそれによって実現される子どもの豊かな経験は，序章の図序 - 3にある⑥の事後ケアに相当するものである。このようにターゲットを明確にして行われる取り組みは，本書の他の章でも取り上げられているが，学校外で子どもの自己肯定感を育むための，より現実的な取り組みとして今後もっと注目する必要がある。

　それに対して，学校教育は序章の図序 - 3の⑤に相当する事前・予防的ケアを行うのに適している。たとえば，2007年度から大阪府立西成高校で取り組まれてきた「反貧困学習」はそうした事前・予防的ケアとしての性格をもつものである。西成高校では，さまざまな生活背景をもった生徒たちが集うという学校の特性を踏まえて，若者の貧困化という社会状況が広がる中で，「反貧困」を軸にした人権総合学習を進めてきた。「反貧困学習」と呼ばれるこの取り組みは，1年生の総合学習 (講座名 CHALLENGE) として，次の7つの視点をもって行われている (大阪府立西成高等学校編 2009)。

第一部　子どもの貧困のトータルな把握のために

①自らの生活を「意識化」する
②現代的な貧困を生み出している社会構造に気づく
③「西成学習」をとおして，差別と貧困との関係に気づく
④現在ある社会保障制度についての理解を深める
⑤非正規雇用労働者の権利に気づく
⑥究極の貧困である野宿問題をとおして生徒集団の育成をはかる
⑦「新たな社会像」を描き，その社会を創造するための主体を形成する

　こうした視点から作られる教材には，「シングルマザーについて」，「高校生の『無保険』問題を考える」，「『こんなときはどうするの？』労働者を守る法律と制度」，「突然，解雇されそうになったら⁉」といったテーマが並んでいる。たとえば，「こんなときはどうするの？」では，「高校生のアルバイトと卒業後の労働が地続きとなっている」という認識にもとづいて，「高校生がアルバイトで『おかしいのでは？』と感じた具体的なことから，『労働者を守る権利や制度』を学習し，権利侵害への気づきを促す」ことがねらいとされる（大阪府立西成高等学校編 2009）。西成高校の「反貧困学習」は，事前・予防的ケアの例として挙げたが，貧困の渦中にある生徒にとっては事後ケアとしての性格をもつものでもあり，ターゲットが絞られていないものの，学校教育でも可能な事後ケアがないわけではない。自己肯定感を育てる福祉・教育プログラムでは，事前・予防的ケアと事後ケアが，学校教育と学校外の両面で考えられなければならない。

　すでに述べたように，自己肯定感と呼ばれているものの要素は，「平時」の感覚ともいえるもので，それが「貧困に負けない力」の基盤となって危機の局面に遭遇したときに効力をもつものとなるには，より根底にある自分への信頼がなければならない。自分への信頼はおそらく学校の教室における自己肯定感向上プログラムだけでは育たない。子どもが貧困のゆえに自分への信頼を失うことのないように，またその信頼を剥奪されていれば，それを取り戻し，再建するための経験の機会を十分に用意することが必要である。では，どのような経験の機会を提供することに有効性を見出し，実践的な方略を確定すればよいのか。それに対する答えを見つけるためには，これまでにすでに行われてきたさまざまな実践に目を向け，それらの効果を検証するという作業を待たなけれ

ばならない。

　また,「貧困に負けない力」を,子どもを取り巻く環境にも埋め込むためには,責任ある大人や友人との関係性をいかに広げ,豊かにしていくのかという視点がきわめて重要である。

注
(1) この調査結果については,「尼崎市子どもの生活に関する実態調査結果について」(http://www.city.amagasaki.hyogo.jp/shisei/si_kangae/kodomo_sesaku/1010963.html)参照のこと。なおこの調査結果からは,相対的貧困層やひとり親世帯の子どもがそれ以外の子どもに比べて,スマートフォンやゲーム機などの持ち物において必ずしも剥奪されているわけではなく,それらの所有率が高く,しかも使用時間が長いことも明らかになっている。また,全国調査結果などと比べて,子どもたちの自己肯定感については低くないものの,希望する学歴(大学まで進学したい)については,全国調査結果よりも低いことがわかった。
(2) この実験では,実験授業を受けた実験群Ⅰ,実験授業に加えて日常課題を行う実験群Ⅱ,実験授業を受けない統制群の3群が比較された。なお結果では,「実験授業のみの実験群Ⅰの児童より,実験群授業に加えて日常課題を行う実験群Ⅱの児童の方が肯定的な自己意識を持ち続けるであろう」という仮説は立証されなかった。

参考文献
阿部彩(2015)「子どもの自己肯定感の規定要因」『子どもの貧困/不利/困難を考える Ⅰ——理論的アプローチと各国の取組み』ミネルヴァ書房。
阿部彩・埋橋孝文・矢野裕俊(2014)「『大阪子ども調査』結果の概要」(報告小冊子および http://gpsw.doshisha.ac.jp/osaka-children/osaka-children.pdf)。
埋橋孝文・矢野裕俊編著(2015)『子どもの貧困/不利/困難を考える Ⅰ——理論的アプローチと各国の取組み』ミネルヴァ書房。
埋橋孝文・大塩まゆみ・居神浩編著(2015)『子どもの貧困/不利/困難を考える Ⅱ——社会的支援をめぐる政策的アプローチ』ミネルヴァ書房。
埋橋孝文(2018)「子どもの貧困と自治体調査——自己肯定感を中心に」『Int'lecowk』No. 1078。
埋橋孝文・矢野裕俊・田中聡子(2018)「『京都子ども調査』結果の概要」(http://gpsw.doshisha.ac.jp/osaka-children/kyoto-children.pdf)。
大阪府立西成高等学校編(2009)『反貧困学習——格差の連鎖を絶つために』解放出版社。

小花和 Wright 尚子（2014）「自己肯定感とレジリエンス——危機を乗り越える力の基盤」『児童心理』No. 986。
郭芳・田中弘美・任セア・史邁（2018）「子どもの自己肯定感に及ぼす影響要因に関する実証的研究——京都子ども調査をもとに」『評論・社会科学』第126号。
（財）一ツ橋文芸教育振興会，（財）日本青少年研究所（2012）『高校生の生活意識と留学に関する調査報告書』（財）日本青少年研究所。
佐藤淑子（2009）『日本の子どもと自尊心——自己主張をどう育むか』中公新書。
生徒指導・進路指導研究センター（2015）『Leaf. 18「自尊感情」？それとも「自己有用感」？』国立教育政策研究所。
田中弘美（2015a）「児童養護施設の子どもにみる自己肯定感をはぐくむ支援」埋橋孝文・矢野裕俊編著（2015）『子どもの貧困／不利／困難を考える Ⅰ——理論的アプローチと各国の取組み』ミネルヴァ書房。
田中弘美（2015b）「児童養護施設の子どもと自立支援」
埋橋孝文・大塩まゆみ・居神浩編著『子どもの貧困／不利／困難を考える Ⅱ——社会的支援をめぐる政策的アプローチ』ミネルヴァ書房。
内閣府（2014）『平成25年度 子ども・若者の状況及び子ども・若者育成支援施策の実施状況（平成26年版子ども・若者白書）』（概要版）（PDF 形式）。
平石賢二（1990）「青年期における自己意識の発達に関する研究（Ⅰ）——自己肯定性次元と自己安定性次元の検討」『名古屋大学教育学部紀要——教育心理学科』37。
古荘純一（2009）『日本の子どもの自尊感情はなぜひくいのか——児童精神科医の現場報告』光文社。
宮田暢子（2015）「児童養護施設退所者の不利，困難，貧困を克服する手立て」
埋橋孝文・大塩まゆみ・居神浩編著『子どもの貧困／不利／困難を考える Ⅱ——社会的支援をめぐる政策的アプローチ』ミネルヴァ書房。
元永拓郎（2014）「自己肯定感の育つ環境」『児童心理』No. 986。
山本真理子・松井豊・山城由紀子（1982）「認知された自己の諸側面」『教育心理学研究』30。
Harter, S.（2012）*Self-Perception Profile for Children : Manual and Questionnaires*（*GRADES 3 - 8*）, University of Denver（*Revision of the Self-Perception Profile for Children*, 1985）.

第2章
子どもの「貧困に負けない力」とレジリエンス

埋橋孝文

1　なぜ学校や福祉の現場での取り組みが遅れているのか

　本書序章で，子どもの貧困をめぐって「学校や福祉の現場での子ども自身への働きかけについてこれまで十分な検討が行われなかった」ことを指摘したが，本章では最初にこの問題をやや詳しく検討する。
　学校に関しては，「それらの課題（学校生活の中で貧困層の子どもに特徴的に表れる課題――引用者）が学校や教師から貧困層の問題として捉えられにくい背景にある学校文化のありようについて検討した」という盛満（2011）がたいへん参考になる。同論文の要旨を一部引用しておく。

> ……生徒を家庭背景や生育歴によって「特別扱いしない」日本の学校文化の中にあっては，学校や教師から「貧困層」の子どもたちとして，特別に処遇されることはない。しかし，彼らの不利がほかの一般生徒との違いとなって学校で表れた場合には，学校や教師から特別な配慮や支援がなされることになる。ただ，この場合に支援のあり方は，貧困による不利を解消しようとする積極的な働きかけというよりはむしろ，集団の中で顕在化してしまっている不利を隠そうとする消極的なものである。
> 　本来であれば，子どもの状況を一番把握しやすい，そして，貧困層の子どもが常に一定数存在し続けていたはずの学校現場で，貧困の問題がこれまでほとんど立ち現れてこなかった背景には，こうした「特別扱いしない」学校文化と，差異を見えなくするための「特別扱い」の影響があったと考えられる（盛満　2011：273）。

　つまり，日本の学校現場では子どもの貧困の「不可視化」が進行している。こうした学校文化があるがゆえに，子どもの貧困への取り組みの議論や検討が進んでいないのである。もっとも，学校外で歴然と存在する貧困に対する蔑み

や差別的感情を学校の教室内に持ち込まないために，学級内部では意図的に貧困の「不可視化」が進められたとも考えることができる。ここに学級内のすべての子どもを分け隔てなく平等に捉え，接しようとする学校・教員の姿勢をみることができる。ただし，教室といえども「真空地帯」ではないわけで，意図的に「見ない」ようにして「不可視化」しても，学校外の影響は教室内の子どもや子ども同士の関係におよぶことになる。したがって，今日，そうした学校文化の制約を超えて，子どもの貧困の可視化が必要になってきている。

　一方，社会福祉の領域に関してはどのような背景があるのであろうか。実は，この問題，つまり子どもの貧困に関連して社会福祉が子ども自身にどのように働きかけるべきかについての議論が少ない背景には，以下のような理解があるかもしれない。

　子どもは「子どもの貧困」による不利を一方的に被るだけであり，それに一切責任がない。したがって，政策論の立場からの問題の解決は，貧困の原因の除去や軽減，あるいは，公的介入による貧困の連鎖を断ち切ることに主眼が置かれるべきで，貧困による不利／困難を引き受けざるを得ない子どもに働きかけるのは「筋違い」ではないかという理解である。私たちは上の文の前半（傍点部），つまり子どもの貧困の解決は貧困の原因の除去や貧困の連鎖の経路を断ち切ることが中心になるということについては異論がない。しかし，このことは貧困にある子どもたちに対して福祉の立場からなんら働きかけができないことを意味するのであろうか，答えは否である。

　「貧困による不利／困難を引き受けざるを得ない子どもに働きかけるのは『筋違い』ではないか」という理解は，社会福祉の理解にも関連するかもしれない。ここでは踏み込みえないが，今なお影響力のある岡村重夫の社会福祉理論では，次のように，個人に対する直接的援助と制度的環境を改善する対策の両方が必要視されていたことを確認しておきたい。

> 社会関係には客体的側面と主体的側面の2つの側面があるから，社会関係の困難もこの2つの側面において起こる。従って生活困難の援助も，個人に対する直接的援助と制度的環境を改善する対策とがある。……問題は個人と社会環境との関係であるから，両者は不可分であるが，このうち社会福祉は，社会関係の主体的側面に対して第1次

的関心をもち，その関心から社会関係の客体的側面の欠陥をみるのである（岡村 1983：96）。

　私たちも，子どもの貧困をめぐって，①子どもを取り巻く環境や社会構造の側に対する取り組み，②生活主体の子ども自身に働きかけるアプローチの両方ともが必要であると考えている。ただ，これまでの研究では②の側面に関する検討が不十分なためそれを少しでも是正しようとしているのである(1)。
　さて，私たちの前著（埋橋・矢野編著 2015）では，「貧困／不利／困難に負けない力」（以下，「貧困に負けない力」という）を一種のレジリエンス概念と捉えた。レジリエンスの状態とは「リスク要因が存在するにもかかわらず，さまざまな環境的，個人的な防御促進要因の働きによって『逆境にもかかわらず，うまく適応する』」ことと定義される。したがって，「貧困／不利／困難に負けないレジリエンス」という表現も使用した。また，子どもの貧困という文脈において，自己肯定感はリスクに対する防御促進要因として働き，「自己肯定感（の回復）」はレジリエンスを「発揮，増進させる重要な前提条件」として把握した（埋橋・矢野編著 2015：21—26）。
　以下では，レジリエンスという概念をやや詳しく検討し，また，レジリエンスという概念と自己肯定感との関係をめぐって，いくつかの確認作業を行っていく。そのうえで，これまでのに行われた福祉・教育実践や私たちが独自に実施したインタビュー調査の結果を振り返り検討していく。上でふれた「『不可視化』が進行している福祉や教育の現場を巻き込んだ実践上の対応」を取り上げて，その意義を確認することが目的である。

2　レジリエンス研究の傾向

　まず最初に，日本におけるレジリエンスの研究状況をCiNii Articlesを用いて確認すると図2-1のとおりである。同図から，レジリエンスをキーワードに用いた研究論文は2011年から急増していることがわかる。ただし，レジリエンス概念はもともと物理学の用語であり，図2-1が示す論文の中でもとりわけ初期の頃には理工系の論文が多数を占めており，1998年までは人文・社会科

図2-1 レジリエンスに関する論文数

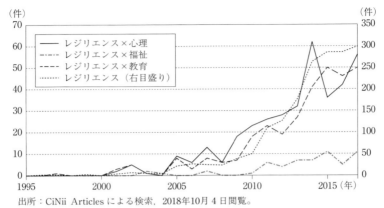

出所：CiNii Articles による検索，2018年10月4日閲覧。

図2-2 レジリエンス研究の主要テーマ

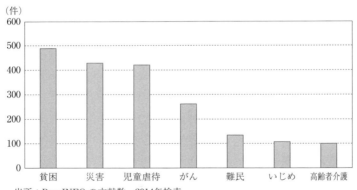

出所：PsycINFO の文献数，2014年検索。
出典）仁平（2014：15）。

学系統の論文は皆無であった。心理や教育系統の論文が増えるのは2010年頃からである。それに比べれば福祉系統の論文の数は少ない。なお，レジリエンスと貧困の両方をキーワードにもつ論文は，武田（2015）のみであり，この問題をめぐる研究関心は今もって著しく低いことがわかる。

ちなみに，国際的にみても近年のレジリエンス研究は「心理学の世界に例がない研究の集中と広がり」といわれ，心理学の国際学術文献データベース

（PsycINFO）によると1990年までは320件であった研究は2014年には累計1万5000件に迫り，2010年からの4年5か月だけでも5000件以上の文献が公刊された（仁平 2014）。こうしたレジリエンス研究は当初の発達初期重視からの転換と，個人要因重視から社会環境要因重視への転換などの特徴がみられるといわれる。図2-2は世界のレジリエンス研究の主要なテーマの検索結果であるが，「貧困」がもっとも多いことがわかる。これは，先にみた日本のCiNii検索の結果と大きな違いを示している。日本では国際的動向と著しく異なって，貧困をレジリエンスの観点から捉える研究が少ないのである。

3 レジリエンスという概念

レジリエンスは，ストレスという概念と同じようにもともとは物理学の用語であり「外力による歪みを跳ね返す力」という意味であったが，心理学では「困難で脅威を与える状況にもかかわらず，うまく適応する過程や能力，および適応の結果」と定義されている（小塩 2013）。類似概念にハーディネス（強靭性）があるが，多くの人にとってストレスやリスクを跳ね返すことは容易ではなく，むしろ遭遇，経験してもそのダメージから回復することのほうが重要で，またそれが自然な対応である。図2-3がその違いを明らかにしている。図の中の適応良好群がハーディネスを示しており，レジリエント群の特徴は，困難や逆境に直面して一時的にうまく適応できなくても個人的，社会的な何らかのプロテクト要因の働きによってそれを「回復・維持」していることである。

レジリエンスは現在，心理学だけではなく精神医学，看護学，教育学，ソーシャルワーク，経営学や災害学など多くの学問分野でも取り上げられるようになっている。しかし，研究の厚みは心理学が他の分野を圧倒している。子どもの「貧困に負けない力（レジリエンス）」を検討する際も，心理学における基本的知見を踏まえることが必要である。

これまでの心理学の研究では，第1に，レジリエンスは個人内の要素だけで生じるのではなく，個人内外のさまざまな要素が複雑に絡み合った結果として生まれることが知られている。

たとえば，レジリエンスには「I HAVE（環境要因）」，「I AM（個人要因）」，

図 2-3　レジリエンスのプロセス

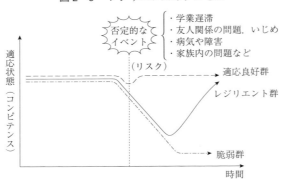

出所：中谷（2009：67）。

「I CAN（能力要因）」の3つの源泉があるという。その場合，人が資質としてもともともつと想定される個人要因と後天的に獲得される能力要因との境界線が曖昧であることが指摘されている（小塩 2014）。個人内の要素に関しては，レジリエンスを導く「内面的な特性」を精神的回復力とし，それを測る尺度は「新規性追求」，「感情調整」，「肯定的な未来志向」の3つの下位側面で構成されることが明らかになっている（小花和 2001，小塩 2009）。これらの知見は個人への働きかけをする教育面でも参考にされるべきものである。

ただし，前にみたように，「生活困難の援助も，個人に対する直接的援助と制度的環境を改善する対策とがある」（岡村重夫）のであって，ソーシャルサポートを考える場合には，「I HAVE（環境要因）」も当然注目されるべきである。この環境要因も表2-1にあるようにいくつかの下位要素から構成されるが，私たちが先に示したように日本では著しく研究が遅れている「貧困に負けない力（レジリエンス）」を考える際には，貧困に即した具体的な要因を突き止めていく必要があるであろう。本章「いくつかの実践事例から」（第5節）でこの問題を取り上げるが，その前に，「レジリエンスと自己肯定感の関係」（第4節）を整理し，次いで子どもの貧困との関係でレジリエンスを考察する際に注意しなければならない「陥穽」について説明しておく。

表2-1　レジリエンスの構成要因と含まれる特性

	構成要因	特性
環境要因	子どもの周囲から提供される要因 （I HAVE Factor）	家庭外での情緒的サポート 安定した家庭環境・親子関係 家庭内での組織化や規則 両親の夫婦間協和 役割モデル 親による自律の促進 安定した学校環境，学業の成功 教育・福祉・医療保障の利用可能性 宗教的（道徳的）な組織
内的要因	子どもの個人内要因 （I AM Factor）	年齢と性 達成指向 共感性と愛他性 セルフ・エスティーム 自律性 ローカス・オブ・コントロール 好ましい気質 他者にとっての魅力 神聖なものへの希望・信仰・信念，道徳性，信頼
	子どもによって獲得される要因 （I CAN Factor）	コンピテンス 問題解決能力 コミュニケーション能力 衝動のコントロール ソーシャル・スキル ユーモア 根気づよさ 信頼関係の追求 知的スキル

出所：小花和（2001）。

4　レジリエンスと自己肯定感

　これまでの研究で，自己肯定感はリスクやダメージから回復する主要な防御促進要因であることが明らかになっている（フレイザー編著 2009，阪根 2009）。自己肯定感についての詳しい考察は本書第1章に譲るが，「貧困に負けない力（レジリエンス）」との関係での留意事項をまとめておく。
　①先に自己肯定感は高ければ高いほどいいのか，という問題を提起したが，

図2-4 基本的自尊感情と社会的自尊感情

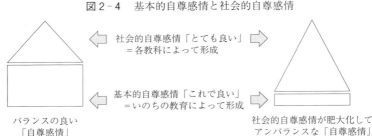

出所：近藤（2007：45）。

そのことに関して，心理学研究で多く用いられている自尊感情（以下，自己肯定感と同じ意味で使用）尺度を作成したRosenberg（1965）は，次の二つを区別し，後者をもって自尊感情とした（仲間 2007）。

・「とてもよい（very good）」：優越性や完全性の感情と関連し，他者からの優越という意味合いを包含する。
・「これでよい（good enough）」：自らの基準に照らして自分を受容し（自己受容），素朴に好意を抱くという意味合いが示される。

このローゼンバーグの研究を踏まえると，自己肯定感は高ければ高いほどよいわけではないということが首肯されるが，Harter（1985）は自分の能力に対する肯定的自己評価とさらにそれが他者からも承認される場合という二層的構造の自尊感情として定義している。つまり，ローゼンバーグは自己への評価と受容の側面を強調しているが，ハーターは，自己評価はもちろん，他者からの承認も自尊感情に重要な機能を果たしていると主張する。一方，近藤（2007）は，「社会的自尊感情＝とてもよい」と「基本的自尊感情＝これでよい」の二つを区別し，両者のバランスを重視している（図2-4参照）。こうした点，とりわけ他者からの評価をどのように捉えるかは重要な点である。また，レジリエンスそのものと同じように自己肯定感についてもその構成要素として客観的要素と個人内の要素があるとも考えられ，こうした点をどのようにクリアし，構造化していくかが課題である。

私たちは，①子ども自身の視点から「子どもの貧困」がどのように捉えられ，また，どのような対応が必要と考えられているかを探ること，そのことをもと

にして，②貧困や他の不利，困難に直面しそのことによるさまざまなダメージを受けている子どもに向き合う教育や福祉の現場でどのような働きかけをすべきかの解明を主たる研究テーマにしている。その検討の途上で，レジリエンスや自己肯定感という概念の重要性が浮かび上がってきた。そうした分野の研究を牽引してきた心理学的知見を踏まえることは必要である。レジリエンスや自己肯定感を個人に内在的な特性や傾向と捉えるのではなく，経済状態や，家族，学校，地域，交友関係におよぶさまざまな環境の変数として理解することが「サポートシステム」を構想する際に重要になってくる。[4]

②もう一つ重要なのは，レジリエンスの状態は容易には達成できないことである。というのは，多くのレジリエンス研究は，十分な心の健康の回復を達成できるのはむしろ少数派であることを示してきたからである（仁平 2014）。レジリエンス研究はどうしてもリスク遭遇後の回復など，「事後的」な対応に傾きがちであるが，子どもの貧困の場合とりわけ，子ども自身に肉薄して得られたレジリエンスをめぐる知見を貧困の「事前的な予防」あるいは親の貧困が子どもの貧困に直結する経路を断ち切る，あるいは，細くするような方向に生かしていくことが必要不可欠であろう。レジリエンス研究に関わる者は，以下の主張にも虚心坦懐に耳を傾ける必要があり，貧困のレジリエンス研究をそのような方向に活用もしくは応用していく方途を探るべきであろう。「子どもが貧困に耐える」ようなことをけっして目標とすべきでない。

　第1に，レジリエンスを維持していることが，いつも望ましいというわけではないということです。もし，ある人がいつも服従するよう期待されるような場合は特に問題になります。……たとえば虐待や不法行為の場合には，反撃することや，根本的な変革を主張すること，危機に踏み込むことが，我慢し続けるよりもよい時があります。……人が弾圧のもとでどのように成長できるかに焦点をあてるのではなく，貧困や差別を減らす方法を探すべきなのです。レジリエンスは常に理想的な目標ではないのです。……現状を支持して終わるようなレジリエンス・モデルを適用してしまうことに注意しなければなりません（ボス 2015：85—86）。

第一部　子どもの貧困のトータルな把握のために

5　いくつかの実践事例から

　戦後から1960年頃までは貧困は福祉や教育にとっての大きな課題であったが，その後，貧困の問題は後景に退いた。そのため，序章でふれたように，子どもの貧困にどのように対処するかをめぐって，あまり多くの知見の蓄積はみられない。ただし，日々の福祉・教育実践の中で積み重ねられた貴重な知見があるはずである。そうした「埋もれた，このままでは忘れ去られかねない貴重な実践事例」を掘り起こすことが重要である。

　以下の（1），（2），（3）では，現場実践やインタビューの雰囲気を直に伝えたいので引用がやや多くなっていることをあらかじめ断っておきたい。

（1）大阪「北芝」の挑戦

　本書第8章によれば，大阪府A市の小・中学校や幼稚園で1997年頃から「自尊感情を培う」という文言が人権教育の課題に取り上げられるようになり，次のように述べられている。

> 現場で日々子どもたちに関わりながら，さまざまな活動の中で自尊感情（自己肯定感）を高める必要性を感じてきたのである。学習活動を初め学校生活のあらゆる場面で意識され，実践報告がなされてきた。自尊感情は人との関係の中で培われる。「人から認められる経験」を意図した係活動や「達成感」を得られるような集団活動が模索されてきた（本書第8章○○頁）。

　同じ頃大阪府箕面市の被差別部落北芝地区では，子どもの「自尊感情の低さ」を克服することを一つの目的とした太鼓活動が展開された。これは1988—89年に行われた「箕面市学力実態調査」などによって，学力が低いことだけでなく自尊感情の低さなどの教育課題が明らかにされたことを受けて展開された活動である。そこには次のような思いがあったという。少し長いが大事なので引用しておく。

> 「……「自分自身をどのように評価しているか」について，ほとんどの北芝の子どもたちは「自分自身に自信がない」という『自尊感情の低さ』が顕著に表れていまし

た。「自己肯定感」、「自尊感情」と学力の関係は非常に強く、北芝の子どもたちはその両面とも低いという結果になりました」（北芝まんだらくらぶ 2011：174）。

「北芝の子どもたちが、地区か地区外かの関係なく、太鼓の練習の中で切磋琢磨し、太鼓が演奏できるようになれば、自分に自信をもつきっかけになるのではないか。さらには部落の伝統から生まれた太鼓に打ちこむことによって、部落への誇りが育まれるかもしれない。そして地区の内外を超えて太鼓に関わりをもつことで、親も子どもたちも部落への差別や偏見を超え、豊かな人間関係を築くことができるようになるのではないか、と考えたのです」。（北芝まんだらくらぶ 2011：149）

「和太鼓チームが1995年に立ち上がります。学校で勉強してもなかなか学力が上がらない。太鼓だと一生懸命叩いて上手になる。周りから褒められる、『上手だね』と。『僕もがんばったらできるんだ』という場面をつくっていこうというのが一つのきっかけです。実態調査で、勉強、どうやってもできへんし、保護者も『どうせうちの子は何やってもあかんねん』という親が多かった。そこで子どもたちの太鼓グループをつくって、『鼓吹』という、小学校4年から50代のメンバー30人くらいでやっています。その中には同和地区の子どももいれば、そうでない子も入ってきます。切磋琢磨しながら仲間をつくって上手に太鼓演奏をする。『がんばったらできるんだ』と。功を奏して今まで太鼓チームからプロになって太鼓でご飯を食べている子どもが3人います」。[5]

（2）人生のターニングポイントとなった働きかけや言葉

盛満（2017）は、「経済面の問題は学校・教職員では対応が難しいけれど、子どもたちの生活・学習習慣や人間関係、自尊感情、将来への見通しなど、学校の中で対応できる、すべき部分があるのではないかという教師の意識変化」が生じていることを指摘している。そのうえで、「貧困対策の拠点としての学校・教職員に期待されること」に関して、「お前がそんなんやから、お母さん病気になるんや」などという自分自身が経験した心ない言葉が、「家庭生活上の困難を抱えながらも何とかぎりぎり学校に通えている子どもたちを傷つけ、学校から排除してしまう」危険性について述べている（盛満 2017：42―43）。鋭い指摘ではあるが、「……することがないよう」だけでなく、こうすればいいというポジティブな対応への言及も欲しいところである。[6]

以下では，そうした趣旨のもと，自己肯定感やレジリエンスを回復する効果をもったイベントや他人からの働きかけ，言葉などを明らかにすることを目的として実施したインタビュー調査を紹介する。この調査は「今の子ども」自身に聞くことが難しいため，「現在の大人」に子ども時代を振り返ってもらう「回顧的調査」となっている。

　インタビューの目的は，子ども時代に経験した貧困，不利や困難および被らざるを得なかった自己肯定感の低下をどのようにして克服できたか，つまりレジリエンスをどのようにして保持できたかを探ることにある。[7] インタビューは子ども時代に貧困を経験した人を対象としているが，以下では，仕事を始める前の学校生活期に絞って紹介する。[8]

＊Ａさん（女性69歳，福祉会所属のコミュニティ・ソーシャルワーカー）――「（児童養護）施設では現物給付という感じなんですね」

聞き手：児童養護施設でいやゃったのは，クラスの集金のときとかいじめられたときとのことですが，間に（学校の）先生が入ったりは？

Ａさん：無視です。そのままずっと。

聞き手：小学校，中学校，高校でこの先生はよくわかってくれてるなっていう人はいましたか？

Ａさん：小学校でＰ先生という先生がいて，兄貴の６年の担任だったんです。その先生が修学旅行がある時に，私ら苗字が違うんですけど兄貴は家のこともよくしてるし修学旅行に行かしてやりたいって言って，どうやって連れて行ってくれたのかはわからないですけど，修学旅行に連れて行ってくれたから，Ｐ先生の名前だけは覚えています。

【考察】

　以下で紹介する多くのケースと同じように，ただ一人の教員に励まされて学校生活を続けることができた。それに加えて，児童養護施設に在所中に母親からの手紙が頻繁にあり「母親はしっかりしているんで私らもここまでこれたかなっていう感じはあります」。児童養護施設では生理用品を含めて申し込んだうえでの現物給付であったことに「困った」（あらかじめ品名を申し込む必要があったため）。

＊Ｂさん（男性67歳，現在自動車整備自営業）――「学校には良きにつけ悪しきにつけ強い印象はもっています」

Ｂさん：中学のときも，ええとこの勉強できる子には優しい，特に女の教師はね。僕らにはえらそうに言ってたからね。……最後の方なんかその教師ともめてね，お前みたいなん教師ちゃうやろって，授業のとき言ってもめたことがある。

　　　　　Ｏ先生だけ。お前んとこ貧困なのは，お前のとこだけでないし，お前のとこが悪いのとちがうって。お前は胸張って生きたらいいって先生に言われました。……そうやってＯ先生に色々教えてもらって，泣き言言ってたらあかんなっていうのはあったんですよ。

　　　　　覚えている言葉は「貧乏はお前たちのせいと違う。恥ずかしく思うことなんかない」。

【考察】

　中学校教員に対して，多くはネガティブな印象をもちつつも，上のケースと同様にただ一人Ｏ先生だけは（「子どもやったら敏感に感じる」）「依怙贔屓」をすることなく分け隔てなく接し，かつ，上記の言葉などで励ましてくれた。この励ましの言葉は，貧困世帯の自己責任を否定し，恥ずかしいものではなく，また，子ども自身の責任ではけっしてないことを強調するものである。ちなみにＯ先生は近くのお寺で補習授業などもしている。励ましは「言葉」だけでなく，態度と行動を伴っていた。

＊Ｃさん（男性53歳，社会福祉法人の理事）――（小学校３年生の半分以上不登校だったが）「（学校の先生は）来なかったですね。一切来なかったですね。４年生になってから良い先生に出会いまして…」

聞き手：生活保護や部落での生活は自分の責任ではないというのは，先生に教えてもらったのですか？それとも自分で学習していった？

Ｃさん：自分らで学習ですね。指導者の先生の影響もあるでしょうね。暖かい先生なので，ありがたいですね。

聞き手：お母さんが苦労しているのは職業差別やって教えてくれたのは？

Ｃさん：先生です。先生には今でも感謝していますね。

第一部　子どもの貧困のトータルな把握のために

【考察】
　交通事故が原因で小学校２年生時には入院しており，３年生時には「勉強がぜんぜんわからなくて」不登校になっていた。そうしたときの学校の対応はなく，上のケースと同様にたまたま出会った一人の先生から，学習面の支援を受け，また，差別に負けない考えなどを学び，その後の学校生活を送れるようになった。

＊Ｄさん（男性51歳，解放同盟の支部で相談業務など）――「地域での縦のつながりが強かった」

聞き手：学校のときに先生の言うこととか聞かなかったり，やんちゃしてたのに，地域の人から声かけてもらったらすぐにありがとうございますっていう，その違いは何ですか？　ほっといてくれってならなかったですか？

Ｄさん：ならなかったです。地域の人も，どちらかというと僕らみたいな人間の気持ちをわかってくれてる人がたくさんいたと思うんです。あえて，外れている子たちを気にかけてくれて声をかけてくれたり，気にかけてくれていたのかなと思います。……僕の場合は，中学生まで子ども会に行って，高校友の会にも行ってました，地域の青年部にも行っていたので。……地域の人がすごく身近なんですね。公営住宅の５階建てで，一つの階で10室あるんですけど，僕その列全部のお宅にお世話になりました。お風呂はみんなで銭湯に行って。

【考察】
　学校のサッカー部の顧問の先生が「何かあったらその先生が一緒」で感謝しているが，地域の子ども会，高校友の会などの付き合いとそこでの先輩の影響が大きい。

＊Ｅさん（女性44歳，学校元気アップ地域コーディネーター）――「（どうやって生活保護に？）夜逃げです。大阪に夜逃げしてきているんです」

Ｅさん：転校して，友達がいなくて，不安もあって体調不良で学校を休んで，次学校に行くときに習字道具がいることを学校も友達も教えてくれず，

持って行けず，夜逃げなのでそんな道具も持っていなくて，それで持ってきてないってことで竹刀で蹴飛ばされたんです。忘れ物をしたと。そんな学校だったんです。もちろん理由なんて聞いてくれないし。そういうことも色々あって，学校に行けなくなりました。……なかなか学校には行けなかったんですけど，たまたま中3の時に特別支援の担当をされていた高齢の先生が，別室でいいからおいでって，カリキュラム全部作ってくれたんです。

聞き手：特別支援は何に対する特別支援なのですか？

Eさん：障害児とかの特別支援の先生やったんですけど，私が不登校ということでとりあえずは特別支援の教室で勉強しないかって言ってくれたんです。良い先生に巡り会えました。……別室でよくて，友達にもややこしい先生にも会わなくてもいいということで。……私の嫌いな先生は全部そこに入ってこないような状況をつくってくれていました」

【考察】

このケースの別室授業は今でいう「フリースクール」的な役割を果たしたことが推測される。今の仕事の声をかけてくれたのは中学校の校長先生とのことであった。

＊Fさん（男性23歳，中小企業の経営サポート）――「（中学校を不登校のときに）青少年会館の居場所事業に行くきっかけをもらいました」

Fさん：（単位制高校生の時に）みんなどうしてるんやろってまたちょこちょこ居場所事業を見に行ったりしたら，スタッフの人も結構変わってて。そこの人に僕が惹かれてしまって。その人が，500円でギターを持って家出て世界中を旅したっていう歳が当時の僕と同じで，すごい生き方やなって思って，もっと話聞かせてくださいってその人のところばっかり行くようになりました。その方は，居場所事業の相談員さんです。

【考察】

亡くなった父親の借金が原因で生活保護を受ける。大好きだった父親の病気のことを聞かされていなかったので，「母と兄を信用できないていう気持ちでした」。いじめが原因で不登校になる。フリースクール（青少年会館の居場所事

第一部　子どもの貧困のトータルな把握のために

業）で野球に出会う。上にある相談員や地域の青年部の活動があり，学校生活やその後の生活の困難を切り抜けることができた。

＊Ｇさん（男性22歳，大学生）――「Ｎ先生は精神面の相談にも乗ってくれて，経済的にも支援もしてもらっていた。僕からの相談を受けていたし，僕の母親の相談も受けていた」

Ｇさん：そのときの僕が全然人としゃべれなかったんです。コミュニケーションのとれない子どもだったんですが，そのときのＫ（ファミリーホーム）の子どもたちが全然元気で僕がぜんぜんしゃべれなくても関係なく甘えてきて，話しかけてくれて。

聞き手：小さい子どもが多いからおにいちゃんなんですね。

Ｇさん：そう，僕に一緒に遊ぼうとか話しかけてくれて，いろいろ話しかけてきて，遊んだりして，だんだん人とコミュニケーションがとれるようになって，子どものおかげで成長できたんで，子ども関係の職業につきたいなと思って。

　　　　（本人が高校２年生の時に母親が亡くなって）すぐに電話しました。ＳさんとＮ先生にも。……そうです，葬式とかもＫでしました。

【考察】

　母親の薬物依存などで中学校に行けなくなり，Ｎ先生の家庭訪問でフリースクールのことを教えてもらい，そこに通う。一時保護で児童相談所に２か月いた後，Ｋ（ファミリーホーム）へ。Ｎ先生とＫ（「安心して暮らせる」，「愛情をもらえるところ」）のＳさんの経済的援助で大学進学。将来は中学校の数学の先生になる希望をもっており，Ｎ先生をモデルとして「生徒指導をしたい」と考えている。母親の彼氏が「僕に手を出したら（母親が）すごく止めてくれた」ことを記憶している。

〈インタビューのまとめ〉

　インタビューで第１に特徴的なのは，学校や教員に対しては全般的に依怙贔屓や気にかけてくれないなどの否定的な印象をもつケースが多いことである。ただし，その中で生徒指導やクラブ活動の先生などが掛けてくれた言葉や対応

が，その当時遭遇していた困難などを乗り切るきっかけを与えている。そうした言葉は，貧困が本人の責任でなく恥ずかしがることがないことを内容としている。

　盛満（2011）の挙げた事例なども参照すると，「親の事情」を短絡的に「子どもの事情」と同一視することへの自然な反発がそうした言葉を受け入れる背景にあると考えられる。つまり，当然のことではあるが，親の事情と子どもの事情を安易に同一視してほしくないという率直で正しい認識が，そうした反発のもとにある。場合によっては，貧困は家庭の責任でもないという主張を含んでいることもあり，それは子どもの親理解を支援する役割を果している。

　第2に，貧困な経済状況に育った人々にとって，やはりその子どもだけへの，たとえば修学旅行費の工面，補習や別室授業などの「個別的な配慮」が困難を乗り切るのに有効であったということである。こうした「個別的な配慮」は補習や別室授業のようにほかの教員，子どもにもわかるオープンな場合もあるが，修学旅行費のようにクローズドされたものも含まれる。

　第3に，経済的に貧困であってもいわゆる相互扶助的な意識や慣習が残っている地域の場合，学校からドロップアウトしがちな子どもがモデルとしたいと思うような先輩からのアドバイスや支援があり，「貧困に負けない」ことの力になることがある。ただし，このことはどの地域にも当てはまるものではないことに注意が必要である。[9]

　第4に，いずれのケースでも「独力」で「貧困に負けなかった」わけではなく，「人」との関わりで，「貧困に負けない力」を得たということが確認できる。それは，上でふれたような学校関係者の場合もあれば，福祉関係者，地域の先輩など多様であり，また，自分より年下の子どもから結果的に励まされることもあるが，いずれもそうした「人との接点」の重要性を浮かび上がらせている。これを別の側面からみると，そうした人との出会いをどの程度提供できるかという「社会資源」が関わってくることになる。そうした社会資源を学校，福祉，地域が提供できるかが問われている。

（3）学校ソーシャルワークにおける「子ども自身へのアプローチ」

　前述の（1），（2）の例は「教育」の舞台での自己肯定感の回復に向けた取

第一部　子どもの貧困のトータルな把握のために

り組みであるが,「ソーシャルワーク」の舞台でも「子ども自身へのアプローチ」が,子どもの貧困という深刻な事態を打開するために,現場で踏み込み,取り組まざるを得ないものとして登場することがある。以下の2つの引用文は「子ども自身へのアプローチ」がどうしても登場せざるを得ない状況を如実に描き出している。

> 　家庭環境に働きかけても「家庭環境を変えることは難しいのではないか」という状況を実感することがあります。福岡県内のある市では,スクールソーシャルワーカーが「子ども自身に生活力を高める取り組みをしよう」と考えています。この市の生活保護率は38‰です。家庭環境の背景から自傷行為,子どもの非行,暴力行為,過呼吸発作,性問題等があります。貧困は金銭的な問題だけではなく,子どもたちの心,自尊心,人間関係にも深刻な影響を及ぼしてきます。子どもが体調不良でも保護者は病院につれていかない,おなかがすいてもほったらかしの状態で,保護者の養育力を期待してアプローチをかけても時間がかかります。そのため,子どもたち自身に食事の栄養面の知識や社会性,コミュニケーションスキルなどの「生活力」を培っていかないといけません（門田 2018：168）。

> 　……文科省が「スクールカウンセラーは心に働きかける,スクールソーシャルワーカーは環境に働きかける」と種別分けをしていますが,福岡県のスクールソーシャルワーカーたちはソーシャルワーク実践をしていくことに基盤をおいていますので,「環境に働きかける」という役割を固守していません。子どもと家庭,子どもと学校,地域との関係性でどんな取り組みが求められるかを考えながら,新たな学校ソーシャルワークの開発的実践が求められていくと思います（門田 2018：172）。

もちろん,本書第8章,第9章でふれられているように,今日の子どもの貧困に対応するためには,スクールソーシャルワーカーが学校教員と協働,分業して,親の相談に乗っていくことが前提である。[10]

6　事後ケアの重要性

大阪府の北芝にしても福岡県の筑豊地区にしても子どもの貧困が他の地域よりも深刻なところであり,それゆえに他の地域にもましてそうした子どもの貧困を生み出す環境要因への働きかけにさまざまな人が鋭意努力している。それ

と同時並行的に「子ども自身へのアプローチ」も実践されているし，そうせざるを得ないほど事態が深刻であるということがわかる。いわば「待ったなし」の状況である。ちなみに環境への働きかけと子ども自身へのアプローチはトレードオフの関係にはない。つまり，どちらか一方が増えればもう一方が減るような性格のものではないことを確認しておきたい。たとえば，赤石（2016）が主張するような，（子ども食堂に来た親を対象にした）「親を含めた世帯へのソーシャルワーク」が行われる可能性が十分ある。もともと子どもを対象とした子ども食堂が親への働きかけのゲートウェイになることがあるのである。

　「貧困に負けない力（レジリエンス）」をもたらすという営みは，本書序章の図序-3に即していえば，基本的に⑥「福祉・教育プログラム―2　事後ケア」に相当する。子どもが貧困に由来するさまざまな困難に遭遇し，傷ついた場合に，傷を癒し，また，そこから立ち直るきっかけを提供し，それに負けない状況を生み出すことを目的とするからである。

　子ども食堂や「中3学習会」，本書第1章でふれられた香港の子ども支援NPOの野外活動に関する取り組みや本章でみた北芝の太鼓サークルなどは，そうした「貧困に負けない力」を側面から支え，⑤福祉・教育プログラム―1　予防・事前ケア「子どもの貧困が子どもへ及ぼす悪影響を緩和する」役割を果たす（ただし，序章でふれたように（序章第5節）⑤と⑥を厳密に区別するのは難しいことに注意が必要である）。ちなみに困難に直面してもそれをものともせずクリア／スルーしていく（ハーディネス）方途が見つかれば，それも⑤の「福祉・教育プログラム―1　予防・事前ケア」であると考えていいが，そうした方途は見出しにくい。そういう「強靭な子ども像」を策定し，その子ども像を一つの目標とすることは現実的でない。

　もし予防機能を重視するならば，第1に，親の貧困の「事前的な予防」あるいは親の貧困が子どもの貧困に直結する経路を断ち切る，あるいは，細くするような方向（前掲図序-3の①～④）がめざされるべきであろう。第2に，本書第1章でふれられたような（第1章第5節）「反貧困学習」が有効であろう。

　「事後ケア」であるということは一面，「対症療法」的なものとして受け止められるかもしれない。しかし，実際に困難に直面し，傷ついた子どもにとって「救い」となるのはこうした事後的なケアである。それはことの性質上「個別」

的な，ある意味で「特別扱い」的な対応となる。本章でみた北芝の挑戦，貧困／不利／困難を乗り越えるのに役立った教師の声かけ，さらには，福岡のスクールソーシャルワーカーの試みは，「貧困の不可視化」を超えた，そうした「個別」的で，ある意味で「特別扱い」的な対応なのであり，同時にそのことの重要性を浮き彫りにしている。

注
(1) 念のため言及すれば，下記引用文の主張と私たちの立場はそれほど異なるわけではない。「この部分だけを突出して強調」することをまったく意図していない。強いて下記引用文との私たちの違いを挙げるとしたら，第1に，私たちは方法論的に child's perspective に立って対策を考えようとしていること——つまり，「貧困に負けない力」を策定し，その要素を検討することで，「貧困に負けない力」を増進させる客観的・環境的要因と個人的・能力的要因を明らかにしようとしていること——および，第2に，貧困の「不可視化」が進行している福祉や教育の現場を巻き込んだ実践上の対応を視野に入れヒントを得ようとしていること，の2点であろう。
　「子どもが安心して日常生活できる経済的環境が直ちに用意されるかどうかが，対策の出発点なのではないか。『子ども自身に力を与えることによって現在の状況から脱却できるようにする』『貧困に負けない子どもをつくる』という考え方自体を否定するつもりはないが，この部分だけが突出して強調されれば，保守主義的な自助論，貧困の個人・家族責任論との距離が近くなっていくことに注意が必要だろう」（所 2015：202）。
(2) 人文・社会科学系統の最初の論文は，小花和（1999）であった。ただし，同論文は心理をキーワードに含んでおらず，1999年のレジリエンス×心理の検索では出てこない。
(3) レジリエンスと福祉をキーワードにもつ最初の論文は，得津慎子（2003）である。
(4) イギリスの社会政策学会誌（*Social Policy*）の最近の号にもレジリエンスをめぐる社会的状況の重要性を主張する論文が掲載されている。そのアブストラクトを以下，引用しておく。
　「本論文は，"レジリエンス" という用語に対して，それが個人や家計が困難に対してどのように対応するかに適用されたときに，批判的な評価を提供するものである。私たちはレジリエンスの分析に社会的状況が埋め込まれるべきであることを主張する。……レジリエンスの概念が，もしそのレジリエンスが生起する社会的状況から切り離されて理解されるならば多くの問題をもたらすであろうこ

第 2 章　子どもの「貧困に負けない力」とレジリエンス

　　とを示す。」（Dagdeviren, Donoghue and Promberger, 2016）。
(5) 池谷啓介・簗瀬健二「パーソナルサポートサービスから生活困窮者自立支援，そして我が事・丸ごと地域共生社会」（同志社大学社会福祉教育・研究支援センターセミナー，2018年 7 月21日）から。
(6) 西村（2017）は興味深い実践を紹介している。つまり，高校生の社会関係資本の構築と成功体験の醸成をめざす「クレッシェンド」という「過去を受け入れ，未来を描く」学習プログラムがそれであり（認定 NPO 法人 D×P），「コンポーザーの挫折経験や人間関係上のトラブル等過去の体験を聞くことを通して，人生は失敗してもこうして目の前の大人のようになんとかやっていけるのだということを知る」（西村 2017：60）などの活動を含んでいる。それらは「ハンディを負わされた高校生たちが，多様な生き方をする社会人・大学生の援助や同級生との関わりを通して，『貧困／不利／困難に負けない力』をエンパワメントされる教育実践の可能性を示唆する」（西村 2017：62）ものとして理解されている。

　　また，門田（2018）は，「現在，子どもにどのような生活力をつけたらよいのかをスクールソーシャルワーカーが調査研究」している福岡県のある市での取り組みを紹介している（門田 2018：168）。
(7) インタビューは下記の日程，場所（大阪府）で一人およそ 1 時間30分行われた（会場は市の公共センターほか）。谷川雅彦氏（一般社団法人部落解放・人権研究所所長）にはインタビュー先を紹介していただいた。記してお礼申し上げる。

　　2016年 4 月 5 日（火）17時30分～ O 市 A 区， 6 日（水）13時30分～ I 市， 9 日（土）13時～ O 市 A 区，16日（土）10時～ O 市 B 区，22日（金）13時30分～ M 市，同日 2 人17時30分～ O 市 B 区
(8) 私たちの前著（埋橋・大塩・居神編著 2015）では，児童養護施設退所者の退所前，退所後の自己肯定感の推移とその要因をめぐって分析している（第 2 章「児童養護施設退所者の降り，困難，貧困を克服する 3 つの鍵」，第 3 章「児童養護施設退所者の自己肯定感向上の契機」）。本章のように「仕事を始める前の学校生活期」だけに時期を限っていない。
(9) この点については福原（2016）が参考になる。大阪市西成区北西部が「リスク集積地」であるにもかかわらず主観的幸福感が高いのは，相互扶助組織が長期にわたって活動していることがその背景にあるという。
(10) 筆者は，学校カウンセラーには「家庭訪問」する必要はなく学校の一室で児童・生徒の来訪を「待つ」姿勢が求められ，一方，スクールソーシャルワーカーは，積極的に各家庭に出かけ子どもの親との太い接点をもつべきであると考える。もちろん，スクールソーシャルワーカーはいわゆるコミュニティ・ソーシャルワーカーと異なって，「子どもの健全な発達と勉学条件」の確保を目的とするのであるが，そ

第一部　子どもの貧困のトータルな把握のために

れに影響を及ぼす「親が直面している課題」にも相談に乗り，必要な措置や手続きなどをサポートすべきではないか。アウトリーチの意義はそこにある。ちなみに，仲嶺（2017）は，インタビュー調査をもとに「貧困認識の世代間比較」をしているが，ここでは教育実践の力で子どもの諸困難を乗り切る姿勢を長く貫いてきた退職教員（1950―90年代高校勤務）の話を一部引用しておきたい。

　「……私自身が福祉につなぐことをわかっていない。教師が，大変な時に，『ここに相談したら』っていう，そういうことを知識を少しでももっていたら，あの子もう少し救われたんじゃないかなと思って。指導の中身で何とかしようというのばっかりあって。〔教育実践の。〕そうそうそう。『この子なんとか学校に来させよう』とか。この子をイキイキとさせることで救っていると思ってたんだけど，根本的には何も解決できなかった」（仲嶺 2017：52）。

参考文献

赤石千衣子（2016）「子ども食堂だけでは足らない　子どもの貧困対策」*Yahoo News*，https://news.yahoo.co.jp/　3月20日。

阿部彩・埋橋孝文・矢野裕俊（2014）「『大阪子ども調査』結果の概要」（http://gpsw.doshisha.ac.jp/osaka-children/osaka-children.pdf）。

埋橋孝文（2018）「子どもの貧困と自治体調査――自己肯定感を中心に」『Int'lecowk』No. 1078。

埋橋孝文・同志社大学社会福祉教育・研究支援センター（2018）『貧困と生活困窮者支援――ソーシャルワークの新展開』法律文化社。

埋橋孝文・矢野裕俊編著（2015）『子どもの貧困／不利／困難を考える Ⅰ――理論的アプローチと各国の取組み』ミネルヴァ書房。

埋橋孝文・矢野裕俊・田中聡子（2018）「『京都子ども調査』結果の概要」（http://gpsw.doshisha.ac.jp/osaka-children/kyoto-children.pdf）。

大澤真平（2017）「子どもの貧困の経験という視点」『教育福祉研究』第22号。

岡村重夫（1983）『社会福祉原論』全国社会福祉協議会。

小塩真司（2009）「回復力，弾力のあるこころ――レジリエンスの心理学」『児童心理』No. 893。

小塩真司（2013）「レジリエンス」藤永保監修『最新心理学辞典』平凡社。

小塩真司（2014）「I CAN（自己効力感）とレジリエンス」『児童心理』No. 989。

小花和Wright尚子（1999）「震災ストレスにおける母子関係」『日本生理人類学会誌』4（1）。

小花和Wright尚子（2001）「幼児期の心理的ストレスとレジリエンス」『日本生理人類学会誌』7（1）。

小花和 Wright 尚子（2014）「自己肯定感とレジリエンス──危機を乗り越える力の基盤」『児童心理』No. 986。
河野荘子（2014）「環境要因（I HAVE Factor）とレジリエンス」『児童心理』No. 989。
北芝まんだらくらぶ（2011）『大阪・北芝まんだら物語──出会いがつながる人権のまちづくり』明石書店。
近藤卓（2007）「『生きる力』を支える自尊感情」『児童心理』No. 862。
近藤卓（2010）『自尊感情と共有体験の心理学』金子書房。
近藤卓（2013）『子どもの自尊感情をどう育てるか』ほんの森出版。
近藤卓編著（2014）『基本的自尊感情を育てるいのちの教育』金子書房。
阪根健二（2009）「レジリエンスを高めるポイント」『児童心理』No. 893。
武田信子（2015）「貧困と幸せを考える」『世界の児童と母性』79号。
田中弘美（2015）「児童養護施設の子どもにみる自己肯定感をはぐくむ支援」埋橋孝文・矢野裕俊編著『子どもの貧困／不利／困難を考える Ⅰ──理論的アプローチと各国の取組み』ミネルヴァ書房。
得津慎子（2003）「家族レジリエンスの家族支援の臨床的応用に向けて」『関西福祉科学大学紀要』6。
所道彦（2015）「イギリス──子どもの貧困対策の到達点」埋橋孝文・矢野裕俊編著『子どもの貧困／不利／困難を考える Ⅰ──理論的アプローチと各国の取組み』ミネルヴァ書房。
中谷素之（2009）「困難から回復する力 レジリエンスを育てる」『児童心理』No. 889。
仲間玲子（2007）「自尊感情の心理学」『児童心理』No. 862。
仲嶺政光（2017）「教師の労働環境と子どもの貧困認識──退職・現職教師の世代的対照性を沖縄における10件のインタビュー調査から探る」『富山大学地域連携推進機構生涯学習部門年報』19。
西村貴之（2017）「子どもの貧困に抗する多職種連携型支援──チーム学校に関する予備的考察」『季刊 人間と教育』No. 95。
仁平義明（2014）「レジリエンス研究の現在」『児童心理』No. 1015。
福原宏幸（2016）「リスク集積地域における貧困・剥奪・不健康と社会資源による共助的支援の展開──大阪市西成区の事例を通して」『貧困研究』16。
藤原千沙（2018）「日本における『子どもの貧困』問題」『大原社会問題研究所雑誌』No. 711。
フレイザー，マーク・W.編著／門永朋子・岩間伸之・山縣文治訳（2009）『子どものリスクとレジリエンス──子どもの力を生かす援助』ミネルヴァ書房。

ボス，ポーリン／中島聡美・石井千賀子監訳（2015）『曖昧な喪失とトラウマからの回復——家族とコミュニティのレジリエンス』誠信書房。
松本伊智朗編（2017）『「子どもの貧困」を問いなおす——家族・ジェンダーの視点から』法律文化社。
盛満弥生（2011）「学校における貧困の表れとその不可視化——生活保護世帯出身生徒の学校生活を事例に」『教育社会学研究』第88集。
盛満弥生（2017）「子どもの貧困に対する学校・教師の認識と対応」『教育と医学』No. 765。
山村りつ（2015）「子どもの貧困をどうとらえるべきか」埋橋孝文・矢野裕俊編著（2015）『子どもの貧困／不利／困難を考える Ⅰ——理論的アプローチと各国の取組み』ミネルヴァ書房。
Dagdeviren, H., Donoghue, M. and M. Promberger (2016) "Resilience, Hardship and Social Conditions," *Social Policy,* 45(1).
Harter, S. (1985) *Self-Perception Profile for Children,* University of Denver.
Rosenberg, M. (1965) *Society and the Adolescent Self-Image,* Princeton University Press.

第3章
社会福祉の対象と子どもの貧困

田中聡子

　本章は，子どもの貧困に社会福祉はどう向き合ってきたか，今後どのようなことが期待できるかを対象論の系譜から考察する。こうした本章の目的は本書全体のリサーチクエスチョン（RQ）2「（福祉や教育は）子どもの貧困にどのように対応してきたか，対応してこなかったか」およびRQ3「現在どのような取り組みがあり，その効果はどのようなものであり，どういう方向，改善が望まれているか」に対応したものである。

　「子どもの貧困」とは，世帯の貧困ではなく，「子ども」という対象に焦点をあてて貧困を捉えることである。社会福祉において，カテゴリー別に対象を捉えるようになったのは，社会福祉六法体制が整備された1960年代である。さらに，現代のように子ども自身がサービス受益者になっていくのは，「利用契約制度」，「利用者支援」が定着した社会福祉基礎構造改革以降である。そこで，社会福祉の歴史的経過と対象規定の課題について併せて論じたい。

1　社会福祉の対象：社会福祉は子どもの貧困にどう向き合ったか

（1）社会問題としての貧困

　社会福祉は子どもの貧困にどのように向き合ってきたか（RQ2）を考える場合，社会福祉の対象と子どもの貧困の関係について示すことが必要である。

　社会福祉の対象は「貧困」から始まる。社会福祉は，近代社会における失業と貧困が政治，経済，社会，文化の要因に規定されながら社会的な課題となり，個人の貧困から社会の貧困へ，私的領域から社会の問題として展開される中で形成されてきた（永岡 2007：127）。貧困層を対象とした最初期の活動の代表はCOS（慈善組織協会 Charity Organization Society）とセツルメントである。

　COSの主張は「貧困は個人の道徳的・性格的欠陥から生じるものである」

から，貧民は「救済に値する者」と「値しないもの」に峻別し，後者には依存的性格を矯正する精神教育を実施していくという「道徳的改良」によって対応してきた（仲村・一番ヶ瀬ほか監修 2007：208—209, 238—239)。COSは「施与ではなく友情」をモットーに濫給，漏給の合理化を目的に調査，登録，調整，友愛訪問を中心に展開されていく（岡本 2015：45)。このCOSの活動がケースワークの援助手法へ発展していったことは自明のことである。

　このような問題認識のもとに登場したセツルメントは担い手である知識人が貧困地域に対し，residence（住み込み），research（調査），reform（改良）によって活動を展開し，近代産業の矛盾として貧困問題を捉え，社会改良に重点をおいた（仲村・一番ヶ瀬ほか監修 2007：213—214)。また，19世紀の終わりには社会調査により貧困の実態が明らかになり，貧困問題は個人的な要因だけでなく，それを取り巻く生活環境，労働環境，家族状況こそが問題であるという認識に移行する（岡本 2015：46)。こうして，社会福祉は個人だけでなく，社会に目を向け，働きかけ，社会改良をも視野に入れていくようになる。社会調査の発展は，貧困の実態把握と社会福祉の対象を明確にすることに貢献したといえる。

（2）貧困の基準が政策対象者を決定する

　貧困を対象にするということは，貧困をどのように捉え，どのような方法で測定し，どのように改善するかということである。それは，絶対的な水準であれ，相対的な水準であれ，政策対象として対応する場合には，一定の基準が必要になり，貧困ラインが決定される。ここで設定された基準に沿って政策対象が決定される。貧困の測定に関する研究は小沼正（1974）『貧困』や江口英一（1979）『現代の「低所得層」』（上），（1980）『現代の「低所得層」』（中），（1980）『現代の「低所得層」』（下），岩田正美／西澤晃彦編（2005）『貧困と社会的排除』をはじめ今日まで非常に蓄積されている。

　日本の貧困基準は一般的には生活保護が保障する最低生活費である。国が定める所得以下の人は，貧困とされ，生活保護制度の対象者となる。子どもは世帯に属しているため，世帯の所得が生活保護基準以下であり，生活保護制度の要件を満たせば生活保護制度の対象として扶助を受けることになる。

以上のことから，社会福祉の対象は当初より貧困問題であり，社会調査の成果により個人の問題ではなく社会問題としてあつかわれるようになった。したがって，社会福祉は社会問題を対象とするようになる。日本で社会問題として「子どもの貧困」が取り上げられるようになったのは，リーマンショック以降である。マスコミによって子どもの学校給食費未納，高等学校の授業料未納，保育費の滞納，修学旅行費の積立金の未納などが報道され，子どもの不利や困難な状況に社会の関心が高まり，政策対象として子どもの貧困問題が取り上げられるようになった。

（3）対象の領域と課題，方法

　前述のように社会福祉の対象は社会問題であった。しかし，次第に，出現した問題そのものよりどのような政策，制度，援助技術を用いるのかが中心課題になった。岩田（2001）は社会福祉の「対象」という意味は，「社会福祉が取り組むべき『課題』や実際の制度や援助が，『対象としている問題』として整理することが可能である」とした。また，「社会福祉は，いつも社会が解決すべき何らかの問題解決を前提とし，これを社会福祉という方法で解決するものとして出現してきた。従って解決すべき課題や問題は与件となり，それを解決する方策自体に関心が寄せられてきた」（岩田 2001：27—28）。

　また岩田によれば，対象論は以下の3つの領域からなる。1つ目は，社会福の対象は，社会問題とするものである。2つ目は，社会問題のいくつかを社会福祉の対象として認識していく視角とプロセスの研究であり，制度対象，援助対象としてのカテゴリーの設定や「社会問題」を社会福祉のニーズと設定し直すプロセスの検討が含まれるとした。3つ目は対象とする問題を直接担う「人」への理解，クライエントに対する研究領域である。具体的には，1つ目の社会問題は当初貧困問題を対象としていた。しかし，高度経済成長を背景に一億総中流時代が到来し，貧困問題はみえなくなっていった。産業構造の転換により，過疎・過密，健康や環境の問題，物価の高騰や生活不安など新たな局面を迎え，社会福祉の対象は社会的に立場の弱い母子家庭や障害者，高齢者の「生活問題」へと転換していった。2つ目の制度や援助対象は，経済的なカテゴリーから年齢や心身の障害などの「属性別」のカテゴリーの把握に変化した。

3つ目の領域は、ソーシャルワークやケアワークなどの援助論における対象理解である。ただし、高齢者、障害者、児童、家族などのカテゴリーを前提とした対象理解である（岩田 2001：28—32）。

社会福祉の対象は、その社会が取り組むべき問題と、誰を対象とするかが焦点になる。そこで、以下の2つが課題となる。

1つは、取り組むべき対象を決定するためには社会的な合意や関心の高さが必要になると考えられる。対象は「なるほど援助が必要だ」と人々にわかりやすいこと、そのためにも可視化されていることが課題である。

2つは、要因や背景を特定することが根本的な解決や根絶につながるにもかかわらず、社会福祉の対象が「人」である場合には、出現した問題に対してどういう方策が有効か、目の前の痛みや辛さの軽減が優先されることが多い。つまり、対象認識は問題そのものを対象とする場合と問題の結果として現れた人や属性、階層の生活の局面を対象とする場合とに大まかに分けることができ、解決策に向けての取り組みは後者の方が優先されてきたといえる。子どもの貧困問題が対象となれば、貧困問題より子ども自身に現れた痛みや辛さの解決がまずは対象となろう。たとえば、親からの遺棄、虐待等の要保護児童の問題は可視化し、社会福祉の対象となる。子どもの置かれた過酷な状況を改善することが最優先であり、背景となる貧困問題に切り込むことは、後になろう。

（4）児童福祉法初期の可視化された対象児童

戦後、新生活保護法の制定と同時期に児童福祉法、身体障害者福祉法も制定され、いわゆる福祉三法体制が整備された。当時の緊急の課題は生活困窮、戦災孤児、傷痍軍人や戦争により障害を負った人々に対する援助であり、公的扶助のような機能を果たすところから始まった（高沢 2005：56—57）。

戦後直後の社会福祉の対象となった児童は、戦災孤児や引揚孤児であり、社会的な対応が必要であった。この時期の子どもは親のいない孤児であり、明らかに貧困児童である。1947年の児童福祉法の制定により対応は法律による制度の展開が主になった。当初の枠組みは、児童福祉施設としての助産施設、乳児院、母子寮、保育所、児童厚生施設、養護施設、精神薄弱者児施設、療育施設、救護院があり、それぞれに対応する児童がその対象になる。

児童福祉法は，貧困児童や孤児だけでなく「すべての児童」の健全育成を目的としている。しかし，当初はその具体的な対象は一般児童にまで十分に及んでおらず，窮迫児童を保護することが先決だった。児童福祉法はあくまでも生活保護の特別法的な位置であったと指摘されている（伊藤 2007：152—153）。児童福祉の対象は，可視化され，社会問題化した浮浪児や戦争孤児が中心であり，児童一般の福祉の向上や貧困問題の改善というより，貧困の極みにある孤児の保護，救済が目的だったといえよう。

（5）社会問題から生活問題へ

高度経済成長を遂げた1960年代に社会福祉の対象は，社会問題から生活問題へ転換した。1960年代初期，社会福祉本質論争が展開された。制度政策あるいは社会構造からみる対象規定と援助機能，技術の視点からの対象規定による論争である（永岡 2007：28）。前者はマルクス経済学，社会政策学に研究方法をおく孝橋正一の理論であり，後者は構造機能主義的な社会学に研究方法の基礎をおく岡村重夫の理論である（宮田 1996：149）。岡村はこの論争の中で，個人とそれを取り巻く環境との間に不均衡が生じた場合に，個人や集団を援助して環境との関係を調整し，環境への適応を促すことに社会福祉の固有の機能を求めたのである。

1960年代には，産業構造の転換により，過疎・過密，健康破壊や環境問題，物価の高騰や生活不安など新たな局面を迎えた。古川（2003）は，1960—70年代の福祉ニーズは傷病者，障害者，老人，児童，母子家庭など稼働能力のない人々の新たな生活問題であるとした。そしてそれぞれの福祉ニーズの特質に応じて，新たな社会的援助が必要になったと述べている。そこでこれらの特定の人口集団に対応する社会サービスに関する諸制度が創設された（古川 2003：195）。このように社会福祉の対象は，貧困問題から属性を中心にカテゴリー化された生活問題に変わっていく。しかし，貧困問題がなくなったのではなく，属性別の生活問題の背景となっていったと考える。

（6）ニーズ論の登場：社会的ニーズから個別ニーズへ

1973年のオイルショックを起点として福祉見直しの時代を迎える。施設福祉

から在宅福祉への転換もあり，政策か技術かの本質論的作業より，社会福祉の対象は人々の生活の局面ニーズが中心となる。三浦のニーズ論は社会福祉の対象を要援護性（狭義のニード）や依存的状態（広義のニード）とした（三浦 2000：60）。社会福祉の目的は，人々のニード充足であり，現金（金銭）給付と現物（サービス）給付の2つの方法があると論じた。現金給付で対応すべきニードを貨幣的ニード，現物給付で対応すべきニードを非貨幣的ニードとした（三浦 2000：78）。

古川（1999）は社会福祉の対象である生活問題の担い手を「生活者」とした（古川 1999：159）。生活者は利用者であり，社会福祉が解決すべき課題は利用者の生活ニーズとなる。2000年以降の社会福祉サービスの契約，供給体制の民営化により生活ニーズは社会福祉対象の中心になっていったといえる。

ニーズ論の発展は，貨幣的ニーズに対応する現金給付から非貨幣的ニーズに対応するサービス給付へ転換した。岩田（2001）は「ニーズ」の概念は生活問題や社会問題を否定する方向で導入されるとする。ニーズの概念はその原因のいかんを問わず，人間生活の必要という共通のレベルで捉え，サービスと結びつきやすいということであり，ニーズの実際は人間の必要としてのニーズから，サービスに対応したニーズへ変換されたと指摘している（岩田 2001：30—31）。つまり，人々の生活上の課題の本質や背景が対象ではなく，可視化した生活の場面でのニーズに対するサービス提供が社会福祉の対象の中心となる。よって，人々の困窮状況や生活困難を社会の構造から改善するのではなく，個人に向けたサービス提供によって改善していくことになる。

（7）潜在的ニーズの存在と貧困の後景化

社会福祉の対象を生活ニーズや利用者ニーズとした場合，ニーズがキャッチされなければ，実際の対象者とはならないことになる。岩田（2008a）はニーズがキャッチされない人々は，社会に参加できない状態であり，「社会的排除」状態であるとした（岩田 2008a：54）。社会的排除は福祉サービスから取り残される人にとって有効な概念となり，潜在的な福祉ニーズ対象者や可視化が困難な貧困層を捉えることに貢献したと考えられる。社会福祉の対象において，ニーズ論は対象の可視化が前提となる。また，可視化されたニーズは，人々の生

活上の個別的なニーズに限定されその背景にある社会的な課題をニーズとして捉えることは後退し，それゆえ社会問題である貧困問題が後景に押しやられてしまった。

2 対象としての子どもの貧困：社会福祉の貧困問題への可能性

(1) 可視化された子どもの貧困

　2008年のリーマンショックを機に生活保護受給者が急増していく。同時に派遣労働者の雇い止めや派遣切り等が社会問題となった。欠食児童問題が現代社会にも起こり，給食費未納問題や親の健康保険未加入による子どもの未保険問題等がマスコミに取り上げられるようになった。若年世帯の貧困がクローズアップされ，子どもの貧困に社会的関心が高まった。相対的貧困率の公表やマスコミ報道によって，子どもの貧困が再発見されたといえる。

　解決のための福祉的な対応が求められつつある。そこで，もう一度，貧困が相対的なものであり，現代社会における当たり前の生活水準を保障した生活を子ども自身が送ることを目的とした運動や活動が展開されるようになった。この点において「子どもの貧困」研究における阿部（2008，2014）の現代社会における子どもにとって「許容できない生活水準」を測定し，その経路を明示することによって政策に結びつける研究の成果は，子どもの貧困対策へと発展したといえる。貧困が再び社会福祉の対象として浮上した。

　貧困状態の把握は，生活水準を測定することであり（阿部 2008：182），さまざまな剝奪状態を丁寧に測定しなければ実態は把握できない。また，生活水準が測定できても，政策対象となる場合に必ず境界線上の問題があり，対象からこぼれる層が存在してくると考えられる。こうしたことから，子どもの貧困対策はすでに貧困な状態にあり，援助対象として把握できる対象と，把握できない潜在的な対象が存在すると考えられる。また，援助対象となった場合においても，所属する世帯の属性や理由によって区別されていく（岩田 2008b：20—21）。

（2）子どもの貧困が対象とする領域

　対象としての「子どもの貧困」は，潜在化した問題を可視化し，把握することから始まる改善が目的となる。

　子どもの貧困を対象とする場合は以下の3つの領域があるといえる。1点目は，制度対象や援助対象とする子どもの貧困領域である。政策対象として子どもの貧困対策を講じることであり，2014年8月29日に閣議決定された「子どもの貧困対策に関する大綱」がこれにあたる。背景となる親の貧困のアプローチも含まれる。

　2点目は，すでに貧困状態の子ども自身に対して働きかける範囲や方法に関する領域である。クライエントとしての貧困な状況にある子どもが対象であり，援助職であるソーシャルワーカー等が子どもの心理的な側面や社会的な側面，あるいは成長発達に関することに直接働きかけることを意味する。

　とりわけ，2点目の領域では，社会福祉の対象は「子どもの貧困」における「子ども」になる。つまり，福祉サービスを受給するのは子どもと考えるのが妥当である。ソーシャルワークの対象は子どもであり，その目的は子どものウェルビーイングの向上になる。そこで，援助職は子ども主体，子ども本位のサービス提供を目的とする。しかし2000年以降，措置以外はサービス提供者との利用契約によってサービスが提供されるようになった。以降子どもの場合，契約主体は保護者，サービス受給者は子どもということが起こる。つまり，保護者の意向がサービス受給の有無に反映される。たとえば，保健師等が家庭訪問し，養育に関する指導，助言等を行う養育支援訪問事業において，高い養育支援ニーズがあったとしても，保護者の同意がなければ，子どもにサービス提供ができないことがある。また，生活保護世帯における教育扶助費やひとり親家庭に支給される児童扶養手当は子ども自身への経済的支援であるが，支給先は保護者になっている。したがって子どもの貧困対策の対象は，子どもの問題解決のためには，実践上，保護者も対象になるであろう。

　3点目は，対象を限定しない予防的支援の領域である。子どもが「クライエント」として認識されない場合である。予防的支援は，できる限り普遍的なサービスが望ましく，児童手当や高校教育の無償化などの経済的な政策や地域における児童館の実践，ボランタリーな学習支援や子ども食堂などの活動である。

（3）子どもの貧困に対する社会福祉援助は事後的なケアが主流

　社会福祉の対象が貧困から生活問題，利用者ニーズへと転換したと述べた。ニーズ論の登場以降，社会の中で貧困問題が消滅したのではない。戦後すぐの貧困は非常にわかりやすい状態で戦災孤児，障害を負った人，戦災未亡人とその子どもに集中して現れた。高度経済成長期にはさまざまな生活の局面に出現し，生活問題となり，貧困は潜在化した。1990年代後半から高齢者の介護問題や児童虐待，母子家庭の増加や DV 被害やメンタルヘルス問題など特にカテゴリー別の個別ニーズが社会福祉の対象となり，貧困は個別ニーズの背景となり，個人の問題として取り扱われるようになった。

　社会福祉基礎構造改革により，社会福祉サービスは一部を除いて措置から契約に移行した。一方，自分から声をあげない人々は利用契約制度になじめず，サービス対象者になれない。制度や施策からこぼれる状態を岩田正美は社会的排除状態とした。社会的排除や孤立問題は，非正規雇用の拡大と2008年の経済状況の悪化を契機に，再び可視化し，社会問題化したといえる。

　現代社会において，誰もがわかるような「貧困」は表に出ない。しかし，貧困は貧困だけで終わらず，多様な社会問題の背景の一つになる（岩田 2007：166）。したがって，子どもの場合も，親の経済的な問題が子どもの生活に影響を与え，不登校，低学力，低学歴，いじめ，非行やさらには精神的，身体的な健康上の問題等の背景になる。それゆえ，子どもの生活状況から貧困を可視化する相対的剥奪指標による貧困調査は子どもの貧困対策を具現化することに貢献したといえる。

　子どもの貧困が社会福祉の対象となるとき，子どもに表れた生活上の困難に対して福祉専門職が対応する場合は，子どもと子どもを取り巻く環境がアプローチの対象になる。したがって，問題の要因が保護者の生活状況や経済状況である場合は，保護者要因の除去，改善のため保護者も援助対象となる。こうした場合，子どもと保護者のニーズを専門職が面接，アセスメントによって明らかにすることで，サービス提供が始まる。サービス機関が問題や課題が生じている状況を明らかにして，その課題に対応したサービスを提供していくのである。つまり，社会福祉の専門的なサービスは序章の図序-3（8頁）の事後ケア⑥に相当する。事後ケアは個別性が高く，選別された利用者が対象となる。

いいかえれば，すでに問題を抱え，クライエントやケースと呼ばれないと，事後ケアの対象とならない。児童相談所や児童家庭相談室が対応する親からの虐待ケースや青少年の非行ケース，いじめ問題やDVケースなどが事後ケアである。

（4）子どもの貧困対策として期待できる事前・予防ケア

　子どもの貧困に対して，対象を限定しない，つまり普遍的にサービスを提供する場合は，事前・予防的なケアの色彩が強まり，貧困リスクの軽減や予防が目的となるといえる。ただし，サービス提供の普遍性には限界があり，普遍的なサービスからもこぼれる層は存在することに留意する必要がある。

　社会福祉の対象である「人」はサービス供給システムに組み込まれ利用者となる。一方で，社会的孤立状態やコミュニケーションの苦手な人，問題を抱えてはいるが福祉に自らアクセスをしない人は一定存在する。「潜在的利用者」，「社会的排除層」，「社会的バルネラビリティ」[1]，「困難ケース」といわれる層であり，もっとも貧困リスクが高く，個別援助が必要な層である可能性が高い。

　このような潜在化したみえない貧困層へのアプローチは早期発見と早期対応により，問題を深刻にしないことが最重要課題である。昨今，虐待，いじめ，非行，不登校等の早期発見，早期対応のためのネットワークや連携が社会福祉援助の重要なテーマとなっている。貧困リスクの軽減と貧困の影響を防御する事前・予防ケアの重要性の根拠の一つといえる。

　埋橋（2016）は，「出産および子育て支援」，「保育サービス」，「中3学習会」，「子ども食堂」を子どもが受ける負の影響に対する予防・事前ケアと位置づけている（埋橋2016：53）。

　貧困家庭の子どもは高校進学率が低く，コンビニで買ったもので夕食を済ますなど食生活に課題があり，乳幼児期に適切なケアを受けていないリスクがあることは実践のうえですでに明らかになっている。したがって，保育サービスや学校ソーシャルワークは早期発見や早期対応のための多機関連携などが実践において期待されている。また，中3学習会や子ども食堂は専門職が必ずしも実践していないことにより，自分と同じ目線の人がいる安心感がある。利用者にスティグマを与えない。ボランティアの大学生や地域の大人と交流しやすい

特徴がある。このように困難や課題を抱える子どもが参加できることが事前・予防ケアの条件であるといえる。

　こうした民間発の活動は地域における見守りやサポートネットワークとしても期待されている。また，事前・予防ケアからリーチアウトした子どもに対して事後ケアへ架橋する機能も期待される。専門職へつなぐ機能である。誰がこの役割を担うのかは課題である。普遍的なサービス提供の中でこうした役割を担うのが良いだろう。保育所や学校は普遍的なサービスを提供する場である。今後，保育ソーシャルワーク，スクールソーシャルワークや子どもの居場所事業は子どもの貧困に対する予防的な取り組みとして議論されるべきだといえる。

注
(1)　古川はこころが傷つきやすい，病気に罹りやすい，被災しやすい，被害をうけやすいバルネラビリティな状態に社会的にある人々の集団や社会階層を「社会的バルネラビリティ」とした（仲村・一番ヶ瀬ほか監修 2007：5）。

参考文献
阿部彩（2008）『子どもの貧困――日本の不公平を考える』岩波新書。
阿部彩（2014）『子どもの貧困Ⅱ――解決策を考える』岩波新書。
伊藤周平（2007）『権利・市場・社会保障　生存権の危機から再構築へ――生存権の危機から再構築へ』青木書店。
岩田正美（1996）『戦後社会福祉の展開と大都市最底辺』ミネルヴァ書房。
岩田正美（2001）「社会福祉における対象論研究の到達水準と展望――対象論研究の視角」『社会福祉研究』80。
岩田正美（2007）『現代の貧困――ワーキングプア／ホームレス／生活保護』ちくま新書。
岩田正美（2008a）『社会的排除――参加の欠如・不確かな帰属』有斐閣。
岩田正美（2008b）「貧困研究に今何が求められているか」『貧困研究』Vol. 1。
岩田正美・岡部卓・清水浩一編（2003）『貧困問題とソーシャルワーク』有斐閣。
岩田正美・西澤晃彦編（2005）『貧困と社会的排除――福祉社会を蝕むもの』ミネルヴァ書房。
埋橋孝文（2015）「マクロとミクロ，福祉と教育を架橋する」埋橋孝文・矢野裕俊編著『子どもの貧困／不利／困難を考える Ⅰ――理論的アプローチと各国の取組み』ミネルヴァ書房。

第一部　子どもの貧困のトータルな把握のために

埋橋孝文（2016）「子どもの貧困と母子世帯」『季刊 個人金融』2016秋号。
江口英一（1979）『現代の「低所得層」――「貧困」研究の方法』（上）未來社。
江口英一（1980）『現代の「低所得層」――「貧困」研究の方法』（中）未來社。
江口英一（1980）『現代の「低所得層」――「貧困」研究の方法』（下）未來社。
小沼正（1974）『貧困――その測定と生活保護』東京大学出版会。
岡本民夫（2015）「ソーシャルワークにおける援助論の歴史とその継承」『ソーシャルワーク学会誌』第30号。
岡村重夫（1983）『社会福祉原論』全国社会福祉協議会。
金子充（2002）「ポスト産業社会における社会福祉の対象」『社会福祉学』43。
小西祐馬（2009）「子どもの貧困を定義する」子どもの貧困白書編集委員会『子どもの貧困白書』明石書店。
高沢武司（2005）『福祉パラダイムの危機と転換』中央法規。
高田真治（2003）『社会福祉内発的発展論――これからの社会福祉原論』ミネルヴァ書房。
高橋重宏・山縣文治・才村純編（2007）『子ども家庭福祉とソーシャルワーク』有斐閣。
永岡正己（2007）「社会福祉における対象論のパラダイム転換――歴史的系譜を踏まえて」『社会福祉研究』第100号。
仲村優一（1991）『ケースワーク 第二版』誠心書房。
仲村優一（2003）『仲村優一社会福祉著作集第3巻　社会福祉の方法』旬報社。
仲村優一・一番ヶ瀬康子ほか監修／岡本民夫・古川孝順ほか編集（2007）『エンサイクロペディア社会福祉学』中央法規。
古川孝順（1999）「社会福祉の対象(1)――生活問題の視点と枠組」古川孝順・庄司洋子・定藤丈弘『社会福祉論』有斐閣。
古川孝順（2003）『社会福祉学』誠心書房。
古川孝順（2012）「人間中心の社会福祉を構想する理論的枠組み――主体形成に向けた新たな対象論」『社会福祉研究』113。
三浦文雄（2000）『増補改訂 社会福祉政策研究――福祉政策と福祉改革　第3版』全国社会福祉協議会。
宮田和明（1996）『現代日本社会福祉政策論』ミネルヴァ書房。
山縣文治（2011）「子ども家庭福祉とソーシャルワーク」『ソーシャルワーク学会誌』第21号。

第 4 章
親の貧困と所得保障

桜井啓太

　「子どもの貧困」言説がしばしば見逃してきた主題に「親の貧困」がある。また，子どもの貧困対策をめぐる政策（子どもの貧困対策推進法，子供の貧困対策に関する大綱）は，教育的支援が中心であり，所得保障（経済的支援）の面の脆弱はたびたび指摘されている（阿部 2014）。本章では有子世帯の中で特に経済的困窮の影響を受けやすいひとり親世帯に焦点をあて，所得保障政策（①防貧的社会政策，②救貧的社会政策，③児童手当，児童扶養手当）の面から（図序-3，8頁を参照），近年の動向を概観し，現在の子どもの貧困対策を評価する。

1　なぜ「親の貧困」が問題か？：ひとり親世帯をめぐる状況

（1）「親の貧困」という問題設定

　2017年6月末に政府は最新（2015年時点）の相対的貧困率を公表した。全体の貧困率が前回（2012年）に比べて改善しており，全世帯の貧困率は16.1％から15.7％に，子どもの貧困率は16.3％から13.9％に縮小した。これについて，「子どもの貧困」の第一人者である阿部彩は，今回の改善は景気変動および，低所得世帯の勤労所得の増加が主因であり，政府による子どもの貧困対策の効果ではないことを断言している[2]。

　「子どもの貧困」という問題は，貧困が（生活）財の不足を意味する以上，その解決には可処分所得の上昇を伴う所得保障が不可欠である。社会的養護を要する児童（児童福祉施設の児童など）といった例は考えられるものの，多くの場合子どもは単体で貧困になっているのではなく，背景には親（世帯）の貧困がある（仮に親が裕福な暮らしをしていて，子どもだけが貧困な生活をしているのであれば，それはネグレクト（虐待）である）。松本は，親の貧困から切り離されて独り歩きをする「子どもの貧困」言説に対して繰り返し危惧を表明している（松

本 2017)。

　「子どもの貧困」であれ，（親を含んだ）「貧困」そのものであれ，貧困である以上それは経済的問題（困窮）である。近年の貧困研究が明らかにしたように，貧困世帯の子どもの諸課題（発達，教育（学力），育児，食生活，住環境，精神疾患，職業選択…）は，生活財の不足（貧困）がもたらす多様な不利の一側面であり，その根本にある経済的問題（困窮）を忘れてはならない。ゆえに「貧困」を解決するために優先されるべきは「親を含めた世帯全体の所得保障」である。このことを序章の図序 - 3（8頁）でいえば，ステージ1の親の貧困をもたらす要因に対応した防貧的な所得保障政策①，および，「親の貧困」そのものへの救貧的所得保障政策②がそれ以外の政策にもまして重視されなければならないということである。

（2）ひとり親世帯の経済的貧困（稼働所得の面から）

　2015年時点13.9％に「改善」した子どもの貧困率であるが，ひとり親世帯の相対的貧困率は50.8％（2015年）と非常に高い水準にある（図4-1）。
　2012年時点（54.6％）からはやや改善したとはいえ，その一つ前の2009年時点の貧困率と同値（50.8％）であり，果たしてこれを「改善」と呼べるのかは疑わしい。
　母子世帯の所得の種類別状況を表した表4-1をみると，2009年および2012年と2015年の総所得の推移（262.6万円〔2009〕→243.4万円〔2012〕→270.1万円〔2015〕）については，そのほとんどが，稼働所得の推移（197.5万円〔2009〕→179.0万円〔2012〕→213.9万円〔2015〕）で説明できる。母子世帯の貧困率の改善は，社会保障政策の効果ではなく，勤労所得の増減が主因という先の阿部の指摘はこの点からも証明されている（社会保障については，むしろ2015年は「年金以外の社会保障給付金」の割合は減少している（49.3万円〔2012〕→42.5万円〔2015〕））。
　ひとり親世帯の貧困率が50％を超えていること自体が先進諸国の中でも目立って高い（OECD 2014年調査によるとOECD加盟国の中でひとり親世帯の相対的貧困率が50％を上回っているのは日本だけである）。日本における有子世帯の所得分布は図4-2のようになっており，2015年時点の貧困線は年122万円である。世帯内の大人の数による違いは鮮明であり，大人二人以上の世帯では貧困線未満の

第4章　親の貧困と所得保障

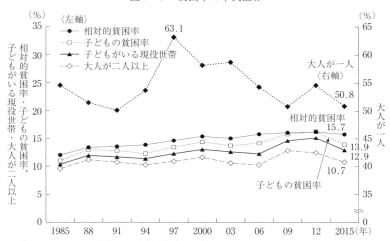

図4-1　貧困率の年次推移

（注）1：1994年の数値は、兵庫県を除いたものである。
　　　2：2015年の数値は、熊本県を除いたものである。
　　　3：貧困率は、OECDの作成基準に基づいて算出している。
　　　4：大人とは18歳以上の者、子どもとは17歳以下の者をいい、現役世帯とは世帯主が18歳以上65歳未満の世帯をいう。
　　　5：等価可処分所得金額不詳の世帯員は除く。
出所：厚生労働省「平成28年国民生活基礎調査の概況」。

表4-1　母子世帯の所得の状況（内訳）　（単位：万円）

	2009（H21）	2012（H24）	2015（H27）
総所得	262.6	243.4	270.1
稼働所得	197.5	179.0	213.9
公的年金・恩給	9.2	7.6	7.6
財産所得	3.4	1.7	0.5
年金以外の社会保障給付金	40.0	49.3	42.5
（再掲）児童手当	－	35.1	31.7
仕送り・企業年金・個人年金・その他の所得	12.4	5.8	5.7
貧困率（％）	50.8	54.6	50.8

出所：「国民生活基礎調査」より筆者作成。

図4-2 有子世帯の所得分布（等価可処分所得）

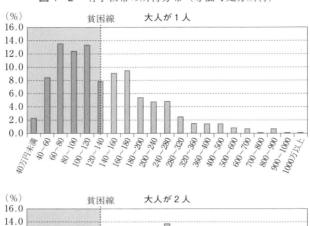

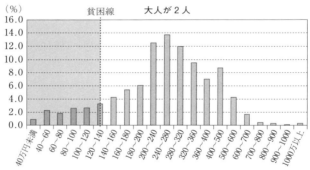

出所：「平成28年国民生活基礎調査」より筆者作成。

割合は10.7％，大人一人の世帯（いわゆるひとり親世帯）では50.8％となる。日本社会は，離死別その他の理由によるひとり親という状況に対して，貧困リスクが極端に高く，それを再分配政策で補償することに失敗しているといえる。[4]

（3）母子世帯と父子世帯

　ひとり親世帯の経済的困難を「母子世帯」に特有の困難として整理することは，父子世帯や祖父母などの親以外の養育者が養育する世帯の不利を見過ごす危険がある。たとえば児童扶養手当は2010年8月から父子世帯の父にも対象を広げており，母子及び寡婦福祉法は2014年10月に母子及び父子並びに寡婦福祉法へと施策の対象を広げ，父子世帯も取りこむ形で法改正されている。母子／

父子といった親の性別や「ひとり親に至った事由」(生別〔母子〕／死別〔寡婦〕) による政策対応の違いをなるべく減じようというのが現在の方向性である。

一方，母子世帯と父子世帯の所得格差が依然として存在するのも事実である。「平成28年度全国ひとり親世帯等調査」(名称変更前：全国母子世帯等調査) の結果報告をみると，世帯主の収入では母子世帯は平均243万円で，父子世帯平均420万円と180万円近い差がある。世帯年収の場合，母子世帯は平均348万円であり，父子世帯平均573万円とその差は225万円にまで拡大する (世帯人員1人当たり平均収入：母子世帯105万円，父子世帯155万円)。所得面ではまだまだジェンダー差が大きい。

2 ひとり親世帯に対する所得保障政策 (社会手当，生活保護)

子どもの貧困に対応する所得保障としては，救貧的社会政策である公的扶助 (生活保護制度) と，防貧的社会政策である社会手当 (児童手当，児童扶養手当) が主要な制度である (他に，死別母子等に支給される遺族年金，障害のある児童を対象とした特別児童扶養手当など)。本節では，有子世帯に対する所得保障政策を整理し，近年 (2010年以降) の変化について述べる。

(1) 児童手当

「児童手当」は，広く一般世帯を対象とし児童の健全育成のための養育を支給するという目的をもち，児童1人当たり3歳未満月額1万5000円，3歳以上月額1万円 (3人目以降1万5000円。ただし中学生は一律1万円) が支給される (15歳到達後の最初の年度末まで対象)。所得制限があり，専業主婦世帯で児童2人の場合，収入ベースで960万円未満となっている (所得制限適用の場合，特例給付 (月額5000円) あり)。ひとり親世帯を対象とした児童扶養手当に比べても所得制限の基準が高く設定されており，法の目的も児童の健全育成に主眼をおいてあることから，より普遍的な政策であるといえる。

児童手当は1971年の法施行の翌年1972年1月から開始され，以降段階的に金額・対象年齢を拡充させていった。2006年段階で第1子・第2子月額5000円，第3子以降1万円で小学校修了前までを対象としていたが，2009年の政権交代

を機に2010年から「子ども手当」として，金額・対象年齢を引き上げ（第1子以降15歳まで月額1万3000円），所得制限を撤廃した。その後，再度の政権交代もあり，現在では先述の条件となっている（3歳未満については1万5000円に増額するものの，3歳以上については1万円に減額し，所得制限を再導入した）。

児童手当法は2012年の改正を最後にほぼ改正されておらず，「子どもの貧困対策推進法」，「子供の貧困対策に関する大綱」でも触れられていない。児童に関する普遍的給付という性質にもかかわらず，「子ども手当」以降は手がつけられていない領域である。

（2）児童扶養手当

「児童扶養手当」は，離別等によるひとり親世帯等への生活の安定と自立の促進を目的に給付される社会手当である。児童1人の場合全部支給月額4万2500円，一部支給4万2490円—1万30円。児童2人以上の場合2人目1万40円（一部支給1万30円—5020円），3人目以降1人6020円（一部支給6010円—3010円）が支給される（2018年度）。所得制限があり，児童1人の場合，収入ベースで全部支給160万円（一部支給365万円）となっている。児童扶養手当に比べて，全部支給や一部支給の所得制限が低く設定されており，低所得世帯に重点を置いた所得補助制度である。

表4-2は児童扶養手当額の2010年以降の年次推移である。児童扶養手当は毎年の消費者物価指数の変動に応じて手当額を改定する物価スライド制を採用しており（第2子以上の加算額には17年4月から導入），18年度手当額は，17年全国消費者物価指数の実績値（前年比＋0.5％）を反映して引き上げている。なお，15年度手当額が2.4％増であるが，これは前年度の消費増税（5％→8％）の影響が大きい。近年の手当額（本体）の増減は，物価スライドによるものだけにとどまる。

一方で，児童扶養手当は近年2つの比較的大きな制度改正を行っており，これらはいずれも低所得世帯の可処分所得上昇につながるものである。1つ目は多子加算の増額である（16年8月）。児童扶養手当が，第2子以降の増額分が第2子5000円→1万円（36年ぶり），第3子以降3000円→6000円（22年ぶり）と倍増することになった。金額面でまだ十分とはいえないものの，所得保障という

表 4-2　児童扶養手当額の年次推移

児童扶養手当	2010	2011	2012	2013	2014	2015	2016	2017	2018
全部支給 （前年度比）	41,720 (0.0%)	41,550 (-0.4%)	41,430 (-0.3%)	41,430 (0.0%)	41,020 (-1.0%)	42,000 (2.4%)	42,330 (0.8%)	42,290 (-0.1%)	42,500 (0.5%)
一部支給 （前年度比）	9,850 (0.0%)	9,810 (-0.4%)	9,780 (-0.3%)	9,780 (0.0%)	9,680 (-1.0%)	9,910 (2.4%)	9,990 (0.8%)	9,980 (-0.1%)	10,030 (0.5%)
第2子加算額	5,000	5,000	5,000	5,000	5,000	5,000	5,000	10,000	10,040
第3子加算額	3,000	3,000	3,000	3,000	3,000	3,000	3,000	6,000	6,020

（注）　いずれも各年度4月時点の月額。
出所：筆者作成。

側面からは目立った成果といえる。

2つ目は，全部支給の所得制限限度額を130万円から160万円に引き上げたことである（18年8月）。それまでの年収130万円というのはあまりに低く，たとえば多くのケースで生活保護基準さえも下回ることから，生活保護就労母子世帯の児童扶養手当に一部支給がかかるというような事態が発生していた（桜井2015）。本改正によりこれが一定程度是正されるものと期待できる。

その他の近年の改正では，①2010年8月から父子世帯の父にも対象拡大，②2012年8月に手当の支給要件にDV被害者（裁判所からの保護命令）の追加，③2014年12月に児童扶養手当の公的年金との併給調整（公的年金を受給した場合でも，その額が児童扶養手当額に満たない場合にはその差額を支給できるようになる），④2019年11月（予定）に手当の支払い回数を年3回（4か月ごと）から年6回（2か月ごと）に変更，などがある。いずれも所得保障の水準を直接充実させるという改正ではないが，制度のはざまの対象者をカバーする重要な改正といえる。また，④の児童扶養手当のまとめ支給は，支払月とそれ以外の月での世帯の家計変動が大きく，困窮につながる点を藤原千紗が指摘している（藤原2015）。所得保障の水準を直接上昇するものではないが，困窮世帯への所得保障機能を強める制度改善といえる。

（3）生活保護基準の変遷

生活保護は日本の公的扶助制度であり，救貧的社会政策に位置づく。その基準（生活保護基準）は生活保護制度のみならず，市民税非課税や就学援助の適

第一部　子どもの貧困のトータルな把握のために

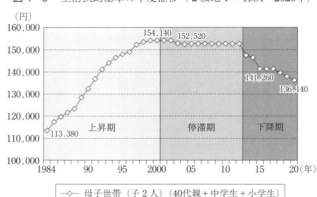

図 4-3　生活扶助基準の年度推移（2級地1：1984—2020年）

（注）2019, 20年度については，「平成30年度 生活保護関係全国係長会議資料」（厚生労働省社会・援護局保護課 2018）をもとに筆者が算出した。また，2013年度は8月，2018, 19, 20年度は10月の基準改定後の基準としている。
出所：各年度生活保護手帳より筆者作成。

用基準などの参考指標として用いられる。生活保護制度は合計8つの扶助（生活扶助，住宅扶助，教育扶助，生業扶助，医療扶助，介護扶助，出産扶助，葬祭扶助）で構成される。ここでは有子世帯の生活保障水準の変遷として生活扶助基準の推移をみる[5]。近年の生活扶助基準の減少トレンドを視覚化するために，1984年以降の推移をみる。

図 4-3は母子世帯（40代親，子2人〔中学生，小学生〕：2級地1）の生活扶助基準の経年変化である。なお，本図では現行方式（水準均衡方式）が始まった1984年以降の推移をモデル化した。1984年以降の扶助基準の状況を概観すると大きく3つの期間に区分できる。以下では3つの期間を便宜的に，①「上昇（拡充）期」（1984—2000年），②「停滞（据え置き）期」（2001—12年），③「下降（削減）期」（2013—20年）と呼ぶ。

①「上昇（拡充）期」（1984—2000年）

1984年以前からの傾向でもあるが，生活扶助基準は消費者物価の改善，一般低所得世帯の所得上昇の影響を受け，毎年増額が行われていた。1984年には11万3380円であった生活扶助基準は，2000年には15万4140円と約36％上昇してい

る。

②「停滞（据え置き）期」（2001—12年）

1999年の基準改定以降，生活扶助基準の上昇に抑制がかかった。2000年まではやや伸びをみせていたが，2003年においては1950年の制度開始以来初のマイナス改定となり1％近く下落する。この下落は2年連続で続くものの，それ以降2005年から2012年まで生活扶助基準（15万2520円）は8年連続で据え置き状態となっていた。

③「下降（削減）期」（2013—20年）

潮目が変わったのが2013年である。旧民主党政権から自民党政権への政権交代に伴う生活扶助基準の引き下げが2013年8月から2015年4月にかけて段階的に実施された。過去最大級の引き下げといわれ，世帯によっては最大10％の引き下げとなり，その影響は特にひとり親世帯に大きく及んだ。また2018年10月から2020年10月にかけて3年間の生活扶助基準の再引き下げが決定されている。

モデル世帯の場合，2012年基準15万2520円から2015年基準14万1260円にまで1万1260円減額，そして2020年基準13万6140円とさらに5120円減額となり，2012年度基準から約11％の減少となっている。

また2018年度からの生活保護見直しは，生活扶助本体の実質引き下げのみならず，「母子加算」の最大2割引き下げ，「児童養育加算」の3歳未満児童の加算額減額（月額1万5000円→1万円）が行われる。さらに，教育・生業扶助である「学習支援費」の定額給付方式から実費請求方式への転換も行われる（桜井2018）。以上のように，生活保護有子世帯に対して保障水準の切り下げが次々と実施されている。

3 所得保障が脆弱な子どもの貧困対策

（1）所得保障の充実なしの子どもの貧困対策

日本におけるひとり親世帯の所得保障のための制度として「児童手当」「児童扶養手当」「生活保護」の諸制度の2010年代の動きについてみた。この時期は「子どもの貧困対策」が法律となり，国を挙げてそれを推進することが掲げられた時期でもある。

所得保障政策について，所得保障機能の向上という観点からの変化については，①児童手当は金額面の変化はなし，②児童扶養手当は，2016年8月に多子加算の引き上げ，2018年8月に全部支給の所得制限限度額の引き上げが行われた。これはひとり親世帯の可処分所得の増加につながる改正であるといえる。ただし，児童扶養手当本体の手当額は，物価スライドによる微減微増のみにとどまり，貧困削減のための手当額増加などの動きにはつながっていない。③生活扶助基準については，2013年以降は生活扶助基準の下降期であり，むしろ水準が大幅に引き下がっていた。

貧困率の改善については，それが経済的問題である以上，貧困・低所得世帯の所得状況の改善が優先されなければならない。稼働者の就業収入を上げることは一つの有効な方法であるが，景気変動の影響を受けるため，これは景気拡大時に特に有効な政策である。[6]また，就労年齢にある者が病気や障害などで就労困難な場合もあり，就業収入の増加のみでは限界がある。就業以外の方向性での所得保障の充実（脱商品（市場）化）は，貧困削減のためには必須である。そのために手当額，扶助基準の引き上げが求められるものの，①～③のとおり，必ずしも進展しているとはいえない（むしろ，③のように後退している）。

この理由については複数の要因が考えられる（たとえば，金井利之は，「子どもの貧困」対策が，"貧困"対策ではなく，"貧困の連鎖"対策に矮小化されている点を指摘する（金井2017））。ここでは，子どもの貧困対策推進法と子供の貧困対策に関する大綱の所得保障面の脆弱さを取り上げたい。

（2）子どもの貧困対策推進法／大綱／対策指標

2014年8月に制定された「子供の貧困対策に関する大綱」は，子どもの貧困対策推進法を具体化させるための基本方針を定めたものである。大綱では，「子供の貧困に関する指標」を設定し，指標の改善に向けた当面の重点施策を定めている。重点施策は「1 教育の支援」，「2 生活の支援」，「3 保護者に対する就労の支援」，「4 経済的支援」，「5 その他」の5項目からなり，所得保障は「4 経済的支援」にあたる。

堅田香緒里は，「子どもの貧困対策」政策の骨格にあたるこの大綱が，貧困世帯の子どもを将来の労働者に育てるための教育的支援に終始し，貧困を解決

するための経済的支援については消極的な意味づけしか与えていない点を指摘している（堅田 2017）。

実際に，「4 経済的支援」に関する重点施策を列挙すると，①児童扶養手当の公的年金との供給調整に関する見直し，②ひとり親家庭の支援施策についての調査・研究の実施に向けた検討，③母子福祉資金貸付金等の父子家庭への拡大，④教育扶助の支給方法，⑤生活保護世帯の子どもの進学時の支援，⑥養育費の確保に関する支援である。それぞれ分類すると，「現行の制度の対象（者）の拡大」（①，③）や「支給方法の検討」（④），「進学支援」（⑤）といった内容であり，現行の手当や生活保護の水準を充実させる所得保障の観点では策定されていないことがわかる。

また「子供の貧困に関する指標」において，経済的支援の効果を測る指標は，25ある指標の最後の2つ「貧困率」のみである。その具体的な方策としての所得保障制度の充実が対策指標として策定されておらず，おなじく所得保障（経済的支援）の側面が極めて脆弱である（湯澤 2015）。

4 "貧困"を解決するために

子どもの貧困対策推進法と子供の貧困対策に関する大綱が，教育面での支援や保護者の就業中心の支援メニューの充実に重点が置かれており，所得保障（経済的支援）の指標設定および重点施策化という点では非常に脆弱である。2013年以降の生活保護削減に象徴される所得保障政策の後退は，子どもの貧困対策という観点からは，貧困削減よりもむしろ貧困増大を引き起こす。それは「子どもの貧困」対策という政策において，「子どもの親の貧困」，そして「（親を含んだ世帯全体の）所得保障」という観点が欠けていたことも背景にあるだろう。しかし，当たり前のことであるが，親の経済的貧困を解決せずに，「子どもの貧困」だけが解決することなどあり得ない。

「子どもの貧困対策」を，貧困の連鎖や教育的支援のみに問題を焦点化させないためにも，親を含む子どものいる世帯全体を貧困にさせない仕組み，脱商品（市場）化の観点をあわせもつ所得保障の充実を訴え続ける必要がある。

第一部　子どもの貧困のトータルな把握のために

注
(1) 厚生労働省「平成28年　国民生活基礎調査の概況」。
(2) 毎日新聞「くらしの明日　私の社会保障論　子どもの貧困率減少：首都大学東京教授阿部彩」(2017年7月19日　東京朝刊)。
(3) 稼得収入の2012年度の落ち込みは，リーマンショック以降の不況による影響であり，母子世帯の母の就業率・就業収入を押し下げ，貧困率に大きく影響を与えた可能性が高い。
(4) 日本のひとり親家庭の状況・不利の構造については赤石 (2014) 参照。
(5) 生活扶助は，食費・被服費など個人単位の経費として年代別に設定される第1類費と，光熱水費や家具什器費など世帯単位の経費として人員別に設定される第2類費，および，各種加算により構成される。扶助基準は世帯構成（人数・年齢）や居住する地域により個別に設定されている。
(6) 社会福祉政策における就労重視の再編については埋橋 (2011) など。

参考文献
赤石千衣子 (2014)『ひとり親家庭』岩波書店。
阿部彩 (2014)『子どもの貧困Ⅱ——解決策を考える』岩波書店。
埋橋孝文 (2011)『福祉政策の国際動向と日本の選択——ポスト「三つの世界」論』法律文化社。
堅田香緒里 (2017)「〈物語〉の政策効果——社会保障政策の側から」『貧困と子ども・学力研究委員会報告書——学力向上論の欺瞞と居場所としての〈学校〉』教育文化総合研究所。
金井利之 (2017)「結局，"貧困""学力"とは何か」『貧困と子ども・学力研究委員会報告書——学力向上論の欺瞞と居場所としての〈学校〉』教育文化総合研究所。
厚生労働省社会・援護局保護課 (2018)「平成30年度 生活保護関係全国係長会議資料」(平成30年3月2日)。
桜井啓太 (2015)「母子世帯の貧困と支援施策」埋橋孝文・大塩まゆみ・居神浩編著『子どもの貧困／不利／困難を考える Ⅱ——社会的支援をめぐる政策的アプローチ』ミネルヴァ書房。
桜井啓太 (2018)「2018年度からの生活保護基準見直し——子どものいる世帯への影響を中心に」『賃金と社会保障』第1700号。
藤原千紗 (2015)「児童扶養手当の支払 期月と母子世帯の家計——年三回の手当支払で 所得保障機能は十全に果たせるか」法政大学大原社会問題研究所／原伸子・岩田美香・宮島喬編『現代社会と子どもの貧困』大月書店。
松本伊智朗編著 (2017)『「子どもの貧困」を問い直す——家族・ジェンダーの視点か

ら』法律文化社。
湯澤直美（2015）「子どもの貧困をめぐる政策動向」『家族社会学研究』第27巻第1号。

第5章
障害のある親の場合にみる子どもの貧困問題

山村りつ

1　障害をもつ親の存在

　現在，子どもの貧困が社会的問題として注目されている。さまざまな形でその対策が叫ばれ，また実際にさまざまな対策がとられるようになってきている。そのような子どもの貧困の背景には，当然のことながらその親の貧困が存在する。そしてもちろん，貧困という言葉は第一に経済的貧困を意味しているが，子どもが受けるその影響は経済的なものに限らず多様であることが指摘されており，さらにその子どもの将来における貧困をもたらすものとしても，その問題性は指摘される。

　本章では，このような子どもの貧困の諸相のなかでも，障害のある親とその子どもが抱える貧困の問題について光を当てる。障害のある者が親になる，親に障害のある子どもがいるという事実は，一方では当然と受け止められることでもあるが，他方では意外性や驚きをもって捉えられるものでもある。障害者が親になる（である）ということが，多くの人にとって決して身近なことではないからである。

　しかしながら，実際に親である人が障害をもつということも，また障害をもった人が親になるということもある。その場合，なかには障害の影響を一切受けることなく子育てをしていく人もあるが，障害のためにさまざまな親としての役割遂行に課題を抱える人もいる。そして，その中で格闘しながらも子どもとの生活を維持していける人もいれば，それが叶わない人もいる。そこに，子どもの貧困問題としての側面を捉えることができる。

　子どもの貧困問題において障害のある親と子どもに目を向ける意義はもう一つある。それは，障害者のいる世帯の生活が貧困との深い関連をもつものであ

るからである。障害者はその機能的障害と，また社会的障壁ゆえに労働市場への参加が制限される。それはその生活の経済水準に直接的に影響を与える。そのほか，障害に伴う支出や障害をもつ家族員へのケアを他の家族が担うこともマイナスの要因として働くこともある。

　障害者の生活と貧困の関わりは無視できないものであるが，その場合，誰が障害者であるのかということにかかわらず世帯の家計への影響は生じる。子どもが障害をもつ，つまり障害児がいる世帯の場合でも親の負担は相当に大きくなる。しかし，本章では親が障害をもつ場合を基本として述べていく。それは，経済的貧困の場合と同様に，親の貧困の影響という側面に注目しようと考えるためである。

　以上のような点から，本章では障害のある親のもとで育つ子どもの生活を，子どもの貧困という視点から整理していく。そこにみえてくる親子関係の課題は，親に障害のない場合であっても低所得世帯で暮らす親子の場合にも指摘される点であり，そのような課題にどのような対策が求められるのかについても示唆を与えるものだといえるだろう。

2　障害者の貧困

　障害者のいる世帯がそれ以外の世帯と比べて低所得となる傾向は各国で報告されている（孔 2017など）。しかしながら残念なことに，障害者の所得状況を正確に把握できるような基礎的なデータが日本では非常に少ない（山田ほか 2015）。それは，国などが行う全国的な調査には障害者やその世帯の状況を把握することも目的として行われるものがみられないためである。そのため，包括的な家計調査の中から障害者のいる世帯を抽出して分析を行うことになるが，その際に障害者自身の所得状況や家族の誰が障害者なのかといった細かいデータがないため，詳細な分析は難しくなる。ただし，一部の自治体や研究者などによる障害者の所得に関する調査は行われており，ここではそういったいくつかの調査の結果から，障害者の所得と生活の状況を推察していく。

（1）障害者の収入源

　障害者の収入には本人の就労による所得だけでなく，障害年金や生活保護，また福祉施設での活動に対する工賃や，障害の原因によっては労災保険による給付などもある。

　東京都福祉保健局(1)や新宿区(2)の調査（以下，東京都調査および新宿区調査）では，いずれももっとも中心的な収入は障害年金となっている。障害年金の受給の割合は調査によって4割から7割と開きがあるが，身体・知的・精神障害の種別の状況をみると，身体障害者の受給の割合がもっとも高くなる傾向があり，逆に精神障害者の割合がもっとも低くなっている。障害年金については，知的障害や精神障害の程度が低く認定される傾向により，受給額が低くなることや受給自体が対象外となることなどが指摘され（山村 2011），それが障害種別による差の要因の一つと考えられる。

　障害年金に次いで主な収入となるのは一般就労による賃金である。そう聞くと障害者の多くが一般就労によって十分な収入を得ているという印象を受けるかもしれないが，これはあくまでもその個人の収入の中心であって，それで生計を維持しているかどうかは判断できない。実際，新宿区調査では約1割が親族からの扶養や援助を主な収入源としており（複数回答設問），厚生労働省による調査(3)（以下，厚生労働省調査）でも家族からの援助で家計を維持しているという回答が55％に上っている。

　障害年金の受給の割合が低い精神障害者では，他の障害種別と比べて生活保護の受給率が高くなっている。これまで挙げてきたいずれの調査でも，数％の幅はあるものの，回答者全体の1割前後が生活保護を受給していることを示しているが，障害種別ごとの受給状況を挙げている新宿区調査では25.6％，東京都調査では29.8％の精神障害者が生活保護を主な収入としていることを示している。

　いくつかの調査から，障害者の主な収入は年金・就労所得・生活保護であり，知的障害者の場合などで工賃や手当がさらに加わることがわかった。次に，それらの収入源から障害者の所得の水準についてみていく。

（2）所得の水準

　まず2016年にきょうされんが発表した「障害のある人の地域生活実態調査の

第5章 障害のある親の場合にみる子どもの貧困問題

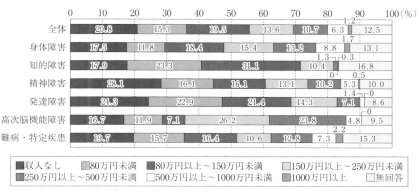

図5-1 障害者本人の年収額

出所:新宿区障害者実態調査を一部修正。

結果報告」(注4)(以下,きょうされん調査)では,同調査で相対的貧困の基準として設定した122万円以下の年収で生活する障害者は約80%にも上るという結果が示された。これは驚くべき数値である。これは一例であるが,このように障害者の貧困率が相当に高いであろうという問題意識は関係者の間で共有されるものであり,それが限定的ではあるが障害者の所得や家計に関する調査の動機にもなっている。

より具体的な状況を新宿区調査の結果からみてみよう。図5-1は同調査で示された世帯所得額に関する結果を示したものである。この図からは,しかしながら前述のきょうされん調査の結果とは少し異なる様相がみてとれる。全体の所得水準は,155万円未満と回答した割合が55.6%となっている。決して少ない数ではないが,前述の122万円以下が80%とは大きな開きがある。

このような差の原因には,まず調査実施母体の違いがある。きょうされんは,障害者支援事業所の加盟事業所によって構成される団体で,実際に調査の対象となった障害者はそれらの施設の利用者である。そのため,一般就労従事者の比率が低いことが考えられる。それに対して新宿区調査は,区内に居住する手帳保持者や関連する医療補助の受給者などを対象としているため,施設などの利用がなく生活している障害者も含まれることが考えられる。

また,回答者に占める障害種別の割合の違いも重要である。きょうされん調

査では，その64.7％が知的障害者であるのに対して，新宿区調査では約2400人の有効回答数のうち約半数の1174人が身体障害者となっている[5]。一方で図5-1からは，障害種別によって所得水準に差があることがわかる。身体障害や難病等のいわゆる身体機能の不全や欠損による障害の場合には比較的年収額が高く，500万円以上の者も2割以上となっているが，知的障害者の場合は250万円未満の割合が80％を超え，500万円超はほとんどみられない。このように，障害種別による差がみられる点も障害者の所得の特徴の一つといえ，二つの調査結果の違いはこの点が影響していると考えられる。

その他，東京都調査や各自治体が障害者福祉計画等にしたがって行ってきた障害者の所得に関する調査があり，それらの結果には多少の幅があるが，総じて身体障害者の所得が他の障害種別と比べて高い。しかしそれでも250万円未満の割合が6割を超える。それが知的障害者や精神障害者の場合には8割を超える値となり，障害者全体の所得が低いことがわかる。

最後に確認が必要な点として，それぞれの調査の中で「収入が無い」とする障害者の存在である。どこまでを収入として認めるかといった点や対象者群の違いにより差があるものの，もっとも高い値では新宿区の調査において2割の障害者が「収入が無い」と回答している。

（3）子どものいる障害者

ここまで障害者の所得の状況をみてきたが，その水準は厳しいものとなる可能性が高いことが推察された。そこで障害者の生活の経済的水準がある程度低くなることを前提とした場合，子どもの貧困という視点から捉える場合に生じる問いは，障害者のいる家庭に（その子ども自身が障害者である場合を除いて）子どもがいるケースはどの程度あるのかということである。

障害者自身に子どもがいるという状況を，一般的なイメージとして捉えることができる人が多くはないだろう。しかし，実際には自身の子どもをもつ障害者，すなわち親である障害者は一定数存在する。残念なことに，どれほどの障害者に子どもがいるのかについての正確な統計データを見つけることはできなかったが，子どもとの同居の状況という点ではいくつかの調査が明らかにしているため，ここでも前述の障害者調査などを参考に状況を推察してみたい。

第5章　障害のある親の場合にみる子どもの貧困問題

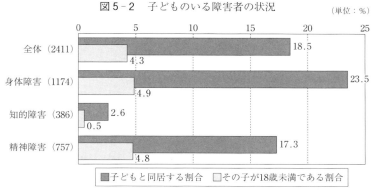

図5-2　子どものいる障害者の状況

出所：新宿区障害者実態調査を一部修正。

　前述の新宿区調査では，全体で18.5％の障害者が自身の「子」と同居していると答えており，そのうちの23.0％の場合でその「子」が18歳未満と答えている。ここから回答者全体に対する18歳未満の子と同居する割合を算出すると，全体の3〜4％が18歳未満の子どもとともに生活しているということになる（図5-2）。同様の計算を障害種別ごとに行ってみると，在宅生活をしている身体障害者の約5％，知的障害者は同居自体が少なく約0.5％，精神障害者でも約5％が18歳未満の子どもと同居していることになる。これは新宿区内に住む障害者3000人程度（うち在宅者は約2400人）を対象としたデータであるが，都内の障害者を対象に手帳保有者数に応じた標本抽出によって行った東京都調査でも，身体障害者の約30％，精神障害者の約16％が子どもと同居していると回答している（こちら調査では子どもの年齢の確認はない）。

　新宿区調査から導き出した値を，仮に障害者の基本的統計として示されている全国の障害者数に当てはめて考えた場合，身体障害者の約18.5万人，知的障害者の約3000人，そして精神障害者の約17万人が18歳未満の子どもと生活している可能性があるのである。

　もちろん，このような推計は確実なものではないし，安易にその値を用いるリスクも大いにあるだろう。しかしながら，同時におそらく多くの人にとって想像以上の障害者が，その子どもとともに生活している可能性があるということも見過ごすことはできない。特に子どもが18歳未満の場合には，子ども自身

がまだ保護と養育を必要とする段階にあるということが重要である。さらに，そこでともに暮らす障害のある親の経済的水準には前述のような課題があることを考えると，その子の養育の状況に懸念を抱くのは当然のことでもあるだろう。

ただ，このような調査において，子どもとの同居の有無と所得の状況のクロス集計のデータなどは示されている様子がない。そのような子どもという存在を軸とした分析も，今後必要となるのではないだろうか。

（4）子の養育における「障害」

前述のように，一定数の障害者が子どもと一緒に暮らしている状況がある一方で，障害のために子どもがいても一緒に暮らすことができない障害者がいる点にも注意が必要である。彼らは子どもがいる障害世帯としては認識されないため，前述のようなデータにも反映されない。しかし子どもにとっては適切な養育を受けられなくなる可能性があるものであり，まさに子どもの貧困問題において指摘される点と同様の課題を生じさせる状況にあるのである。

障害による子の養育上の課題は経済的なものだけではない。心身の機能障害に伴う活動の制限が子どもの養育において課題を生じさせることは十分に考えられることである。料理や掃除などの生活の維持のための行動が難しい場合，それは子どもの健全な育成に必要な環境を保つことを難しくし，子ども自身へのケアにも影響する。知的障害や精神障害のように認知機能に課題をもつ障害の場合や情報保障を必要とするような障害の場合には，子どもに係る必要な判断・決定を行うことや，ひいては子どもの安全を守るといった点においても困難を有することも考えられる。また障害によっては，時として入院による集中的な治療を必要とする場合もあり，そのような場合も子どもの養育が事実上できないことになる。

そのような場合，障害者の生活において多く取られる選択肢は，自身の生活の安定や治療，回復を優先して子どもの養育はいったん諦めるということである。そして，他の家族や時には社会的養護にその養育を任せることになる。そのような親以外の者による養育は，一時的な場合もあるが，障害がある程度固定的なものであることからも最終的に子が成人するまで継続することも少なく

ない。

　ここで，親の障害によって親と暮らすことのできない子どもの状況を確認していきたいが，こちらもやはりその点に絞った統計データを見つけることはできなかった。そこで，ここでは社会的養護の発生理由に関する統計データを用いてその状況を推計していきたい。これは，前述のとおり，親が障害のために子どもの養育が難しい場合，社会的養護が一つの選択肢となるためである。ここでも親の「障害」そのものを発生理由として挙げてはいないが，その関連性をみることはできる。

　2013年に実施された最新の「児童養護施設入所児童等調査」(6)によると，調査時には約4.7万人の子どもがいずれかの社会的養護制度のもとで生活しており，そのうち約7割が児童養護施設もしくは乳児院に入所して生活をしている。

　表5-1に示すように，社会的養護全体のうち母子生活支援施設を除いた約4万人のケースについて養護問題発生理由をみてみると，8人に1人（12.5％）にあたる5000人以上が父もしくは母の「精神疾患等」が理由で社会的養護の対象となっており，そのうち8.5割は児童養護施設および乳児院でのケアを受けている状況にある。また，12.5％の大部分にあたる12％は特に母親の精神疾患等が原因となっている。

　さらにこのような直接的な要因だけでなく，そのほかの養護問題発生理由のうち，児童虐待に当たる「放任・怠惰」「虐待・酷使」「棄児」「養育拒否等」についても，その背景に精神障害がある可能性がある(7)。また「親の入院」や「経済的理由等」，さらには父母の「離婚」や「不和」といった背景にも親が抱える障害の可能性が指摘されるなど，さまざまな形で養育に問題をもたらすものと考えられる。

　ここで養護問題発生理由の中に特に精神障害（精神疾患）が突出して出現しているようにみえるのには，おそらく次のような理由が考えられる。精神障害の場合，認知や認識に課題があるため，生活を維持するための活動が十分に出来ない場合がある。それが一緒に暮らす子どもの生活環境に直接的に影響するため，子どもの養育が難しいという判断がされる場合が多いのである。また入院の可能性があることなども，その判断要因となる。

　他の障害との比較でいえば，まず知的障害の場合には，前述の調査でも分か

表 5-1　社会的養護対象児童の発生理由

		施 設 種 別				
		全体		里親	児童養護	乳児院	その他[3]
		児童数	％（全体および施設ごとの割合）				
社会的養護問題発生理由[1]	総数	41,770	100.0	100.0	100.0	100.0	100.0
	不在（死亡・行方不明）	3,230	7.7	22.1	6.5	3.5	4.3
	不和（離婚・未婚・不和）	1,804	4.3	2.5	3.7	9.3	7.1
	入所（拘禁・入院）	3,497	8.4	7.4	9.2	7.7	3.9
	就労	2,153	5.2	3.4	5.8	4.2	3.3
	精神疾患等	5,229	12.5	8.2	12.3	22.2	11.2
	父	235	0.6	0.4	0.6	0.4	0.7
	母	4,994	12.0	7.9	11.7	21.8	10.5
	放任・怠惰	5,868	14.0	10.5	14.7	11.1	15.3
	虐待・酷使	6,919	16.6	8.2	18.0	8.5	21.1
	棄児	267	0.6	2.1	0.4	0.6	0.8
	養育拒否	2,636	6.3	5.4	4.8	6.9	5.9
	経済的理由	2,220	5.3	5.5	5.9	4.6	1.5
	児童の問題による監護困難	1,325	3.2	1.5	3.8	0.6	2.6
	その他[2]	5,033	12.0	8.6	12.1	18.3	10.8
	特になし	293	0.7	0.0	0.0	0.0	7.1
	不詳	1,295	3.1	3.4	2.9	2.4	5.1

（注）1）一部の項目は父母別に算出されたものを合計して用いている。
　　　2）「家族の疾病の付添」，「次子出産」等が含まれている。
　　　3）情緒障害児短期治療施設，児童自立施設，ファミリーホーム，自立援助ホームが含まれている。
出所：『児童養護施設入所児童等調査』（2015）より筆者作成。

るようにそもそも子どもがいる場合が非常に少ない。また，身体障害との比較で考えた場合には，労働市場への参加とその難しさの程度が異なるという点が考えられる。厚生労働省が発表している身体障害者と精神障害者の数にはそれほど大きな開きはみられないが，雇用数には大きな開きがある[8]。また前述の生活保護受給割合などから考えても，経済的に低い水準に陥りやすい点などが子どもの養育にも影響を与えがちになると考えることができる。

第 5 章　障害のある親の場合にみる子どもの貧困問題

3　親子関係の剥奪

（1）子どもの貧困と親子関係

　子どもの貧困においてその問題として指摘されるのは経済的困窮のみではない。それに伴う子どもの社会関係への影響や心理的影響に加えて，親子関係の問題も指摘される（埋橋・矢野編著 2015）。山野（2008）によれば，親の経済的な困窮によって子どもと一緒に過ごす時間や子どもへ向ける意識・注意にも影響が出る。その結果，子どもは親からの適切なケアを受けられないという事態になる。これは食事の支度や日々の生活の管理などといった実際的な部分だけでなく，親の関心が自分に向けられないという点で，子どもの自尊感情や自己肯定感に影響を与えるとされる。このように，経済的および物質的要素だけでなく，親子の関係性や親からの適切なケアも貧困状態に置かれる子どもが剥奪される要素の一つであるといえる。

　親が障害をもつ場合，自分自身の生活を保持するための活動においても制限を受けることがあり，そのため介助や介護を必要とする。このことから，実際の子どものケアに係る活動においても制限を受けると考えられ，子どもにとってはそれが適切なケアを阻害されることにつながる可能性があることを意味する。そこで障害者自身のケアに係る活動のニーズは介助や介護サービスで埋めることができるが，その障害者の家族（子）のケアに係る活動のニーズは，それではどのようにして埋めるのか。それが重大な問題となる。

　また，直接的なケアに限らず，社会的な意味での親役割の遂行における障害の影響も無視することはできない。一定の年齢以上になると子どもは社会的な存在となっていくが，同時に親の監護のもとにあるべき子どもにとっては，その社会化に親が関わることが必然的に求められる。たとえば監護者として子に関わる決断を下すことや子どもが属するコミュニティへの参加，そこでの役割への従事なども現在では親の役割の一つであろう。そのような親役割の遂行にあたっても，障害がさまざまな形で障壁となることが考えられるし，こちらもやはりそのような活動の支援のための障害者サービスが十分に用意されていない点が課題となる。

このように，障害によって親が親としての役割を十分に果たせなくなれば，子どもの貧困がもたらす影響と同様の影響を子どもにもたらすと考えることができる。特に障害者の場合には，児童養護施設入所児童等調査でもわかるように単に特定の行為の実行に支障があるというだけでなく，生活そのものを一緒に送ることができない事態になってしまうこともある。そうなれば，経済的困難の有無にかかわらず，親としての役割の大半を果たせなくなってしまう。

一方で，前述のような就労している低所得世帯の親が子どもにかける時間や精神的余裕に影響をうけるという点については，障害のある親の場合には必ずしも当てはまらないかもしれない。なぜなら，障害者は就労している割合が低い分，家にいる時間が長いことが考えられるためである。

ただ，精神的な側面での親子関係という点でいえば，障害者の場合にはスティグマの問題を考慮しなければならないだろう。障害は，その障害種別によっても差があるが，その家族がスティグマ（恥辱感）をもつ一因となりうるものである。このスティグマによって子どもが障害のある親との関係を肯定的に捉えられない状況になれば，その子どもはさらなる意味で親という存在を失ってしまうことになりかねない。

このように，障害をもつことは，障害者自身にとってはその親役割の遂行に課題を生じさせ，それだけでも子どもにとって親子関係を剥奪された状態になりうるものだといえる。そこに実際の経済的貧困が重なることになれば，ことさらその影響は重大であるといえる。

ここまでは，親が障害をもつことでその子どもが剥奪される親からのケアについて述べてきた。次項では，子どもとしての役割，いわば子どもとして存在する権利の剥奪について考えていきたい。

（2）失われる子どもの役割

近年，障害を抱えた親のもとで育った人々の手記が書店などでもみられるようになった。障害者の家族の語りを題材とした書籍は，社会学や社会福祉学の専門書としてはみられていたが，近年の特徴はエッセイや漫画などのより分かりやすい形でも発表されていることである。特に統合失調症やうつ，強迫神経症や発達障害などのコミュニケーションや人間関係に課題を生じやすい精神障

害をもつ親について語られているのが特徴的である。

　たとえば中村ユキ氏が描く『私の母はビョーキです』（中村 2008）は，筆者が４歳のときに統合失調症を発症した母との生活を描いたものである。コミックエッセイという手法を用いて，どこか楽しい雰囲気で描かれる同書ではあるが，この中で描かれる筆者の幼少期の生活は，母親や自分の身（命）の危険を回避することや経済的な問題に対処すること，あるいはただただ母親のことを心配することなどに追われて，子どもらしい生活の記憶をみることができない。

　また横山・蔭山の調査研究の結果としてまとめられた書籍（横山・蔭山 2017）では，精神障害のある親に育てられた子どもの生活体験の語りを通じて，その生活の大きな困難を子どもの視点から描いている。そこには，中村（2008）と同様に家族の症状に振り回される様子だけでなく，精神障害者の家族としての社会からの孤立感や，その一方で子どもが親に代わって社会との接続の役割を担う様子をみることができる。

　このような様子と関連するものとして，障害者のいる家庭で子どもが育つ場合にたびたび指摘されるのがヤングケアラーの問題である。ヤングケアラーとは，家庭内に障害者や要介護者がいた場合などに，本来は自身もケアを受ける存在でありながらケアの担い手となっている子どもを指す（北山・石倉 2015）。実際には障害のある子どものきょうだいなどが，このヤングケアラーになりやすく，一般的に障害者のヤングケアラーといった場合にはきょうだい間でのケアを指す場合が多いが，親が障害を負った場合には，子どもが親に対するケアラーになってしまう場合もある（図5-3）。

　障害者の場合，その生活においてさまざまな面で介助や介護を必要とすることがある。ヤングケアラーは，そういった意味で障害者とその家族にとっての介護に関する特徴的な課題の一つであり，いわゆる「家族内介護者」を指すことになる。

　一方で，ケアラーの意味をより広い意味で捉えた場合，障害者が親としての役割を果たせない場合に，その役割を子ども（多くの場合は年長のきょうだい）が担う場合も同様の課題として考えることができる。この場合，ヤングケアラーは障害者の介護者ではないが，その子自身や年少のきょうだいにとってのケアラーということになる。そこで彼らが担うのは，単に家事や他の家族の世話

第一部　子どもの貧困のトータルな把握のために

図5-3　ヤングケアラーと障害のある家族のイメージ図

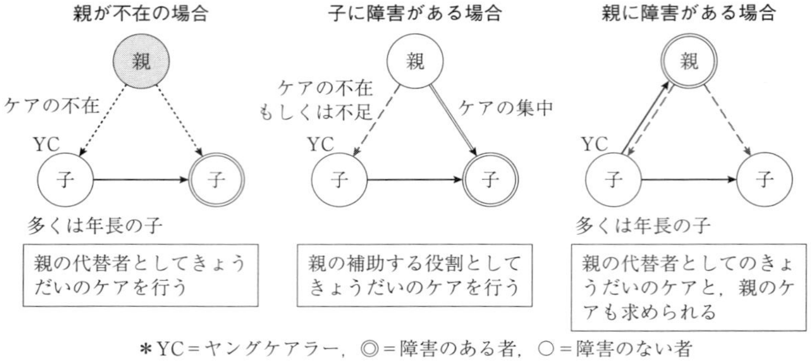

親が不在の場合
ケアの不在
YC
多くは年長の子
親の代替者としてきょうだいのケアを行う

子に障害がある場合
ケアの不在もしくは不足　ケアの集中
YC
親の補助する役割としてきょうだいのケアを行う

親に障害がある場合
YC
多くは年長の子
親の代替者としてのきょうだいのケアと，親のケアも求められる

＊YC＝ヤングケアラー，◎＝障害のある者，○＝障害のない者
出所：筆者作成。

だけでなく，家族に必要な決定を行ったり家族の代表として意思表明や手続きなどの社会的行為を行ったりすることもある。

　この場合，障害者のある親をもつ子どもには，たとえ経済的・物質的貧困が伴わなくとも，その場合と同様の課題が引き起こされる可能性があるということができる。もちろん，親である障害者が子どものケアを十分に遂行することができれば問題はないが，これまでにも述べてきたように，障害のある親の場合には，実際にそれが困難だとして子どもとの暮らしを断念する例も少なくない。そこで子どもたちが剥奪されるのは，子どもとしての時間や生育の機会であるといえる。

　このように，親役割の遂行の課題が適切な親子関係の剥奪へとつながり，それが子どもとしての時間や経験の剥奪につながる。そこに一般的な子どもの貧困との共通点がみえてくる。確かに，中村（2008）などの体験記に語られるような極端な経験は一般的な経済的貧困というだけではみられないかもしれないが，親が経済的困難のために子どものケアに十分に従事できないとき，同様の状況が起きると想定することはそれほど難しいことではない。

4　対策：子どもの貧困の観点から

　ここまで，障害のある親と子どもの関係における子どもの貧困と直接的ある

いは間接的に関連した課題，特に親子関係の剥奪という点について整理してきた。ここで注意が必要なのは，障害者が子どもの養育にさまざまな課題を抱えるからといって，障害者が子どもを持つべきではないといった考えが正当化されるものでは，もちろんないという点である。その課題を解消し，障害のある親と子がそれぞれの権利のもとに豊かな生活を送ることができるよう，社会的な装置を整えていくことが求められるのである。そこで最後に，それらの課題への対策についてふれておきたい。

(1) 経済的困難への対策

まず障害のある親の経済的困難については，やはり所得保障の方法を考える必要がある。たとえば障害種別による障害年金上の差なども改善が求められる点であるが，そもそも障害年金が，特に基礎年金に限られた場合には決して高い水準にあるとはいえない。何より子どもを養育する家庭としての妥当な水準を維持することが子どもの貧困への対策という点からは必要であり，子がいる場合の加算などの充実といった手法が直接的な問題解決の方策の一つとなるだろう。あるいは，現在，子どもが障害を抱える場合に受け取ることのできる特別児童扶養手当や障害児福祉手当のような給付を，親が障害をもって子を養育する場合についても設けるということも一つの方法であると考えられる。

一方で，障害者の低所得の要因は一般就労の難しさを反映したものでもある。つまりは，障害者の就労の促進がもう一方の対策であるといえる。もちろん，障害によって完全に障害のない者と同等の就労が難しい場合もある。しかし，そうであったとしても，現在の障害者の就労状況は十分に手を尽くした結果だとはいい難いものがあるだろう。特に，経済的貧困の対策としては不可欠である一般就労の促進については，まだまだ改善の余地があると考える。

もちろん，それが前述の現金給付とトレードオフの関係になってしまっていては問題の解決が遠ざかる。その両者が組み合わさるような形が実現できれば，障害者の経済的困難の改善につながることが予測される。そうすることで，障害のある親のもとで育つ子どもの経済的・物質的貧困のリスクを軽減することができるといえる。

（2）親子関係の剥奪への対策

　親の障害のために親役割の遂行に困難を伴う場合については，まず必要なのは障害者自身のケアのためだけでなく，障害者が他者をケアするための活動を支援するためにも，現在の介護・介助サービスを利用することができるようになることではないかと考える。

　ヤングケアラーや家族内介護者の問題については，イギリスのケアラー法などが，そのケアラー自身の権利保障や保護・支援のための手法として挙げられることもある（助川 2011）が，その位置づけはケアラーが適切な形でケアに従事することができるようにするもので，そのケアからの解放を意図したものではない。障害のある親と子の関係においては，子が担わされるケアラー役割からの解放が必要であり，翻って親が子のケアラーとしての役割を遂行できるように支援することが必要となる。しかし現在の障害者の介護・介助サービスは，障害者自身のケアや生活維持のための支援が基本で，家族への支援も心理的ケアや介護技術の指導などに限られる。

　この点については，諸外国ではホームヘルプサービスの範囲として，そのような介護対象者にとっての重要な他者（ペットも含む）の世話なども含むとする例がみられ，日本においても参考になるものであると考える。

　また，障害者の家族を直接的に支援対象とするサービスも有効であるかもしれない。障害者は，その障害という属性のもとにさまざまな支援を受ける。そこでの支援は，あくまで障害者自身に対する支援である。それに対して，イギリスで実施されている家族ソーシャルワークについての教育プログラムであるメリデン・プログラムでは，家族一人ひとりに独立した支援者が必要であるとする。障害者の家族には家族としてのニーズが存在し，それは時に障害者自身のニーズとは対立する。そのときに，家族自身のためにニーズ解消に働きかけるソーシャルワーカーの必要性に対する認識が同プログラムの基盤にはある。つまり，これは家族自身を対象としたサービスなのである。

　現在の日本の場合，子ども自身にとっての支援者となりうる人々には学校教員や児童相談所のワーカーなどが考えられるだろうか。そのような支援者は，親に障害があるかどうかではなく，世帯の問題が子どもの問題として表出した場合に子どもに結びつく。こういった人々が，その家族の支援者とケース会議

をもつ例などは，近年みられるようになっている感があるが，それはあくまでも子どもの問題が表出した場合である。そのような子どもへの支援が障害のある親のニーズとして認められ，障害のある親と子がともに暮らしていき，そこで適切な親子関係が維持されることを目的とした連携作業として，実現するようになることが望まれるだろう。

5 障害をもつ親のニーズに取り組む意義

　本章では障害をもつ親と子，そしてそのもとで起こりうる子どもの貧困の課題について述べてきた。
　障害者はその数の点においてけっして多数派ではない。もちろん社会的な立場の意味でもそうであり，その中でも子どもをもつ障害者はさらに少数派である。言い換えれば障害のある親のもとで育つ子どもの貧困の問題も，子どもの貧困問題における少数派の問題であるといえる。
　それでもここでこの問題を取り上げるのには理由がある。その一つは，障害をもつ親と子どもという状況は，親が障害者であることに伴う課題と子どもが貧困状態に置かれることによる課題の両者を複合的に抱えることになるにもかかわらず，そのどちらの領域においても少数派の課題として見過ごされる傾向があるためである。
　もう一つの理由は，親が障害者であることによって引き起こされる子どもの貧困とそれに伴う問題は，社会的な装置によって防げる問題であるという点である。これまでの子どもの貧困への対策の中でも，その根本的要因である親の貧困の解消という対策においては，貧困に対する自己責任論的見解や，親の低所得の要因はさまざまで焦点を絞った対策が難しいといった課題があった。
　それに対して，障害者の貧困や障害に伴う親役割の遂行困難は，その原因が比較的わかりやすく，そのための対策も具体的に考えることができる。もちろん，それだけで完全な問題解決が実現できるとは考えにくいが，それでも現状からの改善を期待することはできるだろう。
　このように，現状からその具体的な対策が考えられ，そうすることで子どもの貧困の一部でも解消することができるのであれば，それを実行に移すことに

は大きな意義がある。そのためにも，まずはこのような状況について社会的な認知度を高めていくことが必要になってくる。本章はその一助となることを期待するものである。

注
(1) 『平成25年度「障害者の生活調査」報告書』（東京都福祉保健局）http://www.fukushihoken.metro.tokyo.jp/kiban/chosa_tokei/zenbun/heisei25/25tyosahokokusyozenbun.html
(2) 『新宿区障害者生活実態調査報告書　平成29年』（新宿区）
http://www.city.shinjuku.lg.jp/content/000216036.pdf
(3) 『障害者の生活状況に関する調査結果の概要』（厚生労働省社会・援護局障害保健福祉部）https://www.mhlw.go.jp/houdou/2003/08/h0829-6.html
(4) 『障害のある人の地域生活実態調査の結果報告』（きょうされん）
http://www.kyosaren.or.jp/wp-content/themes/kyosaren/img/page/activity/x/x_1.pdf
(5) いずれの調査も重複障害の場合にそれぞれにカウントしているため，各障害種別の数や割合の総計は，全体数および100％を超えている。
(6) 当該調査は5年ごとに実施されるため，最新のものは平成25年実施，27年発表のものとなる。
(7) 児童虐待と精神障害との関係については，母子保健や児童虐待防止に関する研究領域でたびたび指摘されている（吉岡ほか2016，新井2006，吉田2005など）。
(8) 厚生労働省による障害者白書（平成30年版）によれば，身体障害者の数436万人に対して精神障害者は392万人（身体障害の90％程度）であるが，その雇用者数は，同省発表の『障害者雇用状況の集計結果』によると2017年6月1日時点の値で身体障害者33万3454人，精神障害者5万47.5人（身体障害の15％程度）となっている。

参考文献
埋橋孝文・矢野裕俊編著（2015）『子どもの貧困／不利／困難を考える Ⅰ——理論的アプローチと各国の取組み』ミネルヴァ書房。
大沢真理（2015）「日本の社会政策は就業や育児を罰している」『家族社会学研究』27(1)。
岡野禎治・斧澤克乃・李美礼（2002）「産後うつ病の母子相互作用に与える影響——日本版北山沙和子・石倉健二（2015）「ヤングケアラーについての実態調査」『兵庫教育大学学校教育学研究』27。

孔栄鍾（2017）「韓国における障害者貧困層の動向とその原因分析」『佛教大学大学院紀要. 社会福祉学研究科篇』45。

助川柾雄（2011）「イギリスにおけるケアラー支援に関する法制度等について（特集 当事者としての家族への支援：主人公としての家族）」『精神障害とリハビリテーション』15(2)。

中村ユキ（2008）『私の母はビョーキです』サンマーク出版。

山田篤裕・百瀬優・四方理人（2015）「障害等により手助けや見守りを要する人の貧困の実態」『貧困研究』15。

山野良一（2008）『子どもの最貧国・日本　学力・心身・社会におよぶ諸影響』光文社新書。

山村りつ（2011a）『精神障害者のための効果的就労支援モデルと制度――モデルに基づく制度のあり方』ミネルヴァ書房。

山村りつ（2011b）「当事者にとって精神障害を開示することの意味とは――就労上の課題に関するインタビュー調査の再考から」『障害者問題研究』39(2)。

横山恵子・蔭山正子（2017）『精神障がいのある親に育てられた子どもの語り――困難の理解とリカバリーへの支援』明石書店。

吉岡京子・鎌倉由起・神保宏子ほか（2016）「要支援児童と精神疾患を有する母の特徴と関連要因の解明」『日本ヘルスサポート学会年報』2 (0)。

吉田敬子（2005）『母子と家族への援助　妊娠と出産の精神医学』金剛出版。

第6章
妊娠・出産を機に貧困の連鎖を断つ

鷲巣典代

　貧困による不利益は胎児期から始まり，世代を超えてまたその子どもへと続く。貧困の連鎖は，これまで多数の研究で明らかにされ，解決するためのさまざまな施策，取り組みが展開されているが，子どもの貧困率は依然13.9％と高い（厚生労働省 2017a）。また，貧困との関連が深い児童虐待も，2016年度に児童相談所が対応した件数は12万2578件と26年連続で増加し，社会的養護を必要とする児童数も増え続け，子どもをめぐる状況はますます深刻になっている（厚生労働省 2017b）。

　子どもは親を選べない。与えられた環境の中で生きていくほかはない。

　「児童の権利条約」により，すべての子どもは「生命・生存・健康」「教育・文化」「虐待からの庇護」「意見表明・社会参加」の権利をもつことが認められている。貧困による子どもの権利剝奪を防ぎ，回復させ貧困の連鎖を断つことは，親と社会と国の責務である。対応が早ければ早いほど，貧困による子どもへの不利益は少ない。貧困を背景として起こった問題を抱える妊婦への事後的ケアは，同時に，生まれてくる子どもへの予防的ケアになるという二元性がある。次世代への起点である妊娠・出産期における支援は，連鎖を断つために大きな効果が期待できるだろう。

　本章は，貧困に関連する妊娠・出産期の問題と背景を探り，この時期における貧困の連鎖を断つストラテジーを見出すことを目的とする。

1　妊娠・出産期における貧困の表れと影響

　日本の周産期医療は世界のトップレベルにあり，母子保健法や児童福祉法などにもとづく妊娠出産への支援策が整備されている。にもかかわらず，未受診出産の救急搬送や妊娠週数が進んでからの中絶希望などのケースは，後を絶た

ない。
　現場の専門職へのインタビュー結果や先行調査研究から，妊娠出産期に起こっている問題を取り上げ，その背景にある貧困と関連について考察する。

（1）妊娠・出産の現場から
①医療機関・相談機関専門職へのインタビューから
　助産指定病院で勤務する医療ソーシャルワーカーと看護師より問題のある妊娠・出産事例についての事例を聞き取った。(1)

- 深夜救急外来受診にて妊娠反応と性感染症あり。状態説明と投薬を行うが以後，受診なし。所持金不足のため一部未払い。健康管理と新たな感染防止のため病院から連絡を取り続けているが応答がない状態が続いている。
- 若年シングルマザーで未受診，飛び込み出産。600ｇの超低出生体重児であったが，重度の障害あり呼吸器とチューブ栄養が必要。母親にも，その両親にも自宅での養育の意思なし。医療ケアが必要なため，乳児院入所も困難で病院入院継続中である。今後の養育場所については未定。
- 母親，本人ともに中卒。不安定，低賃金就労を繰り返していた。若年のパートナーとの間に予期せぬ妊娠。パートナーからのDVあり。両親にも妊娠中の娘を扶養する意思，経済力なく妊娠8か月で，シェルターへ。

　妊娠・出産に関する行政委託NPO相談機関スタッフ，保健センター保健師より，相談事例を聞いた。(2)下記はその一例である。

- 他府県のホテルに泊まっているという女性からの電話。「夫からのDVを受けている。妊娠24週くらいと思う。警察に行ったが，夫への忠告のみでかえって暴力はエスカレートした。両親は頼ることができない。現在，家を出てカプセルホテル住まい。所持金も少なくなってきている。夫に見つけられるのではないかと恐い」。相談後，シェルターに一時保護となり出産。出産後，他府県の母子生活支援施設に入所となる。
- 未婚，10代。幼少期より親からのネグレクトがあり，中学卒業後，家出。パートナーあり，現在妊娠7か月くらいと自己判断あり。薬物とアルコール中毒の経験あるが，妊娠が進むとともに体が受けつけなくなり，現在は，どちらも使用していない。警察や行政には怖くて行けない。相談後，

図 6-1 未受診妊婦数

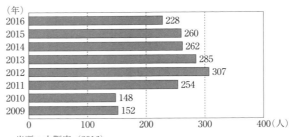

出所:大阪府 (2016)。

図 6-2 全体と10代妊産婦の未受診の理由

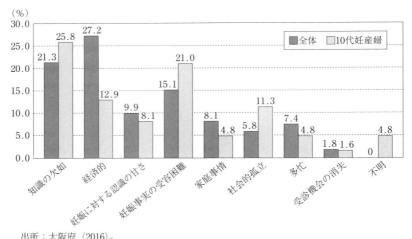

出所:大阪府 (2016)。

NPOの運営するシェルターに一時保護。

②先行調査研究より

大阪府は2009年から大阪産婦人科医会に委託して「未受診や飛込みによる出産」の実態調査を行っているが、平成28年報告書には下記が報告されている（図6-1,大阪府 2016）。

・大阪府内の未受診件数228，大阪府内では307件の分娩につき1件が未受診や飛込みによる出産であった。

・未受診や飛込みによる出産をするハイリスク妊産婦と児童虐待の背景要因

は類似している。
- 未受診の理由は，平成21年以降26年を除き，「経済的問題」が27～33％と一番多く，ついで「知識の欠如」となっている。
- 10代妊産婦は，妊娠に気づかなかったという「知識の欠如」，家族に言えず，どうしていいのかわからなかった等「妊娠の事実の受容困難」が多くなっている（図6-2）。

次に挙げるのは，山口ほか（2014）が周産期にみられる貧困の影響を5医療機関での出生時の保護者を対象に行った調査結果である（図6-3，6-4，6-5）。新生児とその母親について，妊娠中から1か月健診までの医学的問題と社会経済的背景の実態についてアンケートを行い，回答者のうち世帯収入の判明している677名（91.6％）について検討している。年収150―200万円のグループ（貧困群291名43.0％）とそれ以上のグループ（非貧困群386名57.0％）に分け，比較された（山口ほか2014）。その結果によれば，貧

第6章 妊娠・出産を機に貧困の連鎖を断つ

図6-3 妊婦の状況・新生児の状態・育児状況等

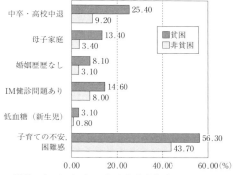

出所：山口ほか（2014）より筆者作成。

図6-4 妊娠経過の異常内容

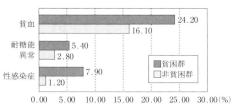

出所：図6-3に同じ。

図6-5 妊娠分娩歴・妊娠経過の相違

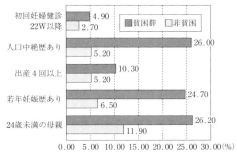

出所：図6-3に同じ。

困世帯の母親は,低学歴,母子家庭という生育背景をもっている場合が多く,年齢が低く,未婚,多産,中絶歴などが非貧困層に比べ優位に高い。母親の健康に関しては,妊娠期の貧血,耐糖能異常,性感染症などの割合が優位に高い。妊婦自身の栄養状態,健康管理などにも問題がある。22週以降で初めて妊婦健診を受けたケースも貧困グループのほうが1.8倍であり,また出産した新生児については,低血糖や,一か月健診での問題が明らかに多い。

(2) 妊娠・出産期における貧困と連鎖のプロセス

妊娠・出産について医療機関や相談事例に現れる事象の背景には,経済的困窮に加えて,健康管理,情報判断,支援の不足など,多くの問題の重複がある。妊産婦の親の経済的困窮と社会的孤立が,生育過程において不利益を与え,妊娠・出産期の問題となり,さらに生まれた子どもにもその影響が及んでいくという貧困の連鎖がある。

生育期における親の貧困が子どもの世代の生活に負の影響を与えることはこれまでにも数多くの研究により指摘されている(駒村・道中・丸山 2011,阿部 2016a,阿部 2016b)。

また,貧困と関連の深い虐待について,加藤ほかの行った調査研究「ネグレクトで育った子どもたちへの虐待防止ネットワーク」には,要保護児童対策地域協議会の扱った10代の特定妊婦371事例のうち4割に被虐待歴があったとの報告がある(加藤ほか 2017)。

貧困により,学習の機会の不足,親のストレス状態に起因する被虐待,不十分な栄養や健康管理,また地域や学校からの孤立など,子どもは厳しい日常の中に置かれながらも,幼少期には,心身の未成熟さゆえに,親のもとにとどまらざるを得ない。しかし成長して思春期に至ると,このような環境から逃れるために家を出ようと試みることが多い。ここで,彼らは学校,家族,近隣のネットワークから外れ,「住むところがない・相談相手がいない・お金がない」という状況に陥る。寮などの住居が提供される職場を選んだり友人の家を転々とする場合や,駅の障害者用トイレで寝泊まりするというケースの報告もある(保坂・池谷 2016)。

親の経済的困窮により,学業を中断し中卒,高校中退で就労するケースが多

いことは調査からも明らかである。2015年の厚生労働省の調査では全世帯平均の高校進学率が98.8％に対し生活保護世帯は92.8％にとどまり，大学等・専修学校進学率は全世帯の平均73.2％に対し，33.4％と低い（厚生労働省 2015a）。若年，低学歴，生育環境による社会経験の不足は，日雇い等の不安定就業，非正規低賃金の雇用につながる。

　女子の場合には，性風俗産業へ接近し，予期せぬ妊娠のリスクにさらされるケースも多い。性風俗産業におけるさまざまな課題を解決することを目的として女性を支援する一般社団法人GrowAsPeople（GAP）の発行した「夜の世界白書」によれば，性風俗産業で働き始めた年齢は18歳から19歳がもっとも多く，16歳以下の場合もある。またその動機は生活費，学費，奨学金返済，借金返済などの経済的理由が全体の46％を占め，働き続ける理由においても54％を占めている（GrowAsPeople 2016）。

　早くから家を出て暮らす状況に追い込まれた場合，若年での結婚，単身での妊娠・出産となることも多い。低学歴，低収入，発達段階途上の状態で子どもをもつことは大きなストレスとなりやすい（坂本 2008）。

　若年出産のリスクは，子どもへの負の影響がもっとも厳しい形となって現れた児童虐待死の検証結果からも，明らかである。死亡事例の加害者の50％が実母であり，加害者が抱える問題（複数回答）として，「予期しない妊娠／計画していない妊娠」，「妊婦健診未受診」に次いで「若年（10代）妊娠」が挙げられている（厚生労働省 2016a）。性風俗産業への従事，低学歴，若年就労，低賃金不安定雇用など貧困に関連する予期せぬ妊娠・出産は，胎児期から子どもへの大きな不利益となり，新たな連鎖の始まりとなる。

　DV被害や経済的困窮，社会的孤立などの問題を抱える女性を支援するシェルターの運営スタッフに，利用する女性たちの状況，背景などについてインタビューを行った(3)。

　　「シェルターには，予期せぬ妊娠・出産，養育困難のため親子分離，DVなどを経験した女性たちが緊急の居場所を求めてやってくる。その多くが，貧困家庭に育ち，早くに親元を離れ，生活のために風俗業を経験していることが多い。本人が中卒，高校中退などであり，また親も低学歴であるという点が共通している。中でも大きな問

第一部　子どもの貧困のトータルな把握のために

図6-6　問題のある妊娠・出産の事象とその背景

出所：筆者作成。

図6-7　貧困の連鎖のプロセス

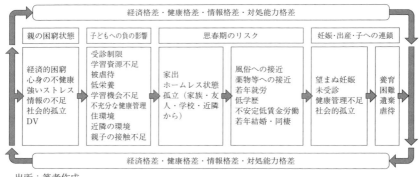

出所：筆者作成。

題は、これまで生きてきた過程の中で大切にされ認められたという経験が少なく、自己肯定感が欠けていることが特徴的といえる。親や職業人としてのロールモデルをもたないことが影響して、将来の姿を肯定的に描けない。なぜこんな状況になるまでどこからの支援もなかったのかと思うが、自分の状況を自分のせいと思い込み、一人で何とかしなければならないと考え危機的な状況に陥っていると考えられる。『自分自身の心と体を大事にする』という観点から、リプロダクティブヘルスの考え方を、教育でも現場での対応においても浸透させることの必要性を痛感している」。

図6-6は問題のある妊娠・出産の事象とその背景を示したものである。さらに、親の貧困により子どもたちは不充分な健康管理や学習機会の不足という

環境におかれやすい。それらの負の影響は，成長期，成人期にわたり競争社会の中で不利な立場におかれ，結果として貧困に陥ることになる。このように貧困が世代を超えて引き継がれていくプロセスは，図6-7のように表される。

（3）貧困の連鎖の起点としての妊娠・出産期

　ヒトは受精から乳児期にかけて遺伝と胎内環境，出生後の環境の相互作用によって急速な発育，発達を遂げる。人間の脳の発生は受精後3週目から始まり出生前の胎児期に形態的発育は完了するといわれている。一生の基盤を作る重要な時期であり，妊産婦の心身の状態や養育環境は直接，胎児や新生児に影響する。胎児期，新生児期の環境がその後に及ぼす影響については，多くの研究によって明らかにされている。また，1934年から1944年に誕生した1万3500名のデータを解析したヘルシンキ誕生コホート研究をはじめとして現在，米国のNational Children's Studyや全世界にネットワークをもつBirth Cohort Net，また，日本ではJapan Children's Study（JCSすくすくコホート），エコチル調査などビッグデータによる調査研究が進められている（横山ほか 2015）。

　そのほか，胎芽期・胎生期から出生後の発達期における種々の環境因子が，成長後の健康や種々の疾病発症リスクに影響を及ぼすという概念にもとづいたDevelopmental Origins of Health and Disease（DOHaD）の視点で，健康格差，経済格差を予防するための研究も行われている（吉田ほか 2014）。

　環境をできるだけ早期に，より安全なものにすることで，胎児，新生児が被る生涯にわたる不利益をなくす，あるいは軽減することができる。

　また，この時期が親にとっていかに重大な意味をもつかは，子どもへの連鎖のもっとも厳しい結果である虐待死に関する検証結果からも，明らかである。虐待死事例の加害者の状況として，「予期しない妊娠／計画していない妊娠」，「妊婦健診未受診」，「若年妊娠」，「母子健康手帳の未発行」が挙げられている。これらの状況が，貧困と関連していることは，前述の調査結果からも明らかである（山口ほか 2014）。また，厚生労働省「第13次子ども虐待死亡事例等の検証結果」によれば，死亡した子どもの年齢は，2005年から2016年を通して0歳児，中でも0か月児がもっとも多くなっている。第12次報告では，虐待による死亡事例のうち，0歳児の割合が約6割，第1次〜第13次報告全体でも，約4

割となっている（厚生労働省 2016a）。これらの結果は，出産後早期に危機的状況が起こりやすいことを示している。

　出産後，女性の体は大きな変化が起こり，心身ともに不安定になる。産後特有の精神的な状況と，子どもの誕生による生活の大きな変化は，一般的にも不安と身体的な負担が大きい時期であるが，周囲からの孤立し，経済的にも困窮している場合は特に危機的状況に陥りやすい。危機をはらんでいる一方，妊娠・出産は女性また男性にとっても，親になるという心身ともにダイナミックな変化を遂げるときである。この時期における支援が，母親，父親としての力を引き出し，親としての役割を見出す可能性も大きい。子どもへの影響を最小限に食い止め，母親また父親を含めた家族形成を支えるという２つの視点から妊娠・出産期は連鎖を断つためにもっとも重要な機会である。

（4）連鎖を断つ最大の機会としての妊娠・出産期

　本節は本書全体のリサーチクエスチョン（RQ）1「貧困はどのように表れ（現象し），どのような問題や困難をもたらしているか」に対応したものである。その内容をここでまとめておく。

　医療現場，相談機関のスタッフへのインタビューと先行調査研究により，妊娠・出産をめぐる母子の心身の健康問題やリスクを抱えたケースの多くが妊婦，産婦自身の経済的困窮と社会的孤立すなわち貧困状態に関連していることが明らかになった。このような問題の背景には，妊産婦の親の貧困がある。妊娠・出産期は貧困の連鎖の接点であり妊産婦の問題への事後的ケアは，同時に生まれてくる子どもへの予防的ケアとなる。この意味で妊娠・出産期は貧困の連鎖を断つ重要なタイミングである。

2　保健医療・福祉による妊娠・出産に対する支援

（1）妊娠・出産に関する現行施策の概要と問題点

　妊娠・出産についての支援の対象は，妊婦，胎児，新生児，乳児，産褥期の女性，子どもの父親やその家族を含み，複数の法のもとにさまざまな施策が展開されている。これらの施策によるサービスは保健所，母子保健センター，市

第6章　妊娠・出産を機に貧困の連鎖を断つ

町村保健センター，児童福祉施設，医療機関またはその委託機関などが担当し，市町村ごとに名称や内容が異なっている。しかし，いずれも妊娠の届け出による母子健康手帳の交付から開始される。

2016年において日本の新生児死亡率は，0.9（対1000人），乳児死亡率は2.0（対1000人）と世界最高水準にあり，2012年には，子どもの教育，医療，栄養状態の評価指標である Child Development Index において世界第1位となっている（厚生労働省 2016b）。

2014年の11週以内の妊娠届け出率は，91.9％であり，19週までの届け出は98％となっている（厚生労働省大臣官房統計情報部 2016）。妊婦が主体的に妊娠の届け出を行い，母子健康手帳の交付を受ければ，安心，安全な妊娠・出産・養育のための必要なサービスにつながる公的支援システムができているといえる。

経済的困窮や社会的な孤立状況にあっても，妊婦が妊娠の届け出を行い，自発的に制度利用を求めれば，一定の対応が可能なシステムがある一方で，これらのサービスにつながらないケースが存在する。問題を抱え支援が必要な妊産婦ほど，支援が届かないという矛盾が生じ，生命に関わる重篤な事態に陥るリスクを抱える状況がある。経済的困窮，世代をまたぐ貧困家庭，性産業従事，親との絶縁状態，地域からの孤立，ホームレス，不安定な居住，精神疾患，知的障害，発達障害，依存症，性暴力，被虐待など多様な問題が複雑に絡み合った背景が，「支援があることを知らない・支援の受け方がわからない・支援が必要であると認識していない・支援を望まない」などの状況を生みだす。その結果として問題が深刻化し，時には不可逆的な結果となることもある。申請を原則とした現行の制度の下では，重複した問題を抱え，最も支援を必要とし，連鎖のリスクも高い人々にサービスが届きにくい。このような問題を解決するための施策として，「特定妊婦」の制度に注目する。

(2) 問題を抱えた妊娠・出産への施策：「特定妊婦」

① 「特定妊婦」施策の概要

「特定妊婦」は，妊娠期から支援を行い，虐待を防止するための児童福祉法にもとづく対策である。2009年に同法第6条の3第5項により「出産後の養育について出産前において支援を行うことが特に必要と認められた妊婦」と定義

図6-8　「要保護」・「要支援」・「特定妊婦」登録・支援の流れ

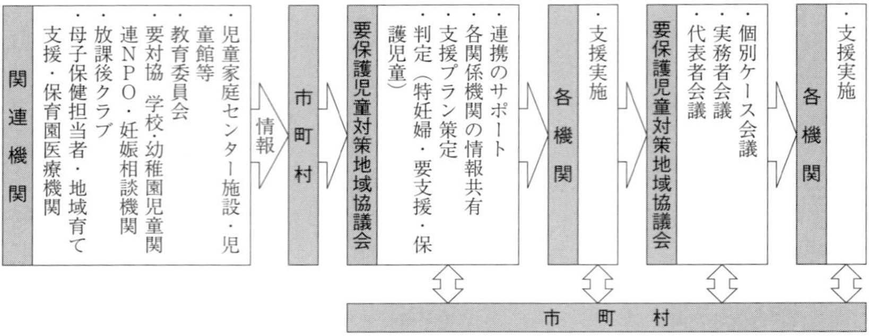

関連機関
・支援・保育園医療機関
・母子保健担当者・地域育て支援
・放課後クラブ
・要対協・学校・幼稚園児童関連NPO・妊娠相談機関
・教育委員会
・児童館等

→情報→

市町村

→情報→

要保護児童対策地域協議会
（特妊婦・要支援・保護児童）
判定・支援プラン策定

→連携のサポート 各関係機関の情報共有→

各機関
支援実施

→

要保護児童対策地域協議会
個別ケース会議
実務者会議
代表者会議

→

各機関
支援実施

⇕　⇕　⇕　⇕
市　町　村

出所：筆者作成。

され，第25条の2によって「要保護児童対策地域協議会は（以下要対協）特定妊婦に対し適切な支援を行うこと」と定められている。

医療機関や母子保健の担当者，学校，保育所，生活保護関連担当者など現場の専門職が「支援が必要」と判断した妊婦についての情報を，市町村に提供し，各関係機関によって構成される要保護児童対策地域協議会（要対協）が「特定妊婦」としての判定，登録を行い支援計画の立案が行われる。各機関は，立案にしたがって市町村や関係機関と連携を取りながら支援を行う。要対協は，個別ケース検討会議を開催し関係機関間での情報共有・連携ができるよう調整する役割を果たす（図6-8）。

一定の条件を満たせば，関係機関が児童などに関して知りえた情報を本人の同意を得ずに市町村に情報を提供することが個人情報保護法違反にならないことが明記された（厚生労働省 2016c）。

②「特定妊婦」施策の意義と可能性

問題のある妊娠・出産への支援は，保健医療，福祉，教育など多岐の分野にわたり各機関が相互に連携しながら継続的に行うことが必須である。しかしながら，複数の法のもとに，それぞれに異なる施策があるため，制度の狭間に陥ったり，たらい回しになる危険が伴う。「特定妊婦」施策はそれらのリスクをより少なくするシステムをめざしている。「特定妊婦」施策は次のような理由により，連鎖を断つ有効な施策となる可能性をもつ。

・妊婦，産婦，児童などに関わる幅広い現場から，直接の情報を集めること

第6章　妊娠・出産を機に貧困の連鎖を断つ

ができる。
・要対協が連携調整機関として設置されているため，情報管理，共有，支援立案，支援経過の共有化ができる。
・児童福祉法に規定されて以来すでに9年を経過しており，現場関係者間の連携，行政と関係機関との間に経験の蓄積がある。

③「特定妊婦」施策の課題

　虐待防止を切り口とした「特定妊婦」施策は，システムが効果的に機能して一定の成果を挙げている地域もある。しかし2014年の大阪児童虐待死亡例4件はすべて特定妊婦として登録されていたケースであったという報告がある（光田 2016）。また一方で加害者が「特定妊婦」と判断されていなかった死亡事例もある（厚生労働省 2016a）。「特定妊婦」の基準定義が，自治体によって異なることや要対協の担当者の認識の格差や母子保健に依存する地域があることなどについての指摘もある（加藤 2017）。2015年度実績で要対協に登録されたケースは全体で14万5290件であり，このうち要支援・要保護児童の登録数13万8705人（95.5％）に対し，特定妊婦登録数は6585人（4.5％）である（厚生労働省 2018a）。厚生労働省の報告によれば，妊娠28週以降，分娩後，時期不詳の届出数を合わせると，1万2341人である（厚生労働省 2017c）。また，10代の出産数は1万1095件，10代の妊娠中絶数1万4666件等の数字から考えると，登録数以上に支援が必要な妊婦が存在することが考えられる（厚生労働省 2017d）。

　「特定妊婦」施策は，その支援のあり方や，対象者の掘り起こしについてまだ解決されるべき課題を抱えている。

（3）ニーズの高い人々への支援を困難にする申請主義と縦割り行政

　本節は本書全体のリサーチクエスチョン（RQ）2「福祉や教育は貧困にどのように対応してきたか，対応してこなかったか」を中心に叙述してきた。その内容を以下でまとめておく。

　わが国の母子保健衛生，産科・小児科医療は世界最高レベルである。また，母子保健法による保健医療サービス，生活保護法による経済的支援，児童福祉法をはじめとし，妊娠・出産期をめぐる各法制度が整備されている。妊産婦自

身が解決をめざし，希望すれば支援を受けることができるが，これらのサービスは申請が原則となっている。

妊娠・出産に関しては，保健，医療，福祉の各分野が縦割りの制度となっており，わかりにくい。複合的な問題を抱える妊産婦は，自らの問題に対する認識や解決能力，意欲が不足しがちであり，申請制と縦割り制度の2つが，支援へのアクセスをいっそう妨げることになる。その結果，危険な妊娠・出産や虐待など深刻な状況，時には修復できない状況を引き起こすことになる。予防，早期発見，早期介入，自立支援を包括的，継続的に行うシステムとして，特定妊婦制度が施行されているが，まだ多くの課題が残されている。

3　貧困の連鎖を断つためのストラテジー

妊娠・出産への事後対応として「特定妊婦制度」の強化拡充による問題の早期発見と早期介入，また，予防的対応として，人権としての性，妊娠，出産に関する教育としてリプロダクティブ・ヘルスライツ教育を提案する。

（1）「特定妊婦」制度の強化と拡充

2016年の児童福祉法改正に伴って2017年に発表された「新しい社会的養育ビジョン」（新たな社会的養育の在り方に関する検討会。以下，検討会と表記）では，「特定妊婦のケアの在り方」として，相談機能の拡充，妊娠検査費用の支援，産前産後母子ホームの設置，父親を含む親子を対象とした保健福祉体制の4点が示された（新たな社会的養育の在り方に関する検討会 2017）。

1点目に挙げられた「相談機能の拡充」では「若年者を含めた妊婦が相談しやすくするためSNSなどを活用した24時間365日妊娠葛藤相談事業やアウトリーチ型相談事業」が提起されている。時を選ばずいつでも相談できることが早期対応を可能にする。また解決行動につながりやすい現実的，具体的な情報提供と心理的サポートにも重点をおくように改善するべきであろう。

アウトリーチ型相談事業は，性風俗業に従事している女性や，家出した女子中高生など，支援につながりにくい層への取り組みとして効果的な方法である。女性たちが自ら行政などの窓口に支援を求めることは難しい。支援者の側から

アプローチがなければ支援は届かない。性風俗業で働く人たちとの信頼関係を築きながら出張相談を行っている NPO や繁華街にあつまる家出少女等への支援を行っている団体などとも協力して「特定妊婦」施策に結びつけ，支援につなげることが有効であろう（例：風テラス(5)，女子高生サポートセンター Colabo(6)）。

2点目に挙げられている妊娠検査費用の経済的支援体制では，結果が判明したあとについての具体的なアドバイスや支援が，検査と同時に提供されることが必要である。検査と結果の告知だけでは支援にならない。

3点目には，特定妊婦への産前産後支援として「妊娠期から出産後の母子を継続的に支援するための社会的養護体制として産前産後母子ホームの設置」が提起されている。産後は，心身ともに不安定になりやすく，育児の負担が重なり周囲のサポートを必要とする。分娩後入院日数の短期化傾向もあり，養育能力が不十分な場合や，周囲からのサポートがない母親の場合は，母子ともに危機的状況に陥りやすい。

産前産後の母子への支援は，これまでも母子保健法にもとづいて新生児等訪問指導や育児ヘルパー派遣，産後ショートステイなどの支援サービスが行われてきた。「特定妊婦」に対して母子の生活全体を入所型の施設で集中的にケアする産前産後母子ホームは，子どもへの不利益を軽減し連鎖を防止する意義がある。産後のケアとともにその後の自立生活を可能にする支援にも重点を置くべきである。

4点目の「親子（父子を含む）を対象にした保健・福祉システムの在り方の検討」については，妊娠・出産に関する事柄を未だに女性だけの問題として取り扱いがちな行政，社会一般の風潮をなくすための啓発が重要である。婚姻関係の有無を問わず，子どもに対する責任は，父親，母親同等にあるという視点に立った法制度の設置等が求められる。

検討会によって示された上記の4点に加え，さらに次の3点を提案する。

①要対協の運営活動の格差を是正する

厚生労働省が行った「子どもを守る地域ネットワーク等の調査結果（2013年度）」によれば，全国1742市町村のうち98.9％が要保護児童対策地域協議会（要対協）を設置しており，全国で8233名の担当職員が従事している。2012年度実績として，代表者会議平均1.03回／年，実務者会議平均5.88回／年，個別ケ

ース検討会議平均26.50回／年が開催されているが、一方、代表者会議０回（298か所）、実務者会議０回が189か所、個別ケース開催が０回という市町村が125か所ある。０回の理由としては「対象となるケースがなかった」が最多と報告されている「対象となるケースがなかった」地域の状況の確認が必要である（厚生労働省 2015b）。

　ほぼすべての市町村が要対協を設置しているが、その運営状況には、かなりの格差があると思われる。運営状況の評価と行政の指導による機能強化が求められる。

　②保健師と児童相談所職員の体制を強化する

　支援を必要とする妊婦、児童、その保護者を対象に、居宅を訪問し、指導、助言を行う訪問養育支援は、対象者の生活に直接関わる「特定妊婦」支援のかなめで、保健師が中心となって活動している。「特定妊婦」は複合的な問題を抱えており、支援に対して拒否的な場合もあり、保健師はさまざまな困難事例に遭遇している。保健師が抱える困難さについて、永谷は「状況を確認できない困惑・繰り返される感情の疲労」、「母親からもらってきた辛さ・家族関係調整への無力感」、「養育行動が改善されない苛立ち・子どもの命の危険への心痛」を挙げている（永谷 2009：18）。

　また、養育支援訪問事業を行っている全国1225の市町村へのアンケート調査によれば、事業についての課題として、「訪問者の人材確保」、「訪問者の資質の確保」に次いで「訪問拒否家庭への対応」が挙げられている（厚生労働省 2015c）。

　生まれてくる子どもの将来を見据えた支援のために、産前から児童相談所との連携が必要という保健師の意見もあがっている。

　一方、一定の権限をもって働く児童相談所職員も虐待件数の増加、問題の複雑化により厳しい業務に追われている。厚生労働省の「児童虐待死亡事例等検証結果第13次報告」によると、虐待死亡事例（心中以外）が発生した地域における児童相談所の担当職員の2015年度の受け持ち事例数は１人当たり平均174.2件であり、そのうち虐待事例として担当している事例数は平均87.4件となっている。児童相談所職員１人当たりの人口は海外と比べて大幅に多い。通報のあったケースへの48時間以内の訪問、困難事例の増加などにより、対応が

十分にできないケースを生んでいる（川松 2016）。このような状況に対し，児童相談所強化プランにより，児童福祉司，児童相談所の保健師，児童心理士の増員，スーパーバイザーの配置，職員研修に規定などが決定し，弁護士の配置も検討されている（厚生労働省児童虐待防止対策推進本部 2016）。

　③「特定妊婦」施策と「子育て世代包括支援センター」を連動させる

　妊娠・出産・養育期にわたる切れ目のない支援を目的とした「子育て世代包括支援センター」の設置が各市町村の努力義務として2017年母子保健法に法定化され，2020年度末までに，全国展開をめざすこととなった。対象は，妊娠・出産・養育に関してリスクのない一般層から要介入支援層まですべての妊産婦，乳幼児，場合によっては18歳までの子どもとその保護者を含むとされている。必須業務は，①妊産婦・乳幼児の実情把握，②妊娠・出産・子育てに関する相談・情報提供・助言・保健指導，③支援プラン策定，④保健医療または福祉の関係機関との連絡調整である（厚生労働省 2017e）。

　現在，妊娠・出産・養育に関する支援は多くの法律のもとにさまざまな関係機関が関わることから支援が途切れ，リスクを抱えた妊産婦や乳幼児の状態が深刻化するという問題がある。「子育て世代包括支援センター」は，ワンストップの窓口で，切れ目ない支援が提供されるところとされる。現在全国の市町村でそれぞれに展開されている種々さまざまな事業を，誰にもわかるようにまとめ，ワンストップで提供できるシステムに作り上げることが大きな課題である。また，さらに，「自ら窓口に行かない・行くことができない」もっともリスクの高い層に対して働きかける方法をきちんと組み込むため，「特定妊婦」施策と連動するシステムにすることが重要である。

（2）リプロダクティブ・ヘルスライツ教育の実施

　リプロダクティブ・ヘルスライツ（reproductive health rights）は「性と生殖に関する健康を守る権利」と訳され次のような内容を含む。

・出産に関する個人とカップルによる自己決定
・安全・安心な妊娠・出産と最適な養育
・相手の権利を尊重したうえでの安全で満足できる性生活
・ジェンダーにもとづく有害な行為からの擁護

・セクシュアリティの表現の自由
・妊娠・出産，不妊，疾病の予防・診断・治療などのサービスの保障

　妊娠・出産に係る問題は貧困とジェンダーが複合的に関連していることが多い。経済的困窮から，または，社会的孤立からあるいは，その両方から逃れるために，対等でない，強要された性の侵襲を受け，妊娠と出産期における危機にさらされやすい。貧困により，性と生殖に関する権利を奪われることがなく，また奪う側にもならないようにするために，学童期，思春期の子どもたちすべてに，リプロダクティブ・ヘルスライツ教育が必要である。

　リプロダクティブ・ヘルスライツ教育により，人格形成の重要な時期に，健康観，生命観，自分と相手を尊重する価値観を確立することができる。自分自身がかけがえのない存在であることの意識，すなわち，自尊感情により，あきらめずに解決に向かう力，他に助けを求める力を生みだす。そして，人権の問題として捉えることにより，問題の原因を自分のせいと考えあきらめることなく，自分のもつ権利に照らして正しく判断することができる。同世代の兄弟や友人への助言や支援する力もつけることができる。大人や社会に対して不信をいだきがちな年代であるがゆえに，同世代のサポートは大きな影響力をもつだろう。リプロダクティブ・ヘルスライツ教育は，妊娠・出産期における危機を回避し次世代への連鎖を断ち切る鍵となる。

（3）支援へのアクセシビリティの拡大と抱括的・予防的支援へ

　本節は本書全体のリサーチクエスチョン（RQ）3「現在どのような取り組みがあり，その効果はどのようなものであり，どういう方向，改善が望まれているか」に対応したものである。その内容を以下でまとめておく。

　申請制，縦割り制度，事後的対症療法的施策，包括的，継続的な自立支援の不足という現行施策の問題を解決するために，「新しい社会的養育ビジョン」が厚生労働省から示された。この中では，現行の特定妊婦制度を強化・拡充し，親と子どもへの予防的ケアをより重視する方向が打ち出されている。また，妊娠から出産，子育てまでを継続的かつ包括的に支援する「子育て世代包括支援センター」が2020年度末までに全国展開をめざすとされている。選別的な支援を行う「特定妊婦制度」と普遍的な支援を行うセンターとが緊密な連携のもと

に連動することが強く望まれる。そして，これらの施策を最前線で実践する保健師や児童相談所職員の量的質的な拡充が，まず第一の優先課題であろう。

制度やサービスの拡充はもちろんであるが，一方で自分と他人の人権と生命の尊重にもとづいて，妊娠・出産についてのしっかりした意識を確立することが重要である。そのためには，学童期〜思春期にあるすべての子どもたちに，リプロダクティブ・ヘルスライツにもとづく教育を行うことが必要である。自分と他者の人権と生命の尊重を学ぶことは，自己肯定感を育み，他者への信頼と問題解決能力を獲得することにつながる。このことは，子どもたちばかりでなく，困難な状況にある妊産婦が生活を再構築し自立に向かう基盤となる。

4　胎内から子どもの人権を守るために

本章は，妊娠・出産期における貧困の連鎖を断つためのストラテジーを見出すことを目的とした。世界最高レベルの周産期医療と母子保健法，児童福祉法，医療法などのもと，妊娠・出産に関する支援施策があるにもかかわらず，それらの支援が届かず，未受診，不適切な健康管理，虐待，養育困難などの状況が深刻化している。

このような問題の背景には，経済的困窮や社会的孤立に由来する複合的な理由があり，親世代の貧困が影響していることが多い。問題のある妊娠・出産の影響は，胎児や生まれた子どもの健康や発育，発達に現れ，生涯にわたる不利益となって続く。すなわち，妊娠・出産期は貧困の連鎖の起点である。

児童虐待防止を目的として策定された「特定妊婦」施策の強化による起点への働きかけと予防的ケアとしてのリプロダクティブ・ヘルスライツ教育，この2つを平行して行うことは，連鎖を断つための有効なストラテジーである。子どもは親を選べない。生まれる前から始まる絶対的な不利益は子どもへの人権侵害であり，貧困の連鎖を断つことは，親と社会全体そして国の責任である。

注
(1) 研究目的を伝え，施設名，個人名などについて特定できない形で記述する旨説明し，承諾を得たうえで，現場の状況，現在の課題，今後に臨むこと，もっとも大切

にしていること等についてインタビューを行った（注2, 注3も同じ）。日時, 対象者は以下のとおりである。

　2017年9月22日18—19時, 病院外の会議室にて, 助産指定病院MSW 1名を対象として実施。

　2017年12月11日13—14時, 助産指定病院の相談室にてMSW 2名を対象として実施。

　2017年12月11日14—15時, 助産指定病院の相談室にてNICU師長を対象として実施。

　2017年12月15日11—12時, 保健センター面談室にて特定妊婦担当保健師2名を対象として同時に実施。

(2)　インタビューの日時, 場所と対象者は以下のとおりである。

　2017年10月5日10—12時, 相談機関事務所にて主任相談員, 併設事業所の責任者, 現場スタッフ2名, 臨床心理士計5名同席にて実施。

　2017年12月2日2—3時, 委託機関施設外の会議室にて行政委託機関の相談員2名同時に実施。

　2017年12月15日, 母子生活支援施設の休憩室にて相談員1名, 現場職員2名に各30分—1時間ずつ個別に実施。

(3)　インタビューの日時, 場所と対象者は以下のとおりである。

　2017年10月29日14—16時, 団体の運営するシェルターのキッチンにて, 代表者を対象に実施。

(4)　母子健康手帳の交付や乳幼児健診などをはじめとした母子保健全般に関わる「母子保健法」, 児童の社会的養護や虐待などに関わる「児童福祉法」, 分娩費, 出産手当, 育児手当金など費用に関わる「生活保護法」, 人口妊娠中絶などに関わる「母体保護法」, 労働に関わる「労働基準法」「男女雇用機会均等法」, 病院, 助産院などの業務に関わる「医療法」「児童虐待の防止に関わる法律」などが対象者と状況に応じて適用されている。

(5)　風俗で働く人を対象とした無料の生活・法律相談事業。弁護士, 社会福祉士, 精神保健福祉士が, 面接と電話により, 希望者に相談支援を行う。東京, 新潟, 大阪市に相談所がある。また, 風俗店と協力して従業員の相談に応じるサービスも行っている。(https://futeras.org/　2018年8月29日アクセス)

(6)　渋谷, 新宿の繁華街で, 夜間巡回やバスを利用したカフェを運営し, 主として10代の女性を対象に無料で飲食物, 衣服, WiFi等を提供している。カフェでの相談支援のほか, SNSやHPを利用して全国からの相談も受け付けている (https://colabo-official.net/projects/tsubomicafe/　2019年2月4日アクセス)。

参考文献

阿部彩（2008）『子どもの貧困――日本の不公平を考える』岩波書店。
阿部彩（2014）『子どもの貧困Ⅱ――解決策を考える』岩波書店。
新たな社会的養育の在り方に関する検討会（2017）「新しい社会的養育ビジョン」。
飯島裕子（2016）『ルポ貧困女子』岩波書店。
五十嵐隆（2017）「出産・成育医療の課題と展望――医学の視点から」『医療と社会』Vol. 27, No 1。
泉谷朋子（2017）「『産前産後ホーム』の在り方に関する研究」『目白大学総合科学研究』13号。
一般社団法人 GrowAsPeople（2016）「夜の世界白書」。
岩田正美（2010）『社会的排除――参加の欠如・不確かな帰属』有斐閣。
上間陽子（2017）『はだしで逃げる 裸足で逃げる――沖縄の夜の街の少女たち』鷗来堂。
NHK 女性の貧困取材班（2014）『調査報告 女性たちの貧困――新たな連鎖の衝撃』幻冬舎。
大阪府（2016）「平成28年未受診や飛び込みによる出産等実態調査報告書」http://www.pref.osaka.lg.jp/kenkozukuri/boshi/mijyusin.html。
加藤曜子・安部計彦・佐藤拓代・畠山由佳子・三上邦彦（2017）「ネグレクトで育った子供たちへの虐待防止ネットワーク――10代親への支援の実態調査より」『厚生の指標』第64巻第13号。
川松亮（2016）「増え続ける子ども虐待事例――児童相談所の体制強化を」『子ども白書2016』本の泉社。
厚生労働省（2014）「社会的養護の現状について」。
厚生労働省（2015a）「平成27年度子供の貧困の状況と子供の貧困対策の実施状況」。
厚生労働省（2015b）「子どもを守る地球ネットワークなど調査平成25年度調査 要保護児童対策地域協議会の設置・運営状況」。
厚生労働省（2015c）「子どもを守る地球ネットワークなど調査平成25年度調査 養育支援訪問事業実施状況」。
厚生労働省（2016a）「子ども虐待死亡事例等の検証結果13次」。
厚生労働省（2016b）「平成28年（2016）人口動態統計（確定数）の概況」。
厚生労働省（2016c）「児童福祉法等の一部を改正する法律の公布について（通知）」。
厚生労働省（2017a）「2016年国民生活基礎調査の概況」。
厚生労働省（2017b）「平成28年度 児童相談所での児童虐待相談対応件数〈速報値〉」。
厚生労働省（2017c）「平成27年度地域保健・健康増進事業報告の概況」。
厚生労働省（2017d）「衛生行政報告書 H 平成28年度」。

厚生労働省（2017e）「子育て世代包括支援センターガイドライン」。
厚生労働省大臣官房統計情報部（2016）「平成26年度地域保健・健康増進事業報告の概況」。
小杉礼子・鈴木晶子・野依智子・公益財団法人横浜市男女共同参画推進協会（2017）『シングル女性の貧困——非正規職女性の仕事・暮らしと社会的支援』明石書店。
駒村康平・道中隆・丸山桂（2011）「被保護母子世帯における貧困の世代間連鎖と生活上の問題」『三田学会雑誌』103巻4号。
坂本和靖（2008）「親の行動・家庭環境がその後の子供の成長に与える影響」『国立社会保障・人口問題研究所 Discussion Paper series』No. 2007-J。
里村憲一（2013）「Developmental Origins of Health and Disease（DOHaD）——胎生期・乳幼児期の成育環境が与える腎臓病への影響」『日本小児腎臓病学会雑誌』26巻2号。
社会福祉法人宏量会野菊荘（2007）「母子生活支援施設における自立支援計画策定に関する研究報告書」社会福祉法人宏量福祉会野菊荘。
社会福祉法人宏量会野菊荘（2017）「野菊荘要覧」。
ジョスペ，ニコラス（2009）『小児科新生児における代謝，電解質，及び中毒性障害』MSDマニュアルプロフェッショナル版 https://www.msdmanuals.com/ja-jp/
鈴木大介（2014）『最貧困女子』幻冬舎。
全国妊娠SOSネットワーク（2017）「妊娠SOS相談対応ガイドブック 第3版」。
田尻由貴子（2016）『はい。赤ちゃん相談室，田尻です——こうのとりゆりかご・24時間SOS赤ちゃん電話相談室の現場』ミネルヴァ書房。
橘ジュン（2016）『最下層女子高生——無関心社会の罪』小学館。
特定非営利活動法人女性ヘルプネットワーク（2012）『性的虐待体験者が性産業で働く理由とその実態調査 支援編』。
中井章人（2008）『周産期看護マニュアル よくわかるリスクサインと病態生理』東京医学社。
永谷智恵（2009）「子ども虐待の支援に携わる保健師が抱える困難さ」『日本小児看護学会誌』Vol. 18, No2, 21。
保坂渉・池谷孝司（2016）『子供の貧困連鎖』新潮社。
増沢高（2014）「アメリカ・イギリス・北欧における 児童虐待対応について」厚生労働省資料 http://www.mhlw.go.jp/file/05-Shingikai-12601000-Seisakutoukatsukan-Sanjikanshitsu_Shakaihoshoutantou/0000060829_6.pdf
光田信明（2016）「特定妊婦って何？」『女性心身医学』Vol. 20, No. 3。
道中隆（2016）『貧困の世代間継承——社会的不利益の連鎖を断つ』晃洋書房。
道中隆（2007）「保護受給層の貧困の様相——保護受給世帯における貧困の固定化と

世代的連鎖」『生活経済政策』No. 127。
村上靖彦（2017）『母親の孤独から回復する――虐待のグループワークの実践に学ぶ』講談社。
文部科学省（2014）「子供の貧困対策に関する大綱」。
吉田穂波・加藤則子・横山徹爾（2014）「わが国の母子コホートにおける近年の状況および母子保健研究から今後への展望」Vol. 63 No. 1。
山口英里・和田浩・佐藤洋一・武内一（2014）「貧困と子どもの健康――新生児の社会経済的背景について」『佛教大学総合研究所共同研究成果報告論文集』第5号。
横山徹爾（2015）『これから始める出生前コホート研究』厚生労働科学研究費補助金成育疾患克服等次世代育成基盤研究事業　http://www.niph.go.jp/soshiki/07shougai/birthcohort

第二部

子どもの貧困を直視して

第7章
子どもの貧困と保育

石田慎二

近年，保育現場においても子どもの貧困は注目を集めており，保育関係の雑誌においても特集記事が掲載されるようになってきている[(1)]。また，全国保育士会では，保育士・保育教諭が子どもの貧困にどのような対応・支援ができるのかについて検討し，2017年3月に『保育士・保育教諭として，子どもの貧困問題を考える〜質の高い保育実践のために〜』というパンフレットを作成している。

阿部（2014：163）が「母子世帯など貧困層の子どもの大多数は保育所に通っており，一方で保育所はあからさまな『貧困対策』でもないのでスティグマも発生しない。その意味で保育所は子どもの貧困対策の場として適している」と述べているように，子どもの貧困対策において保育所は大きな役割を果たしていくことが期待されている。

そこで，本章では，保育所における子どもの貧困の現状および取り組みを整理することで，子どもの貧困に対する保育所の役割を明らかにするとともに，その課題について考察する。

1 保育所で表れる子どもの貧困の現状

ここでは本書全体のリサーチクエスチョンであるRQ1「子どもの貧困はどのように表れ，どのような問題や困難をもたらしているか」を，保育所を例に検討していく。

近年，各地で保育所を利用している保護者を対象とした調査が行われてきており，保育所を利用している家庭の貧困の現状が徐々に明らかになってきている。たとえば，中村（2014，2015）は名古屋市内において，小西（2015b）は長崎市内において，それぞれ保育所を利用している保護者を対象とした調査を行

って，それらの家庭の貧困の現状を明らかにしている。

　しかしながら，そのような家庭の貧困の状況が保育現場で具体的にどのように表れ，子どもにどのような問題や困難をもたらしているかということについては明らかにされていない。(2)一般的には，子どもの貧困による影響としては，子どもに覇気がない，落ち着きがない，不安感が強い，身体や衣服等が清潔でないなどが挙げられており，後述するように，このような子どもの状況から保育現場において子どもの貧困に気づいていくことの重要性が指摘されている。

2　保育所における子どもの貧困への対応

　実際に保育所では子どもの貧困に対してどのように対応してきたのだろうか（RQ2「福祉や教育は子どもの貧困にどのように対応してきたか，対応してこなかったか」）。歴史的にみれば保育所は貧困対策としてスタートしたといわれている。1892年に，貧しい子どもたちのための日本ではじめての幼稚園である女子高等師範学校附属幼稚園分室が設置され，1900年には本格的な「貧民幼稚園」として二葉幼稚園が建設された（宍戸 2014：125—126）。その後，「幼稚園では，子どもの対象年齢や保育時間など制約されてしまうことが多いので，働く親たちの要求に依拠して保育活動を自由にやってみたい」（宍戸 2014：190）ということから，1915年に二葉幼稚園を二葉保育園と改称している。(3)

　その後，保育所は，1947年の児童福祉法制定とともに児童福祉施設として規定されたが，女性の社会進出が進み，保育所の利用が一般化してくると，貧困家庭か，そうでないかにかかわらず，すべての子どもに質の高い保育を提供することが保育所の役割と考えられるようになった。その結果，保育所において貧困対策という側面は強調されないようになったのである。

　しかしながら，これは保育所が子どもの貧困にまったく対応しなくなったということではない。保育所本来の役割を果たすことが結果的に子どもの貧困の予防につながっているのであり，前述の阿部が指摘しているように，あからさまな貧困対策でないのが保育所の特徴といえる。小西（2015b：15）は，子どもの貧困に対する保育所の役割として，「すべての子どもと保護者に平等なまなざしを注ぎ，子どもの健やかな育ちと最善の利益の保障のために尽力すること，

そして保護者と日々接触があるという貴重な場であることを踏まえ，保護者へも丁寧に対応していくこと，こうした『保育の基本』を積み重ねていくことこそが，現場にできる最大の反貧困対策だろう」と述べている。

3　子どもの貧困対策としての保育所の役割と課題

　現在の保育所は子どもの貧困対策として，①親の雇用機会の保障，②子育て家庭に対する相談支援，③日常の保育による子どもの成長・発達の支援の3つの役割を果たしている。以下では，それぞれにおいてRQ3「現在どのような取り組みがあり，その効果はどのようなものであり，どういう方向，改善が望まれているか」について整理する。

（1）親の雇用機会の保障

　保育所は「保育を必要とする乳児・幼児を日々保護者の下から通わせて保育を行うことを目的とする施設」（児童福祉法第39条）である。親の立場からみると，保育所に子どもを預けることによって就労することができるようになる。また，保育所の利用者負担は応能負担によって低所得家庭に対して軽減措置がなされており，低所得家庭が保育所を利用しやすくされている。

　つまり，保育所は保育サービスによる親の雇用機会を保障することで，親の貧困を予防する，あるいは解決する対策としての役割を担っているのである。序章の「子どもの貧困の経路・ステージと対応する施策」（図序-3，8頁）でいえば，予防・事前ケアの①「防貧的社会政策」に位置づけられる対策である。

　しかしながら，都市部を中心としていわゆる待機児童問題が深刻化しており，保育所不足によって就労を希望している親の雇用機会を保障できない状況が続いている。2017年4月1日現在の待機児童数は2万6081人で前年比2528人の増加となっている。また，「認可外保育施設の現況取りまとめ」（厚生労働省）によると，2016年3月31日現在の認可外保育施設数は6923か所，入所児童数は17万7877人となっている。認可外保育施設の利用者は認可保育所の利用を希望していながらできなかった者が多いと考えられる。

　2015年4月の子ども・子育て支援新制度の施行により，従来の保育所に加え

て，認定こども園や小規模保育事業などの整備が推進されており，さらに2016年度からは企業主導型保育事業が創設されて受け皿の拡大が図られているが，親の雇用機会を保障するためにはさらに保育所等の整備を図っていくことが求められる。

（2）子育て家庭に対する相談支援

保育所保育指針第1章の総則には，保育所は「入所する子どもを保育するとともに，家庭や地域のさまざまな社会資源との連携を図りながら，入所する子どもの保護者に対する支援及び地域の子育て家庭に対する支援等を行う役割を担うものである」と規定されている。

保育所は，このような保育所に入所している子どもの保護者に対する支援および地域の子育て家庭に対する支援を通して親の貧困を予防することに寄与している。つまり，保護者の気持ちを受容することで保護者の自己肯定感を支えたり，必要とする社会資源につなげたりすることで，親の貧困を予防したり，親の貧困が子どもの貧困につながることを予防したりする役割を果たしている。図序-3でいえば，予防・事前ケアの①「防貧的社会政策」，および，③の「親の貧困」が「子どもの貧困」に至る経路をブロックする施策に位置づけられる対策である。

このような役割を保育所において果たすために今後充実していくことが望まれる取り組みとしては以下の2点が挙げられる。

第1は，保育士が子どもの貧困に対する理解を深めることである。保護者は必ずしも初めから保育士に支援を求めてくるわけではなく，「洗濯をしてきてくれない」，「提出物がまったくできない」，「忘れ物が多すぎる」，「持ち物に記名してくれない」といった具合に，まず「困った親」として顕在化することも多々ある（平松 2016：65）。

小西（2015a：153）は，子どもを長時間保育している保育士は「親としての役目を果たしていないように見える保護者」に対しては厳しい目をもったり，「子どもの最善の利益」に反するような保護者の行動にあきれたり怒ったりするのは当然かもしれないとしつつ，そうした親への認識を変えることによって保護者への対応を変えることにつながると指摘している。

平松（2016：66）は，困った親を「ほんとうに困る」で終わらせないで，保育士として社会にも目を向けたうえで，その家庭の事情を理解し援助しようとする「福祉のまなざし」が求められると指摘している。

子供の貧困対策に関する大綱では「指定保育士養成施設における養成課程において，子供の貧困をはじめ，社会福祉及び児童家庭福祉について履修することを通じ，子供の貧困に関する保育士の理解を深めるよう努める」として，保育士養成段階からの取り組みが提言されているが，養成段階のみならず，現職の職員研修などを通して保育士が子どもの貧困に対する理解を深めていくことが求められる。

第2は，子育て家庭に対する相談支援の充実である。これまでも保育所では，子育て不安，児童虐待などさまざまなニーズを抱える家庭に対する支援を行ってきている。とりわけ，2008年に改定された保育所保育指針の第6章に「保護者に対する支援」が独立した章として設けられて以降，さまざまなニーズを抱える家庭に対する実践が積み重ねられている[4]。ここで示されている子育て家庭への対応の多くは，貧困家庭以外への対応にも当てはまる。保育所だけでは対応しきれないより複雑な課題を抱える家庭に対しては他機関と連携して支援していくことが必要になるが，保育所保育指針においても他機関との連携が強調されている。

つまり，保育所において子どもの貧困に特化した子育て家庭に対する支援があるというよりは，従来の子育て支援を充実させていくことが結果的に子どもの貧困の予防につながっていくのである。

（3）子どもの成長・発達の支援

子供の貧困対策に関する大綱では，貧困の連鎖を防ぐための方策として保育所における質の高い幼児教育の保障，食育の推進などが挙げられている。つまり，保育所は，日常の保育による子どもの成長・発達を支援することによって，親の貧困が子ども自身に及ぼす影響を回避あるいは軽減していく役割を担っているのである。図序-3でいえば，予防・事前ケアの⑤「福祉・教育プログラム－1」に位置づけられる対策である。

保育所は，このような日常の保育によって子どもたちの生活そのものを支え

第二部　子どもの貧困を直視して

表7-1　子どもの貧困かもしれない，保育の中の気づき

【衣服】大きすぎたり，小さすぎたり，身体のサイズに合っていない服を着ている，洗濯をしていないようで，衣服が清潔でない
【保護者からの発言】「おむつの使用枚数を少なくして欲しい」と訴えることがある
【子どもの状況】入浴していないようで，頭髪がべたべたしている，ボーっとしており，無気力である，自分なんかどうでもいいという態度が見受けられる
【食事】「朝食を食べていない」という，「家に帰ってから何も食べていない」という，適量を超えて，給食を何杯もお代わりをする
【健康管理】風邪で早退したとき，医療機関を受診せず，翌日登園してくる
【保護者の経済状況】必要な負担金の納入が滞りがちである，遠足など，園の行事に参加しない
【生活の状況】保護者が長時間働いており，子どもの生活リズムが崩れている

出所：全国保育士会（2017：3）より作成。

るという役割を果たすとともに，家庭での生活をどこよりも早くキャッチし，適切な援助に結びつけられる重要な福祉機関である（平松 2016：60）。したがって，保育士は，日常の保育において子どもの生活や心身の状況の変化を把握できる環境にあることを自覚し，さらに子どもの貧困の状況を認識したうえで適切な支援につなげていくことが求められる。

そのために保育士がもつべき視点について，前述の全国保育士会のパンフレットでは，表7-1に示したように，衣服，保護者からの発言，子どもの状況，食事，健康管理，保護者の経済状況，生活の状況の項目を挙げてまとめている。

このような子どもの成長・発達の支援は，RQ4「子どもの自己肯定感あるいはレジリエンスを高めるためにどういう働きかけを行っているか，今後どういう対応をすべきか」で問われている内容につながっている。乳幼児期の子どもの貧困は，その後の人生に大きな影響を与えることが海外の研究で明らかにされており，「乳幼児期に貧困を経験した子どもは，その後，世帯の状況が改善して，貧困から抜け出せたとしても，乳幼児期の貧困の経験が悪影響を及ぼす」（阿部 2014：125）といわれている。

したがって，「貧困などの理由によって健全な成長が抑制される家庭環境にある子どもに対しては，乳幼児期における介入政策がもっとも効果的」（阿部 2014：127）であり，子供の貧困対策に関する大綱においても，保育所等において「幼児期における質の高い教育を保障することは，将来の進学率の上昇や所得の増大をもたらすなど，経済的な格差を是正し，貧困を防ぐ有効な手立て」

となると期待されている。
　つまり，保育所において質の高い保育を提供することによって子どもの成長・発達を支えることが，結果的に子どもの自己肯定感・レジリエンスを育み，子ども自身へ影響が及ぶことを回避することにつながるのである。
　この際，貧困家庭の子どもだから特別な対応を行うという考え方ではなく，生活に困窮する家庭が抱える生活課題・福祉課題が，子どもの生活や育ちにさまざまな影響を及ぼしているとの視点に立って，保育士としていかに子どもや保護者に関わるのかを考えることが必要である。貧困であるか否かにかかわらず，子どもの自己肯定感を育むことは，保育士の本来的な役割なのである（全国保育士会 2017：4）。

4　保育ソーシャルワークの可能性

　近年，子どもの貧困の問題を含めたさまざまな子育て家庭への相談支援との関連で保育ソーシャルワークの必要性について提言されている。前述したように子育て家庭に対する相談支援では，保育所だけでは対応しきれないより複雑な課題を抱える家庭に対しては他機関と連携して支援していくことが必要になるが，保育所に保育ソーシャルワーカーを配置することによって他機関との連携の中核を担う職員の役割が明確になり，より円滑な連携による支援できる可能性がある。以下では，本書全体のリサーチクエスチョンに沿いながら保育ソーシャルワークの可能性について検討する。
　まず，RQ2「福祉や教育は子どもの貧困にどのように対応してきたか，対応してこなかったか」で問われている，保育ソーシャルワークが子どもの貧困にどのように対応してきたかということについて検討する。
　さまざまな家庭への支援においてソーシャルワークの手法を活用するために保育所に保育ソーシャルワーカーを配置するというのは，学校にスクールソーシャルワーカーを配置するということと共通しているが，保育ソーシャルワークは学校ソーシャルワークと比較して歴史が浅く，その定義や対象，主体，機能などについて議論が深まっていないため，保育ソーシャルワークが子どもの貧困に十分に対応してきたとはいい難い。

第二部　子どもの貧困を直視して

　たとえば，学校ソーシャルワークの場合，担任や学年主任，校長などの教師とは別にスクールソーシャルワーカーを配置することが明確になっているが，保育ソーシャルワークの場合，保育所の保育士が保育ソーシャルワークを行うのか，それとも保育ソーシャルワーカーという専門職を新しい職員として配置するのかということについても明確にはなっていない。

　このように保育ソーシャルワークの議論は端緒についたばかりであり，現時点では子どもの貧困に対する有効な手段として普及しているとはいい難いが，それぞれの現場ではさまざまな取り組みが行われるようになってきている。

　以下では，保育ソーシャルワークに関してRQ3「現在どのような取り組みがあり，その効果はどのようなものであり，どういう方向，改善が望まれているか」について整理する。

　2013年11月に，保育ソーシャルワークのさらなる発展を期して，保育ソーシャルワークに関する研究および交流を積極的に図り，もって，子どもと家庭の幸福の実現に貢献することを目的として，日本保育ソーシャルワーク学会が設立されている。学会では，保育ソーシャルワークの専門性を高め，そのスキル（技量）を理論的・実践的に構築させるために，2016年より学会の認定資格の保育ソーシャルワーカーを制度化している。さらに，この認定資格の養成研修テキストとして『保育ソーシャルワーカーのお仕事ガイドブック』（日本保育ソーシャルワーク学会編，風鳴舎，2017年）を発刊するなど，保育ソーシャルワークの普及を図っている。

　また，大阪府では，保育ソーシャルワーカーという名称ではないが，それに近い事業として，経験を積んで研修を受けた保育士を「地域貢献支援員（スマイルサポーター）」として認定する事業を実施している。これは，保育所・認定こども園等に在籍する保育士であって，実務経験5年以上の者が，養成講座を修了することにより，大阪府知事の認定を受ける事業で，①子育て家庭，支援機関等に対する必要な情報提供，②子育てを含む生活課題に対する相談・助言，③その他生活課題に対する必要な支援を行っている（大阪社会福祉協議会保育部会 2017：2）。

　スマイルサポーターの認定者数は年々増加しており，2017年5月現在，認定者数は1953名で，大阪府下の568園に配置されている。2007年度に事業が開始

されて以降，スマイルサポーターによる実践が積み重ねられてきており，中谷・鶴・関川（2018）によってまとめられている。

　中村（2016：109）は，主任保育士や園長には独自の役割があり，その負担をこれ以上重くしないためにも，保育所にスクールソーシャルワーカーのような新たな専門職を配置するほうが理に適っていると主張しているが，現時点では，スクールソーシャルワークと違って，保育ソーシャルワークは経験を積んだ保育士が行う方向で進んでいるように思われる。

　スクールソーシャルワーカーについては，学校教育法施行規則の改正（2017年4月1日施行）によって，学校における「児童の福祉に関する支援に従事する」（第65条の3）と法的に位置づけられたが，前述したように，保育ソーシャルワークは学校ソーシャルワークと比較してまだまだ歴史も浅く，その役割や位置づけが明確になっていない。保育ソーシャルワーカーを法定化していくのかも含めてさらに議論を深めていくことが求められる。

5　適切な支援につなげていくために

　保育所は，子どもの貧困対策として，①親の雇用機会の保障，②子育て家庭に対する相談支援，③子どもの成長・発達の支援，の3つの役割を果たしている。保育所における子どもの貧困対策は，あからさまな貧困対策でないのが特徴であり，貧困であるか否かにかかわらず，保育所が子どもと保護者にとって安心できる場となることにより，子どもと保護者の接点であり続けることが重要である。

　しかしながら，それは子どもの貧困をみないようにするということではない。むしろ，保育士は，子どもの貧困に対する理解を深め，子どもの生活や心身の状況の変化，さらには保護者の変化を把握できる環境にあることを自覚し，その変化をいち早く把握して適切な支援につなげていくことが求められているのである。たとえば，汚れた衣服を着ている，食事をしていないことが多いといった保育の中での気づきから，保護者に働きかけ生活保護の申請や子ども食堂の利用につなげていくことも考えられる。

　このような子どもや保護者の変化を把握するために保育士がもつべき視点に

ついては，全国保育士会のパンフレットをはじめとしてさまざまなところで情報が提供されるようになってきている。今後は保育所がそれを適切な支援につなげていくための手法を確立していくことが求められており，その方法論の一つとして，相談援助，コーディネート（仲介・調整），連携・ネットワークといった機能をもつ保育ソーシャルワークが期待されている。

しかしながら，保育ソーシャルワークの議論は端緒についたばかりであり，今後さらに議論を深めていくことが必要である。そのためにも，保育現場における保育ソーシャルワークの実践（大阪府のスマイルサポーターのように「保育ソーシャルワーク」と呼んでいないものも含めて）を積み重ねて積極的に発信していくことが求められる。

注
(1) たとえば，『保育の友』では2015年6月号で「特集 子どもの貧困問題を考える」，『会報 ぜんほきょう』では2015年12月号で「『子どもの貧困』に対して保育所等は何ができるのか」という特集を組んでいる。
(2) 子どもの貧困の子ども自身への影響については，小学生や中学生を対象とした調査研究が実施されるようになってきているが，保育現場の子どもは小学校就学前の乳幼児であり，このような乳幼児を対象としたアンケート調査やインタビュー調査は困難であり，どのようにして把握していくのかは今後の課題である。
(3) 二葉保育園の保育内容等の詳細は宍戸（2014：125—203）を参照。
(4) 2017年の保育所保育指針改定では，第4章に「子育て支援」という項目で記述されている。
(5) たとえば，Duncan & Brooks-Gunn の親の所得が子どもの高校卒業に与える影響に関する研究によると，0—5歳，6—10歳，11—15歳の3つのステージの中で，他の時期の所得をコントロールしても統計的に優位に強い影響を与えているのは，0—5歳ステージの親の所得のみであった（阿部 2014：124—125）。

参考文献
阿部彩（2014）『子どもの貧困Ⅱ——解決策を考える』岩波書店。
大阪社会福祉協議会保育部会（2017）『保育園・認定こども園における地域貢献事業　スマイルサポーター10年のあゆみ』大阪府社会福祉協議会保育部会。
小西祐馬（2015a）「貧困と保育② 『貧困の世代間連鎖』を考える」『現代と保育』91。
小西祐馬（2015b）「貧困と保育③ 養育環境の不平等」『現代と保育』92。

宍戸健夫（2014）『日本における保育園の誕生』新読書社。
全国保育士会（2017）『保育士・保育教諭として，子どもの貧困問題を考える――質の高い保育実践のために』全国社会福祉協議会・全国保育士会（http://www.z-hoikushikai.com/download.php?new_arrival_document_id=54，2018. 6. 15）
中村強士（2014）「保育所保護者における貧困層の特徴――名古屋市保育所保護者への生活実態調査から」『日本福祉大学社会福祉論集』131，1-7。
中村強士（2015）「保育所保護者における貧困と子育て・家庭生活の悩み・不安・困難――名古屋市保育所保護者への生活実態調査から」『日本福祉大学社会福祉論集』132。
中谷奈津子・鶴宏史・関川芳孝編著（2018）『保育所・認定こども園における生活課題を抱える保護者への支援――大阪府地域貢献支援員（スマイルサポーター）制度を題材に』大阪公立大学共同出版会。
日本保育ソーシャルワーク学会編（2017）『保育ソーシャルワーカーのお仕事ガイドブック』風鳴舎。
平松知子（2016）「人生最初の6年間で育めるもの――保育所保育から見る貧困と福祉」秋田喜代美・小西祐馬・菅原ますみ編著『貧困と保育』かもがわ出版。

第8章

子どもの貧困と学校教育
――小学校を中心に――

小川眞智子

　本章では回顧的インタビューや筆者の学校現場での経験をもとに，小学校における「子どもの貧困」の表れ方や教師の対応を整理・考察する。さらに，スクールソーシャルワーカー（SSW）が配置されるようになってからの小学校で子どもたちの抱える問題に取り組む若手教師や，外部の協力者である元SSW，主任児童委員の話も参考に，教育現場のミクロの視点からの課題や要望を取り上げる。学校が「子どもの貧困」対策の重要な拠点であることを確認し，ボトムアップの取り組みを追求する。

1　小学校教育における「子どもの貧困」

　2013年に成立した「子どもの貧困対策の推進に関する法律」は「子どもの将来がその生まれ育った環境によって左右されることのない社会を実現する」，「教育の機会均等を図る」という言葉が基本理念として掲げられている。これらは学校現場において，戦後の教育の中で一貫してめざしてきたことである。ただし，学校では子どもの抱える問題が子どもの言動や現象として表れたものを受け止めるため，背景にある家庭の貧困は言語表現されてこなかった。学校の教育目標や研究課題，学級編成の引き継ぎ事項等に「貧困」という文字が入っていないことからも，「貧困」は直接の学校教育の課題ではなく，子どもの現象を通しての間接的な対応となっていたといえるだろう。「低学力」，「不登校」，「いじめ」，「ネグレクト」等，それらの背景の一部に「貧困」を想定しながらも，取り組む事象は「低学力」，「不登校」，「いじめ」，「ネグレクト」等であり，直接的に「貧困」を取り上げることはなかった。ただし，背景を考慮せずに現象を捉え対処することはできない。教職経験の長い教師へのインタビュー依頼に「貧困問題には取り組めなかった」と答える教師も，子どもの背景に

ある貧困問題を意識しなかったというわけではない。

（1）学校教育の中で表れる「貧困」

　以下では，本書全体のリサーチクエスチョンであるRQ1「子どもの貧困はどのように表れ，どのような問題や困難をもたらしているか」を検討していく。
　家庭の貧困が透けてみえる「子どもが抱える困難」にはどのようなことが挙げられるだろうか。
　ストレートに表れる貧困は「給食費等の徴収金未納」，「学用品・教材が揃わない」，「手入れされていない服装」，「歯磨き・洗顔・入浴等が不十分」などである。生活習慣が不規則で，睡眠や栄養に問題がある子，一般にいう「しつけ」が不十分で，友達の家を訪問したときの態度にクレームがつく子もいる。
　これまでの筆者と教師たちの会話でも，遅刻，居眠り，集中力の欠如，提出物が出されないこと等が問題点として挙げられ，家庭の様子を聞くと，親が子どもに対応する時間が少なく，欠食や孤食の問題も明らかになってきた。その背景を考えると，家庭の物理的教育環境が整っていなかったり，保護者の精神的安定が得られていなかったり，経済的な困難を抱えていたりする。基本的生活習慣が身についていない，家庭学習をしてこない，家庭と連絡が取り難い等，教師が対応しなければならない状態の子どもは増加傾向にあるという感覚をもつ。この中にかなりの割合で貧困家庭の子どもがいるであろうことは，想像に難くない。

（2）貧困の不可視化

　日本の義務教育学校において無償とされているのは，教科書・施設設備・印刷・光熱費・人件費等である。その他個人に返る諸費用（給食費・教材費・校外学習に係る費用・芸術鑑賞・クラブ活動に係る費用等）は保護者負担となり，就学援助費受給者には支援が行われる。この選別に伴うスティグマを避けるために，子どもに直接関わる学級担任等は就学援助の事務から距離を置くようにしている。学級担任は受給者名簿を確認した後，そのことが子どもの評価につながらないように気をつけていた。現在はほとんどの徴収金が金融機関からの引き落としになっているが，かつて集金袋を用いて学級担任が集金していたときは，

就学援助を受けている子どもも空のままで集金袋を提出するよう指示していた。意図的に家庭の貧困を不可視化していたのである。

　教師が子どもに接するとき，課題達成のための指導よりも，スティグマを生じさせないことを優先する。スティグマからくる自己肯定感の低下や人への信頼の喪失は，子どもの学習意欲や目標に向かって努力しようとする気力を奪い，目標さえも喪失させるおそれがあるからである。受益者負担や自己責任論が優位にあると，選別される家庭の子どもが「本来負担すべきものを免除されている」という批判的な見方をされたり，憐れみの視線に晒されたりする危険がある。周りの子どもたちや保護者のこのような認識を修正する取り組みが成果を得るまでに当事者が傷つくことを恐れ，不可視化が行われたといえるだろう。葛藤のうえに「家庭の格差を学校に持ち込ませない」という信念が共有されていたと考える。

（3）不可視化から可視化へ

　上記のようなスティグマ回避のために，第一段階としては貧困の不可視化を進めたが，教室が子どもの安心できる居場所となったとき，次のステップとして，子どもの自己開示と，それを受け止め支える学級集団の育成をめざす。子どもが自分の生活を見つめ表現することによって問題を克服する道が開けると考えると，教育も貧困の可視化をめざすことができる。この場合教師には，当事者に立ち上がるための準備として現実認識や社会認識の力をつけさせると同時に，それを受け止め支える「周りの子どもたち」を育てるという役割がある。

　前例として，かつて教職員が当事者からの告発と支援により教育運動を進めてきた歴史がある。可視化の主体は当事者であり，当事者が属する集団である。解放教育のスローガンである「差別を見抜き，差別に負けない子ども」を貧困問題に則して「社会の不合理を見抜き，貧困に負けない子ども」と置き換えれば，教育がめざすものがみえてくる。生活を見つめ，文章表現することによって問題点を摑み，解決の道を探る手段としての「生活綴り方」，自己開示できる人間関係を求めての集団作り等，形を変えながらも引き続いて実践されているものがある。これらを参考にしながら，貧困を可視化する道筋を明らかにするべきであろう。

2 小学校における「子どもの貧困」への対応

　以下では，本書全体のリサーチクエスチョンであるRQ2「(教育や福祉は) 子どもの貧困に対してどのように対応してきたか，対応してこなかったか」を小学校を中心に検討していく。後半の「対応してこなかったか」は本節の「（3）学校教育は何ができなかったのか」で述べる。

（1）小学校教師へのインタビューから

　A市で30年余り教職に就いてきた8名に「貧困が背景にあると思われる問題行動とその子どもへの対応」についてインタビュー調査[3]を行った。取り組みへの基本的姿勢には，公教育に携わる者として共通するものがある。ここでは部分的に事例を挙げながら，教師の対応に焦点を当てる。

　①注目した子どもの行動と教師の対応

〈事例1〉

　――1980年代・1年生・D君／時々登校を渋る。低学力。

　登校を渋る理由としてD君は「宿題をしていない」ことを挙げるが，本当は両親の喧嘩をみて，母親への心配から家を出られないようだ。仕事や家計のこと，その他の喧嘩の種も，親しくなった担任に母親，時には父親が打ち明ける。休み時間に担任が迎えに行き，D君に「君が心配しなくていい」と言うと，登校して元気に過ごす。家で宿題をするのは難しいだろうと考え，放課後の教室や地域活動の場で個別指導をした。地域子ども会の指導員とも連絡を密にとり，家庭に任せきらないようにした。家庭訪問を他の子どもより頻繁に行い，保護者との意思疎通を図った。

〈事例2〉

　――1980年代・1年生・E君／遅刻，欠席，忘れ物が多い。朝食を食べてこない。（ネグレクト）。

　朝，担任が出勤途中家に寄ってE君を起こし，登校させる。しばらくすると自分で登校するようになった。朝食は担任が用意して別室で食べさせる。弁当が必要な日も担任が用意した。遅刻してもいいから登校するように説得する

と，兄が不登校でも，ひとりで登校するようになった。必要な学用品等も担任が用意して，他の子どもたちに特別扱いと思われないように工夫して渡した。
〈事例3〉
　　――1990年代・2年生・F君／突然の転入で着る物，履物がない。対人関係の問題。キレる。暴れる。
　教職員に呼び掛けて服・靴・学用品を集め，F君に渡した。給食のパンを持ち帰らせた。暴れたときはクールダウンさせてから話を聴く。毎日個別に話を聴く時間をとり，喧嘩はその日のうちに対応して周りの子どもを納得させた。教室が安心できる場所となるような学級経営を心掛けた。F君は感情の起伏が緩やかになり，喧嘩は減少した。
〈事例4〉
　　――2000年代・2年生・G君／学習に遅れはないが，根気よく取り組むことが苦手。ネグレクト。
　電話連絡，家庭訪問を頻繁に行う。食べ物を買って食べさせる。遅れた学習は個別指導。
〈事例5〉
　　――2010年代・6年生・H君／転入生・不登校・家出・ネグレクト・保護者が就学援助を拒否・父親から母親へのDV。
　家庭訪問（担任・校長）をし，登校を促す。本人以外のことには校長が対応。「何も食べていない」と言うので，校長室に食事を用意して食べさせていた。修学旅行等諸費用は校長が立て替えた。子ども家庭センターから連絡，警察・主任児童委員・民生委員と連携。
　卒業後，中学の制服姿をみせに来て，担任に「ありがとう」と書いた手紙を渡した。
②教師の語りから
　時代や校区によって問題の表れ方は異なるが，教師の姿勢には共通するものがみられる。困難を抱えた子どもを前に，自分に何ができるのかを考え，子どもたちの様子をみながら対応するということである。そのときの心構えは次のように語られた。
　・全職員に報告する。誰もが同じ対応ができるように，情報を開示する。

・問題行動のある子どもについては「絶対この子の味方でいよう」と思う。とりあえず話を全部聴く。遮らない。毎日1対1で話を聴く時間をとる。
・学級のルールを確認する。「話を聞く」、「人を傷つける言葉や行為は許さない」。
・本人には個別対応、その子を孤立させないように学級へは全体対応する。
・家庭に起因することで子どもの評価をしないように心がけた。
・教師の仕事は、子どもが「しんどさ」を話したときに受け止める集団をつくること。
・学級が安心できる居場所になるような学級経営。そのためにはルールを守ることの必要性を話す。
・負の連鎖を断ち切るための教育、学力を学校教育の中でどのように保障していくかが課題である。
・(校長談)担任がいつも気にかけ、寄り添い、話を聴いていた。教室はF君にとって居心地は悪くなかったようだ。担任に心を開いていた。友人もいた。

　これらの言葉はA市の人権教育の基本理念と合致する。つまり、子どもの心の状態を改善し、その子を包摂する集団作りを教師の使命と考えているのである。人権教育に取り組んできた姿勢で「子どもの貧困」にも取り組んだことが確認される。なお、取り組みに行き詰まったとき、相談や支援を依頼する相手は、2000年代までは校内の組織や教職員であった。「あの頃SSWがいてくれたら、違った対応ができたかもしれない」という感想が〈事例4〉から語られた。

　③インタビュー調査からみえてきたこと
　学校教育が取り組む事象は「貧困」ではなく、その前面に現れる現象、「低学力」、「不登校」、「いじめ」、「ネグレクト」等である。とはいえ、「貧困」をフォーカスすることがなくても、子どもが抱えている問題に取り組むことが、貧困問題をも包摂することになるのではないだろうか。
　前述の事例はインタビューに応じてくれた教師の記憶に深く残っている子どもについての話であるから、当時から問題意識をもって真剣に取り組まれた事例である。それでも成果として語られることは「登校するようになった」、「感

情を抑えられるようになった」,「表情が軟らかくなった」というような変化である。親の病気や仕事や経済力等に力が及ぶものではない。それゆえ,教師の意識の中に「子どもの貧困」に立ち向かったという達成感がないのであろう。筆者にとっても「子どもの貧困」という言葉は「痛みを伴う不全感」とともにある。それは「貧困」にフォーカスすると,子どもが抱えているものの重さに比べて実践の成果があまりにも小さくみえるからである。しかしながら,子どもの小さな変化は積み上がると,子ども自身が問題状況を切り開く力になるという期待をもたせてくれるものである。

どの教師の語りにもあった「何よりも,教室をその子が安心して居られる場所にすること」は当事者とともに周りの子どもをも変えることであり,「わかる授業」や「達成感を得る活動」等,教育活動を総合した取り組みになる。被虐待の疑いのある子どもが,転入後しばらくして「学校にいるときは安心や」と言ったというような例もあり,このようなことも取り組みの成果であるといえよう。

(2) 学校教育は何をしてきたか

学校教育では学年ごとの到達目標が決められており,基本的には全員が到達することをめざして授業を構成する。一斉授業の中で目標達成が困難と思われる子どもに対しては,個別対応(4)を行うのが一般的である。このとき,家庭のフォローを期待できない子どもが,かなりの割合で個別指導の対象になる。学力不振は単に学習時間や練習の量を増やすだけで解決するものではない。小学校ではモチベーション・集中力・持続力の改善を図ると,学習効果が表れることが多い。そのために睡眠・栄養・人間関係に問題がないかを探る。貧困家庭の子どもはこの点で負荷がかかっていると思われる。「子どもの環境に問題があるとしても学力保障は学校の責務」という共通認識のもとに事後ケアと予防を一体化した取り組みが必要である。

こうした取り組みによって研究授業や行事の前後に行う「子どもの実態交流」が重要視され,全体の動向と共に注目すべき個人の様子も共有されてきた。「一人ひとりを大切に」という言葉が土台にあり,ここで注目されるのは授業に入り切れなかったり,行事を楽しめなかったりする「もっとも困っているの

ではないか」と思われる子どもの様子であった。
　①就学の時点での格差を埋める
　学校ではさまざまな環境で育った子どもたちが同じ目標に向かって活動する。そのために，学校以外の環境の違いからくる経験の格差を埋める「事後ケア」が必要となる。
　就学前の家庭の文化格差が小学校での学習のスタートで躓く子どもを作ってしまう。入門期のひらがな教材や，水道方式を取り入れた算数教材の自主編成は，それを緩和しようという目的があった。指導の前段階を「くぐらせ期」(5)として，手指の巧緻性やリズム感，数概念・量概念等を意識的に体験させる時間を創出した時期もある。授業前に粘土遊びをするのも，手遊びやリズム遊び等も，同じ目的をもつ。(6)
　近年「食育」が注目されるようになったが，給食指導を通して偏食を治したり，食事のマナーを身につけたりすることも，従来家庭教育の範囲であるとされてきたことの補填であるといえるだろう。
　②生活経験の不足を補う
　経費の徴収や時間の捻出に苦慮し，行事の精選がいわれながらも，遠足・社会見学・芸術鑑賞は重要な取り組みとして残されてきた。それは，子どもたちの生活経験の不足を補い，家庭の生活格差・文化格差を埋める目的をもつからである。動物園や水族館，自然に親しむことができる場所へ子どもを連れて行くのは家庭の役割とみられる部分もあるが，それができない家庭の存在を念頭に行事が組まれ，現在に至っている。
　低学年では生活科の時間に「季節の行事」や「誕生日を祝う」等，家庭教育の範疇であると考えられてきたことが取り上げられる。このときには各家庭の格差が子どもたちの話題になることもあり，自己肯定感の低下やスティグマのリスクが危惧される。
　高学年の家庭科では，調理や洗濯，繕いなどを自分でできるように指導する。状況によっては，「家庭」に要求するより「子ども自身」にスキルを習得させる方が容易である。「より良い家庭生活をめざす」単元では，子どもの家庭環境の違いに配慮を要する。教材研究の際，教科書に載っている理想的な家庭の写真等を，子どもがどう受け止めるかという心配が話し合われることがあった。

入学後1か月くらいから、教室掃除をしながら、道具の使い方を指導する。掃除当番や給食当番の役割遂行過程において、日常生活で必要なスキルを習得させる。本来家庭教育が担うべきであると考えられてきたことについても、集団活動として経験することによって、家庭環境の格差を埋めることをもめざしているのである。総合的な学習の時間や特別活動で、異年齢集団との交流を図るのも、家族構成の違いを越えて人とのつながりを求めるものである。児童会活動で学年を縦割りにしてグループを作ったり、生活科や総合的な学習の時間に地域の高齢者や幼児達との交流会を催したりする。そうした活動の中で高齢者に褒められたり、年少の子どもに慕われたりすることで、自己肯定感を取り戻す子どもがいる。

③子どもの困りごとを拾い、寄り添う

学級崩壊・不登校・いじめ等、小学校で起こる問題は後を絶たない。教室を安心できる居場所にするためには、これらを予防し、起きた場合は解決に向けての早急な取り組みが必要である。そのてだてとして個々の子どもの表情や行動を観察し、声や言葉の意味を考えることによって子どもの心情を推察することが求められる。また、「あのね帳」や「生活ノート」といわれる作文ノートを使っての教師と子どもの意思疎通も図られてきた。これは「生活綴り方」の流れにあり、文章表現の力をつけるとともに、子どもが自分の生活や心情を客観視することによって問題解決の糸口を見つけたり、孤立感から解放されたりする。さらに、教師にとっては子どもの生活の情報源にもなる。困っている子の情報は子ども同士の関わりからも得られる。近所に住む子どもは教師にみえない生活情報を伝えてくれる。

子どもが抱えている問題を解決する力が教師になくても、子どもに向き合い話を聴くことで安心感を与えることができる(7)。話を聴いた翌日から、その子どもの態度が変わるということは珍しくない。

子ども同士の関係において、持ち物や遊び等で同調圧力が働く場面がある。物をもたないことやお金を使えないことは、必ずしも貧困を理由とするものではないが、時として貧困家庭の保護者をより困らせるような行動に結びつく。塾・ゲーム・外食・流行の物等は本当に必要なのだろうか。「もたない」事を言えるような、「お金を使わない」選択を肯定するような学級の雰囲気を作る

ことも学級経営の目標となると考える。
(8)

　信頼関係を築くことができれば，子どもは家庭の様子や自分の抱えている問題についても語るようになる。子どもが信頼している教師に保護者が信頼を寄せ，相談することも増える。子どもの家庭環境を知るまでにはこういう，信頼関係を築くための対応が必要なのである。教師の言葉が子どもの心に響くかどうかは，子どもの信頼を得ているかどうかにかかっている。

　学校教育の対象は子どもであるが，子どもを通して保護者にも対応する。懇談会への不参加や家庭訪問の拒否など，学校との連携が困難な家庭の中に，経済的な問題を抱えるとみられる家が目立つ。問題発生時に限らず，定期的な家庭訪問で家庭とのパイプをつないでおくことが重要である。

　④自尊感情（自己肯定感）を培う

　A市の小・中学校や幼稚園では1997年頃から「自尊感情を培う」という文言が人権教育の課題に取り上げられるようになった。現場で日々子どもたちに関わる教職員は，さまざまな活動の中で自尊感情（自己肯定感）を高める必要性を感じてきたのである。このことは学習活動をはじめ学校生活のあらゆる場面で意識され，実践報告がなされてきた。

　自尊感情は人との関係の中で培われる。「人から認められる経験」を意図した係活動や「達成感」を得られるような集団活動が模索されてきた。

（3）学校教育は何ができなかったか

　以下では，RQ2後半の「(どのように)対応してこなかったか」について述べる。

　知識や技術の伝達とともに子どもの内面に働きかけて，より良い生き方を追求し行動しようとする人間に育てることが，教育の役割である。環境に働きかける主体は子どもであり，教育はその意思や力を育むものである。そのことから，教師は家庭環境を変えようとするのではなく，家庭環境を改善しようという意思と力を子どもの中に育むものであると考えられてきた。制度に働きかけることをしないために，子どもの抱える経済的な問題には，教師は無力であった。それよりも，子どもの心に働きかけ「事実は変えられないが，それの受け止め方を変えることによって心が楽になる」というカウンセリング・マインド

で子どもを元気づけようとしてきたのである。A市では2000年前後から教職員研修にカウンセリングの実習等が取り入れられるようになったが，社会福祉の分野の研修は，一般の教師には課されていない。学級担任が社会福祉的視点をもつことは，難しかったといえるだろう。家庭の経済力を改善させるような取り組みや，地域と連携して家庭生活を支援するということは，教師の意識からも距離があったと思われる。

また，転校等での引き継ぎをはじめ，状況を改善するために校外の人や機関に支援を要請するときも，「個人情報の保護」を優先させるために情報の共有ができないということが，連携を難しくさせてきた。

義務教育は無償であるはずなのに，保護者負担金はかなりの額になる。就学援助費受給家庭はその金額が支給されるが，受給せずに苦しい家計の中から子どもの人数分の支払いを捻出する家庭も少なくない。近年，給食費不払いの家庭が問題になったり，高価な制服についての議論が新聞に載ったりしている。現場で子どもや保護者に接していると，徴収金の予算を計上するときや会計報告における未収分の扱いを考えるとき，筆者は罪悪感をもつことがあった。何故，義務教育学校が集金しなければならないのか。教科書，授業料や施設設備費等は普遍主義的施策によって全員が無償であるが，給食費や教材費，修学旅行等の積立金は受益者負担を原則としたうえで選別主義をとり，就学援助を受ける者にだけ支給される。この選別はスティグマを付与するリスクがあるので，子どもたちを援助される者とそうでない者に分断することに，現場の教師は抵抗感をもつ。それが貧困の不可視化に向かったと考えられるが，一方で，「受益者負担」や「自己責任論」を乗り越えて普遍主義の網を広げ，真に「義務教育費無償」への要求活動が行われるべきではなかっただろうか。

3　小学校における取り組みの現状と現場の願い

学校教育においては，普遍的対応と選別的対応，貧困の可視化と不可視化，個人情報の保護と共有，集団づくりと個別対応等，矛盾する事柄を調整しながら対人援助を行うことになる。緩い尺度で部分をみながら総体を考え，全体をみながらそこに入り切れない子どもに焦点を当てる。そういった教育活動の中

で子どもの変化を捉え，教師にできることは何かを探し対応するのである。このとき，教師の「何とかしたい」という気持ちが原動力となるが，前述したように，子どもの環境を変えるまでは力が及ばない。そういう葛藤は今の若い教師にも引き継がれているようである。本節では，本書全体のリサーチクエスチョンであるRQ3「現在どのような取り組みがあり，その効果はどのようなものであり，どういう方向，改善が望まれているか」を検討していく。

(1) インタビューから[11]

　前掲のインタビューは過去の取り組みについてのものであるが，現在の状況を把握するためにA市とB市立小学校の若手教員にインタビューを行った。加えてA市主任児童委員やA市元SSWへのインタビューから参考意見を得た。その中から現場の願いと課題を整理し，考察する。

　①学級担任
・学力を定着させようとして反復練習を課すとき，「家庭での学習が可能かどうか」推察する。
・「個人情報は信頼関係ができてから当事者が語るのを待つ。日々接している者の中に自己開示できる相手をつくることで学級が居場所となることをめざす」。
・登校しぶりや授業妨害等，問題提起をする子どもがいれば，その子どもと向き合わなければならない。同時に学級の子どもたちにも対応しなければならないので，「問題発生時に複数の教師が動ける体制が望ましい」。たとえば，教室を飛び出す子どもを教師が追いかけるときには，教室で他の子どもたちに学習権を保障するもう一人の教師が必要である。飛び出した子どもには個別に話を聴く時間がいる。現実にはそのときに授業をもたない教師がどちらかを担当しているが，小学校の場合は対応できるフリーの教師が少ない。
・朝，登校しない子どもが気にかかり，「家庭訪問をして様子をみたいと思っても，その間クラスを放っておくことになるので，電話をかけることしかできていない。家庭訪問している間にクラスを指導してくれる人がいれば，もっと子どもに関われるのにと思う」。
・「担任以外に，必要なときに動ける教職員がほしい」。

現場が求め続けてきたことは、学級定数を減らすことや、担任外の教諭を増やし、多様な視点で子どもたちに関わっていくことであった。現在の若い教師達も同様の願いをもっているが、「したいけれども現状では不十分である」ことを自覚するがために不全感をもって子どもに対応しているという悩みが語られた。

SSW経験者は「教師に時間的余裕がないと、ケース会議を要請するのを躊躇する」といい、A市主任児童委員も「先生が忙しそうなので声を掛けにくい。先生方にもう少しゆとりがほしい」という。

② SSWについて[12]

A市：教育委員会派遣型

・「2015年までは週1回来てくれていたので、子どもの様子をみてもらって相談することができた。2016年度からは、要請すれば教育委員会から派遣されるという体制で、声を掛けにくい」。
・「詳しく説明しなくても子どもの抱える課題をわかってくれる人が校内にいてほしい」。
・「SSWの人数が少ないため、家庭との連絡や家庭訪問は学校に任される」。
・「教職員がSSWの職務内容や権限を理解していない。社会福祉について研修する余裕がない」。

B市：中学校区巡回型

・「小中連携の声掛けをし、地域ともつないでくれる。情報の共有もSSWを通してできるので、何度も同じことをいう必要がない」。
・「ケース会議をし、問題を整理して方向を見つけてくれる」。

小学校ではSSWの存在が徐々に定着してきて、その活動に期待するがゆえの要望が出ている。SSWの専門的な知見が頼りになるからこそ、「週1回半日では頼みにくい」とか「危機介入だけでなく、予防のために普段から子どもたちをみてほしい」という希望が語られるのであろう。SSWの方からも「先生方からの相談が多い」という報告があり、学校からSSWへの期待が窺える。

（2）課題

トップダウンの教育施策と現場の実態から求められているものとの隔たりを

感じているのは，筆者だけではないようである．ボトムアップの施策を求める立場から，課題を2点に絞り考察する．

　①個人情報

「子どもの貧困」が深刻化し注目されるようになって，外部との連携がこれまで以上に求められるとき，判断が難しい課題として「個人情報の保護と共有」が挙げられる．個人情報の流出には特に注意し，どこまで共有できるか判断に困惑している様子がどの立場の人からも窺えた．

学級担任「児童養護施設から通う子どもの家族構成や入所の経緯を教えてもらえない．子ども同士や教師の言葉がその子を傷つけないか心配だ」「子どもや保護者と信頼関係を作ったうえで，本人から直接聞くようにしている．そんな情報は外へは出せない」

学校長「要保護児童対策地域協議会（要対協）に名前が挙がった児童については情報を共有できるが，それから外れると情報が得られない」

主任児童委員「主任児童委員としては，いきなり家庭訪問もしにくいし，訪問の理由となる情報が入らない．間接的に入る情報については，訪問先に明かせない」「校長先生に近所の情報を伝えるが，学校からの情報は伝わり難い」

　内部で情報に対して同様の責任をもつ人となら共有できるが，学校の外部に出すとなると警戒心が働く．個人情報の扱いについては専門家による詳しいガイドラインがほしいものである．

　②協　働

　外部の力を学校に導入するだけでなく，子どもをよく知る学校内部の教師が外へ出て行くという，双方向の協働は追求できないものだろうか．1950年代の高知県における「福祉教員制度[13]」や1960年代後半からの解放運動の中で，同和教育推進校から地域に入り込んだ「子ども会担当教員[14]」の活動等を参考にできるのではないかと考える．当事者の回顧的インタビュー[15]の中で語られた「支えてくれた先生」も，そういう立場の教師が多かった．

　現在，養護教諭や栄養教諭は教諭と異なる専門性をもって子どもたちに関わり，学級担任にみえない部分も指導している．会議に出て校務分掌や研究分担も同様にしているから，子どもたちの基本情報を説明しなくてもわかり，対応策を多角的に話しあうことができる．人的資源として重要な位置にいるのであ

る。SSW もそういう専門職として身分保障が叶うなら、教育と福祉の垣根は低くなるのではないだろうか。

4　学校が「子どもの貧困」対策のプラットフォームとなるために

　学校は、校区に住む学齢期の子どもの全数把握が可能である。教室では子どもの変化を継時的比較、社会的比較によって捉えることができるので、困っている子どもを見つける最前線といえよう。
　2014年8月に閣議決定された「子供の貧困対策に関する大綱」では、「『学校』をプラットフォームとした総合的な子供の貧困対策の展開」が指導の改善に向けた当面の重点施策として挙げられている。「学校教育による学力保障」、「学校を窓口とした福祉関連機関等との連携」には、これまで述べたことからも賛成である。しかしながら、施策が「教職員の労働環境が悪化していることと専門性の限界を鑑みて、外部からの支援を投入する」という主旨であれば、「何故、内部の充実を追求しないのか」という疑問が生じる。前述のようにSSW の正規化を含む教職員の増員が現場の願いである。
　教育においては、その子の属性の一部分を対象にする場合でも、総体としての子どもを把握する必要がある。学力だけ、家庭環境だけ、一部の能力だけを取り出して対応することがあっても、一人の子どもとして統合し、その育成を考えるのである。そのため、学級担任は支援者と役割分担しても、子どもの全体像を知るため、ともに行動するか十分な引き継ぎを必要とする。また、同時にその子どもと他の子どもたちとの関係が良好になるような取り組みも重要である。
　学校が「子どもの貧困」対策のプラットフォームとなるためには、少なくとも外部からの支援と同時もしくは先行して、内部の増員による教師への時間保障が必要なのである。

（1）自己責任論の克服
　貧困家庭の子どもが自己肯定感を低下させたり、いじめの対象になったりする背景には、大人たちに根づいている「自己責任論」があると思われる。学校

は教育実践によって，当事者や周りの子どもたち，保護者が自己責任論を克服する重要な場になりうるだろう。学級会や特別活動，PTAの行事等を通して啓発活動を行うことも可能である。また，PTAとして保護者負担を公費負担に替えるという見通しをもった取り組みも，自己責任論の克服につながるのではないだろうか。

（2）多様な関わり

　貧困家庭の保護者は地域から孤立し，情報から疎外される可能性が伝えられる。こういう家庭には，拒否されても，様子を尋ねたり情報を届けたりするアプローチが必要である。「困ったときには学校へ行けば情報が得られる」という認識を広めることも効果があると思われる。

　学校は子どもの評価を行う。小学校が行う評価の子どもの進路への影響は限定的であるが，それでも評価者としての教師に弱みをみせるのを躊躇する保護者は少なくないだろう。評価者と支援者が同一でない方が良好な関係が築ける場合もあると思われる。担任は評価する支援者であるが，評価しない支援者の存在も必要であろう。そういう意味でも担任外の教職員の増員が望まれるのである。SSWがそういう存在として学校の内部に入り，専門家として教育と福祉の架け橋となることに期待する。

（3）解放教育（人権教育）の再評価

　子どもの置かれている状況に思いを馳せ，「その子ども自身に必要な生きる力とは何か」という議論のうえで「学力保障」，「仲間作り」が教育活動の柱とされてきた。今，「子どもの貧困に学校は何ができるか」という問いに浮かんでくるのは，筆者が教師として解放教育から学んだ視点である。末冨が指摘する教師の「平面的平等感」については「解放教育」やそれに続く「人権教育」の研修等で意識改革が行われてきた。「ひとりもこぼさない教育」，「一番しんどい子どもに焦点を当てる」，「行動の背後にある生育環境を考える」という解放教育の理念は，「子どもの貧困」に対応するときにそのまま生かすことができるのではないだろうか。解放教育を再評価し，地域や福祉との協働を追求することによって，「子どもの貧困」対策のプラットフォームとして学校が有効

第二部　子どもの貧困を直視して

に機能することを期待する。

注
(1) 小学生は「児童」と呼ばれるが，本章では「子どもの貧困」という言葉に倣って「子ども」を使用する。また，教員の職名は「教諭」であるが，職務内容を含む呼称として「教師」を使用する。「教職員」は教諭を含む学校職員すべてを指す。
(2) 注(1)に同じ。
(3) 2016年8－9月，A市立小学校元教諭（非常勤在職3名・退職3名）と元校長1名・オブザーバーとして現指導主事（元養護教諭）1名にインタビュー依頼。そのうち4名と1時間から1時間半の半構造化面接を行い，後の4名からは文書での回答を得た。
(4) ティーム・ティーチング（T・T）で，授業中に困っている子どもの傍について助言する。また，課題達成に向けて昼休みや放課後に補習を行うことがある。
(5) 導入部分を教科書よりも丁寧に組み立てた教材で，同和教育における学力保障の取り組みから発している。
(6) 大阪市同和教育研究協議会言語認識部会で1974年当時使われていた言葉。
(7) 若手教師が，新任時に担任した児童養護施設から通う子どもに対して「ただ傍にいて，じっと話を聴くことしかできなかった。1年間それだけしかできなかった」と振り返った。（2013年筆者インタビュー）
(8) 「お楽しみ会」のプレゼント交換等で「手作り品」や「お金をかけない物」と限定し，価値観を誘導するといった方法が考えられる。
(9) 鳶咲子（2013：211）は「ほとんどの教員は，その養成課程でも，初任者研修でも，就学援助や学校予算などを学ぶ機会はありません」と述べている。
　　A市では校内での会計事務に関する伝達講習はあるが，教育センターにおいて社会福祉に関する一般の教員を対象とした研修は行われていない。
(10) 文部科学省が全国の1740の自治体を対象に行った2017年の調査では，「①小学校・中学校とも無償化を実施…76自治体（4.4％）②小学校のみ無償化を実施…4自治体（0.2％）③中学校のみ無償化を実施…2自治体（0.1％）」との結果を得ている（文部科学省2018）。
(11) 2017年3－4月，A市元SSW1名と主任児童委員2名から学校との関わりを聞き取りした。同年7－10月 A市教員2名（20歳代）・B市教員1名（30歳代）からSSWや地域との連携を中心に聞き取りした。
(12) 市によって予算や地域の状況，取り組みの過程が異なるため，両市を比較するものではない。

⒀　高知県教育委員会が1950年に設置して1970年代半ばまで存続した。初めは長期欠席・不就学対策として校区を巡回，家庭訪問をしていた。後に解放教育につながった。
⒁　同和加配があり，担当教師が校内人事で決められた。授業時数等に配慮の上，学校内だけでなく地域の指導員とともに子ども会活動を担った。
⒂　2016年4月に埋橋孝文，田中聡子，小川眞智子が大阪府下の成人7名から，ライフ・ヒストリーの聞き取り調査を行った。成育環境を振り返り，貧困を克服するきっかけや，人との出会いが語られた。この調査について詳しくは本書第2章の注7（57頁）を参照のこと。
⒃　末冨（2016：34）によれば「『子どもの能力差を認めず，特定の子どもを特別扱いしない，平等な処遇を目指す』という考え方を意味する（西田　2012：195）」。

参考文献
朝日新聞取材班（2016）『子どもと貧困』朝日新聞出版。
阿部彩（2008）『子どもの貧困』岩波新書。
阿部彩（2014）『子どもの貧困Ⅱ――解決策を考える』岩波新書。
セン，アマルティア／大石りら訳（2002）『貧困の克服』集英社新書。
埋橋孝文・矢野裕俊編著（2015）『子どもの貧困／不利／困難を考える　Ⅰ――理論的アプローチと各国の取組み』ミネルヴァ書房。
埋橋孝文・大塩まゆみ・居神浩編著（2015）『子どもの貧困／不利／困難を考える　Ⅱ――社会的支援をめぐる政策的アプローチ』ミネルヴァ書房。
大阪府人権教育研究協議会（2001―2014）『大阪の子どもたち――子どもの生活白書』。
奥平康照（2008）「戦後綴り方教育全盛の時代　1950年代前半の子どもの生活と戦後教育実践」『和光大学現代人間学部紀要』第1号。
柏木智子・仲田康一編著（2017）『子どもの貧困・不利・困難を越える学校』学事出版。
鳫咲子（2013）『子どもの貧困と教育機会の不平等――就学援助・学校給食・母子家庭をめぐって』明石書店。
倉石一郎（2005）「福祉教員制度の成立・展開と教育の〈外部〉――高知県の事例を手掛かりに」『人権問題研究』5号。
末冨芳（2016）「子どもの貧困対策のプラットフォームとしての学校の役割」『日本大学文理学部人文科学研究所研究紀要』91。
高槻市同和教育研究協議会（1997―1999）『高槻の同和教育』。
高槻市人権教育推進協議会（2000―2013）『高槻の人権教育』。
藤本典裕・制度研―編（2009）『学校から見える　子どもの貧困』大月書店。

部落解放・人権研究報告書 No. 21（2012）『解放子ども会改革検証のために──子ども会の歴史と現状』社団法人　部落解放・人権研究所。

盛満弥生（2011）「学校における貧困の表れとその不可視化──生活保護世帯出身生徒の学校生活を事例に」『教育社会学研究』第88集。

文部科学省（2018）「平成29年度の『学校給食費の無償化等の実施状況』及び『完全給食の実施状況』の調査結果について」。

第9章
子どもの貧困と学校ソーシャルワーク

門田光司

1 アメリカでの学校ソーシャルワークの始まり

　学校におけるソーシャルワーク（学校ソーシャルワーク）実践は，アメリカでの貧困家庭の子どもたちに対するセツルメントハウスのワーカーたちによる教育保障が起源である。子どもたちが貧困から離脱していくためには，教育保障が不可欠である。

（1）訪問教師の誕生
　1860年代に本格化したアメリカでの産業革命は，大量の労働者を要する工場の出現と，それに伴う大量の移民を受け入れていく。多くの移民は大都市に移り住むが，最初はテネメント（tenements）と呼ばれる集合住宅で共同生活を営んだ。しかし，テネメントの住まいにはほとんど窓はなく，換気もできないひどい環境で，路上にはゴミが散乱し，疾病や犯罪が多発していた。移民たちは工場で長時間労働を強いられ，労災事故も頻繁であった。わずかな賃金しか得られないため，家計を助けるために子どもが工場や鉱山，農場で働きに行かなければならなかった。
　アメリカの義務教育法は，1852年のマサチューセッツ州を皮切りに，アラスカを除き1918年までにすべての州で制定された。しかし，労働に就く子どもたちは学校に行くこともできず，教育を受ける機会が奪われていた。1889年，アメリカで2番目のセツルメントハウス「Hull House」をシカゴで設立したジェーン・アダムス（Jane Addams）は，自著『ハルハウスの20年』で次のように記している。

第二部　子どもの貧困を直視して

　　子どもたちが親よりも英語が上手であり，低賃金でも喜んで働き，かつ両親が子どもたちの働きで食べていくことに甘んじてしまって，子どもが働いて支える家庭が多いことを，私は知るようになった（Addams 1951=1969：146）。

　この児童労働問題に対し，Hull House のワーカーたちはイリノイ州に積極的に働きかけ（ソーシャルアクション），1893年に14歳以下の子どもが製造業で働くことを認めないイリノイ州工場法を成立させた。また，Hull House では，幼稚園・デイケアセンター，公立の公園・入浴場・体育館などを設立している。貧困移民を支援するために，セツルメントハウスは1897年までには全米で74か所開設され，1915年には550か所までに増加していった。そして，これらのセツルメントハウスには，子どもの家，図書館，体育館を設置したり，勉強部屋を提供したり，放課後の学習支援，料理や音楽などを教えたりして，子どもたちへの教育支援を展開していった。また，1901年，ニューヨークの Henry Street Settlement では，子どもたちの学校給食体制の不十分さから，ニューヨーク市教育委員会に学校給食を保障するように申し入れ，また学校看護師（school nurse）の導入を図っている。しかし，貧困地域の子どもたちの教育を保障するためには，セツルメントハウスにおける地域支援活動に加え，家庭や学校に直接，働きかけていく必要性が実感されていった。

　1905年，ニューヨーク市（1874年義務教育法制定）のマリー・マロット（Mary Marot）とエフィー・アブラムス（Effie Abrams）は，貧困家庭の子どもたちが教育を受けられるように，家庭と学校の協力関係を築くための取り組みを探究し，1906年にセツルメントハウスの Hartley House と Greenwich House で家庭と学校を訪問するための訪問教師（visiting teacher）活動を開始する。この二人だけの委員会には，その後他のセツルメントハウスのワーカーたちも参加し，さらに1907年1月にはニューヨーク市公立教育協会（ニューヨーク市の学校の福祉を改善するために支援する非営利団体）と協力した取り組みへと広がっていく。そして，これと類似した活動は，1906年にシカゴで，1907年にはボストンでも始まった。

　当時の訪問教師の役割について，1916年の訪問教師委員会代表である N. H. スワン（Swan）は次のように述べている。

訪問教師は，ソーシャルワークと教育の双方に経験があり，親に具体的に学校の目的を説明し，可能な限り親の協力を得て，子どもにとって家庭で必要な変化や調整に取り組む。それは，子どもが学校教育から十分な利益を得るためである。訪問教師はまた，担任教師に詳細に家庭状況を説明することで，子どもたちの個別化を促していく。これにより，訪問教師は家庭と学校間の協力を推進していくのである（Johnson 1916：xv）。

訪問教師たちが学校と家庭のつなぎ役を担うためには，学校や家庭への訪問にて子ども自身や保護者，担任教師，校長等と友好的な関係を築いていくことが重要となる。1916年に出版されたニューヨーク市の訪問教師の調査結果（Johnson 1916）では，1913—14年の1年間で9名の訪問教師が926ケースに対応していることが報告されている。主に校長や教師からの派遣依頼で，ケースの大部分が貧困家庭か社会的に課題のある家庭であった。このような家庭環境のもとにある子どもたちが抱える課題は，行動問題や学業不振，不規則な登校，怠学，健康問題等であった。訪問教師が協働した外部機関は，学校，地域団体（教会・セツルメントハウス・図書館・奨学金団体・職業機関・他），行政機関（教育委員会・保健局・労働局・警察・他），救済機関，児童養護施設，非行防止機関，保護機関，少年裁判所などである。

（2）訪問教師による実際の支援内容

前述のスワンが，訪問教師の支援事例（1916年）を挙げているので紹介する。

アンジェリーナは，3年生（10歳）でイタリアからの移民少女である。学校では絶えず怠惰，無関心なため，学業成績も低かった。また，担任教師は，彼女が放課後自宅に戻ると保護者から裁縫の過重な仕事をさせられていると考えていた。そのため，訪問教師に支援依頼がなされた。訪問教師が家庭訪問をすると，家庭は経済的に貧しいことがわかった。父親の賃金を補完するために，母親は衣料品工場から上着の裁縫仕事を請け負っていた。アンジェリーナは一人娘で，裁縫仕事を手助けし，アパートの掃除をし，登校前には他の家事もしていた。これにより，彼女は毎朝学校に遅刻し，担任教師からは叱責を受け，学業にやる気のない子どもと受け取られていた。さらに，彼女は母親より放課後，外で遊ぶことを許されず，戸外の新鮮な空気を十分吸うこともなかった。彼女が家庭でイタリア語しか耳にすることがないため，彼女の学業の課

題は英語の理解であった。最初の訪問で，訪問教師は彼女が午後の時間はすべて裁縫をさせられているが，経済的な補完というよりはイタリア女性が将来，身につけていくべき技能の訓練を受けていることがわかった。他方で母親は彼女が将来，アメリカ女性として育っていくことにも関心があった。そこで，訪問教師は，彼女に英語の本を大声で読むことを求めた。しかし，読み間違いが多かったため，毎日30分，明かりと新鮮な空気が得られる非常口の扉のところに座って，読みの練習をすることについて母親から許可を得た。一方，訪問教師は担任教師に彼女の家庭状況を報告し，彼女の遅刻を大目にみてくれるように求めた。特に彼女が遅刻したときは叱責するのではなく，彼女の改善努力を誉めてくれるように依頼した。この担任教師の対応で，まもなく彼女の遅刻と怠惰は収まった。30分の新鮮な空気と大声での英語の読みの実践は良い結果をもたらした。また，訪問教師は母親に，日中，戸外で他児と1時間遊ぶことが彼女の道徳心を害するものではなく，むしろ娘の健康を改善し，興味を一層刺激することを説明し，納得してもらった。これらの担任教師と訪問教師の取り組みで彼女の学業は非常に改善し，2年の学業を1年で終える特別なクラスに進級した。同時に快活で自信を取り戻し，精神的にも安定していった。そして，放課後，家庭での上着の裁縫問題もなくなった（Johnson 1916：xi-xv）。

　この支援事例からは，今日の学校ソーシャルワークの基本的な実践をみることができる。一つは，「家庭訪問」および「アウトリーチ」である。ソーシャルワークにおける「家庭訪問」および「アウトリーチ」は同じ目的を意味するが，家庭に出向き，当事者の生活状況を知るとともに，当事者にサービスの情報やサービスそのものを提供する活動である（門田・奥村監修 2014：68―69）。訪問に際しては，ソーシャルワーカーは誠実で友好的な関係性を築いていくことが求められる。

　2つ目は，子どもに信頼してもらう大人になることである。子ども自身が自分の思いを大人に開示してくれるためには，この大人は自分の味方であるということを理解してもらう必要がある。アンジェリーナは訪問教師が自分のために母親や担任教師に対応してくれている様子をみることで，信頼していったと推定できる。

　3つ目は，「アドボカシー」である。訪問教師は子どもたちの教育を保障するために，学校や保護者に子どもの抱える状況を代弁している。また，訪問教

師は，アンジェリーナの戸外遊びを母親に許可してもらうために，戸外遊びの有益性を説明している。ソーシャルワークでのアドボカシーは，「社会正義」（平等および公平）の保障を目標として，「一人以上の個人やグループ，コミュニティのために直接，明言し，弁護し，介入し，支援し，または一連の活動を勧めていく行動」（Mickelson 1995：95-100）である。このアドボカシーの起源は，児童労働問題に直面した際，Hull House のワーカーたちが取り組んだソーシャルアクションにあるといわれている。

4つ目は，子どもの「自己肯定感」を高める支援である。訪問教師は担任教師に，アンジェリーナが遅刻したときは叱責するのではなく，彼女の改善努力を誉めてくれるように依頼した。つまり子どもの自己肯定感を高める指導を促したのである。この担任教師の対応によって，まもなく彼女の遅刻と怠惰は収まった。

そして，5つ目は，「レジリエンス」である。アンジェリーナは当初，学校では絶えず怠惰，無関心なため，学業成績が低かった。しかし，訪問教師の支援を通して，彼女の学業は非常に改善し，快活で自信を取り戻し，精神的に安定していった。レジリエンスの環境要因として，安定した家庭環境，親子関係，安定した学校環境などが挙げられている（河野 2014：929）。まさに，アンジェリーナの成長は，これらの安定した環境が整ったことが大きいといえる。

（3）訪問教師からスクールソーシャルワーカーへ

訪問教師はその後，ソーシャルワーク教育課程のもとで養成され，1943年，「スクールソーシャルワーカー」に名称変更される。1943年の *Social Work Year Book* 1943には，スクールソーシャルワーカーは「問題のある子どものみに関心をもつのではなく，子どもを不幸にしている学校やコミュニティを含めてすべての要因にも関心をもつ。スクールソーシャルワーカーの仕事は，第一に個々の子どもへのソーシャル・ケースワークである」（Walker 1943：485—487）と記されている。しかし，当時のソーシャルワークは精神衛生運動と精神分析学の影響を受けていくことになる。これにより，スクールソーシャルワーカーの実践においても貧困家庭の子どもたちを支援する家庭や学校への「アウトリーチ」は減少し，学校内での精神保健面での学校カウンセリングが中

第二部　子どもの貧困を直視して

心業務となり，今日に至っている。

　以上のように，1900年代前後，多くの移民による貧困家庭の子どもたちに対し，セツルメントハウスは地域を基盤に子どもたちへの教育支援や子どもたちに対する社会構造（児童労働等）に向けたソーシャルアクションを展開していった。それは，学校ソーシャルワークにおけるメゾレベル（学校や地域等）やマクロレベル（制度・施策等）での取り組みである。一方，貧困家庭の子どもたちへの教育保障に向けて直接，マイクロレベルで子どもや保護者，校長・教員にアプローチしていく必要性から，訪問教師活動が始まった。

　このように，訪問教師活動の価値と実践の基盤は子どもの貧困と教育保障にあり，この点は今日のわが国のスクールソーシャルワーカーにおいても共通していえることである。この意味で，わが国の学校ソーシャルワークは，訪問教師たちがめざした本来の実践起点を引き継いでいこうとしているともいえる。

2　子どもの貧困と学校ソーシャルワーク

（1）学校ソーシャルワークについて

　中学校の生徒指導を長年経験されたある先生が，筆者に中学校3年生の女子生徒の話をされた。その生徒の家庭環境は経済的に厳しく，生活保護を受給していたが，父親の飲酒は頻繁で母親や彼女への暴力が絶えなかった。母親は彼女に父親への不平を仕切りに愚痴るばかりで，彼女の思いを聞いてくれようともしなかった。中学校1年生時は陸上部で中距離ランナーとして頑張っていたが，いつしか部活にも姿をみせず，顔は化粧と髪は金髪となり，地域の非行グループとも行動するようになった。中学校2年生時は学校に来ると教師に攻撃的で授業を妨害し，学校外ではタバコ，万引き，シンナー，喧嘩等で何度も警察に補導される状態であった。そんな彼女が中学校3年生に進級したある日の放課後，陸上部の練習を遠方から見学するようになった。数日間，毎日，陸上部の練習を見に来る彼女にその先生が声をかけられた。「もう一度陸上をするか？」。彼女はもう走れる体力はないというので，先生は「じゃ，明日からマネージャーとして来なさい」とやさしく声をかけられた。

　その日を境に，彼女は部活のマネージャーとして来るようになり，先生と彼

女の関わりをみていた他の生徒たちや教師たちも，彼女への見方が友好的になっていった。彼女も１限目の出席点呼時間までには登校し，標準の制服を着るようになり，髪も容姿も落ち着いていった。そして，いよいよ高校受験の話題となった。娘の進路にまったく関心をもたない両親に先生は激怒しながら，彼女が決断した進路は高校の看護科であった。進路が決まってから，彼女は猛勉強し，無事高校に合格した。その彼女は，今30歳代で看護主任をしており，２児の母親として幸せに暮らしているとのことである。この話をされた先生が最後に言われた。「中学校３年生で非行が厳しい生徒を変えることは99％難しいが，残りの１％を教師は諦めていけないことを実感した体験でした。でも，彼女が荒れる前に家庭環境に取り組めるような支援体制があれば，救える子がもっといるんじゃないか」と。

　この事例は，子どもがレジリエンスを発揮した事例といえる。彼女は先生に支援を求めるサインを出し，それを先生が感知し，受け止められたことで，彼女が立ち直っていった。しかし，自ら支援のサインを出さない子どもたちもいる。学校は教育を担う専門機関であるため，家庭環境に関与していくことには限界がある。そのため，今日，家庭環境への社会福祉分野からの専門的支援として，学校ソーシャルワーク実践が求められている。

　ソーシャルワークは，人権と社会正義，多様性等を専門的価値基盤に据え，「人と環境との相互作用」から生じる人権侵害や社会不正義，差別・偏見等の「状況（situation）」に取り組んでいく。児童虐待は人権侵害であり，そのような被害にあう子どもは不公平な家庭環境にあるといえる。そのため，ソーシャルワークでは子どもと保護者双方に介入し，その関係性を改善して良好な親子関係，家庭環境を築いていくことをめざしていく。

　ソーシャルワークは，図９－１に示すようにマイクロレベル，メゾレベル，マクロレベルで取り組んでいくが，学校ソーシャルワークにおいても同様である。学校ソーシャルワークの支援過程は，①状況分析（アセスメント）→②支援計画（子どものニーズやストレングスに沿った支援計画の検討・決定）→③支援計画の実行→④モニタリング（支援成果の進捗状況の評価）→⑤支援計画の見直し，または終結という手続きで展開していく。この支援手続きを筆者は「学校ケースマネジメント」と呼んでいる。支援にあたっては，スクールソーシャルワー

第二部　子どもの貧困を直視して

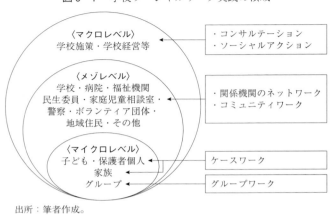

図9-1　学校ソーシャルワーク実践の領域

出所：筆者作成。

カーが調整役を担うが，学校内で管理職や教員が「協働（collaboration）」して取り組んでいく「校内協働」や，学校と外部の関係機関が協働して取り組んでいく「校外協働」をケース会議を通して展開していく。「協働」とは，「2人以上の専門職が特定のクライエント（個人，家族，グループ，コミュニティ等）を支援していくために一緒に働く（working together）こと」（Barker 2003：81）である。そのため，専門職同士が互いに信頼感を構築し，子ども支援に向けて情報の共有と役割分担を行っていくことが重要となる。

(2) わが国のスクールソーシャルワーカーの配置形態について

　第1節で取り上げたアメリカの訪問教師に関して，ニューヨーク市公立教育協会は，訪問教師が多くの学校を巡回するよりも1校に1人が配置されることが「予防」という観点からより効果的であると確信し，1校1人配置を推進していくようになる。今日，わが国のスクールソーシャルワーカー活用事業での配置形態は，「派遣型」，「1人配置型」等があるが，筆者は「中学校区拠点巡回型」が有効であると考える。この配置形態は図9-2に示すように，1人のスクールソーシャルワーカーが1つの中学校区を担当し，拠点となる小学校の職員室に机があり，その拠点の小学校から他の小学校や中学校に出向いていく。この配置形態が有効性を発揮するのは，予防，早期発見および早期対応である

第9章 子どもの貧困と学校ソーシャルワーク

図9-2 福岡市のSSW配置形態（中学校区拠点巡回型）

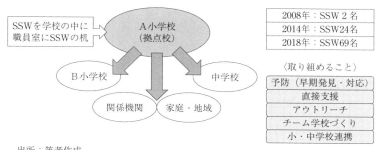

出所：筆者作成。

が，個々の子どもや保護者への直接支援，家庭へのアウトリーチ，各学校内でのチーム学校づくりの支援，家庭支援にあたって小中学生がきょうだいの場合の小中学校連携などである。そして，本書のテーマである子どもたちの自己肯定感の向上やレジリエンスに取り組むことにも適している。

福岡市教育委員会では，2008年度のスクールソーシャルワーカー活用事業開始時より，中学校区拠点巡回型の配置形態を実施し，2つのモデル中学校区にそれぞれ1名ずつ合計2名のスクールソーシャルワーカーを採用した。スクールソーシャルワーカーは朝，拠点校の小学校に出勤し，中学校区内の拠点校や他の小学校，中学校を支援依頼に応じて巡回していく。校内・教室の見回り（気がかりな子どもの休み時間や授業中の状況観察等），給食・昼休み時間の子どもたちとの関係づくり（給食を教室で一緒に食べたり，別室登校の子どもと一緒に食べたり），家庭訪問（不登校の子どもや保護者との関係づくり等），支援検討のための校内ケース会議開催（校内協働と校外協働），関係機関等への訪問（情報収集・共有等），研修会への参加などを行う。

このように，この配置形態では，スクールソーシャルワーカーが学校職員や関係機関，地域の支援者と直接，協働した支援を展開していくため，年度ごとに学校や地域からスクールソーシャルワーカーの全中学校区配置を望む声が高くなっていった。そして，2018年度，ついに全中学校区69名のスクールソーシャルワーカーが配置されることとなった。これは，中学校区拠点巡回型の配置形態が学校現場や地域から評価されたものと考える。

中学校区拠点巡回型の配置形態では予防が焦点となるが，貧困家庭の子ども

たちへの予防的取り組みとしては自己肯定感の向上を促す新たな学校ソーシャルワーク実践が福岡市のスクールソーシャルワーカーによって試み始められている。そこで，以下にいくつか紹介していく。

（3）貧困家庭の子どもたちを支える(1)：朝食支援

あるスクールソーシャルワーカーが担当する中学校区では，朝，食事をしてこない子どもが多い実態があった。朝，ご飯を食べてこない子どもたちは，空腹からイライラ感が増幅するとともに，授業にも集中しにくくなる。そこで，新学期の6月からスクールソーシャルワーカーはフードバンクの協力でバナナを，2学期からグリーンコープの協力を得て，パン，牛乳，りんご，マーガリン・ジャム類を寄付してもらうことにした。小学校では，朝食べていないという子どもが登校したときには，7時50分―8時20分くらいをめどに，校内の相談室や特別支援学級，職員室などで食べさせた。その時間以降も必要があれば随時対応していた。中学校では，調理室で7時50分―8時20分の間配ってもらうようにした。貧困家庭の子どもに限定すると，食べに行きづらくなるので，子ども全員に声をかけた。子どもや保護者には，「食品ロス」を前面に打ち出し，「もったいないから，みんなで食べましょう！」と声がけをした。その日によって集まる人数に違いがあるが，バナナは30―40名，パンは60―70名の子どもたちが来て食べるようになった。始めは来られなかった気がかりな子どももやっと来るようになった。

朝食支援は子どもたちの成長発達や授業への専念という目的に加え，もう一つ大切な目的がある。それは子どもたちが食べているときに，スクールソーシャルワーカーが子どもたちの話を聞くことである。普段，気がかりな子どもたちを学校内で見つけたとき，スクールソーシャルワーカーが声をかけても逃げてしまう子がいる。そんな子どもたちと一緒に朝食を口にしながら関わりを深めていくことで，なぜ朝食を取らずに登校してくるのかなど，家庭環境を知ることができる。それを知ることで，予防支援が展開できるのである。

始めは，スクールソーシャルワーカーの担当中学校区の子どもたちのことを考えて始めた朝食支援であった。しかし，他の中学校区の子どもたちも予想以上に経済的に厳しい家庭環境にあるため，食事を提供する学校を増やす必要が

あった。2018年8月現在，福岡市内の朝食支援は7校（小学校2校・中学校5校）にまで増えている。この取り組みは福岡県内のスクールソーシャルワーカーがいる他市の学校にも広がりをみせている。

（4）貧困家庭の子どもたちを支える(2)：小学校内の居場所づくり

貧困家庭が多いある中学校区では，自分の悔しいこと，悲しいことだけではなく，楽しいことも，保護者に聞いてもらえない子どもが多くいる。また，一日中，学校で勉強をするのが辛くて休憩が必要な子ども，先生が信じられない子ども，欲しいものを買ってもらえないので家におもちゃがない子どもも多くいた。

そこで，スクールソーシャルワーカーは拠点校の小学校の校長や教員の理解を得て，空き教室に居場所を作ることにした。最初は，居場所に置いていたぬいぐるみに八つ当たりをしたり，トランプやパズルを破ったり，捨てたりと大変だった。しかし，スクールソーシャルワーカーの話を聞いたり，一緒に遊んだりする中で，やっとぬいぐるみを大事にしたり，物を大切にするよう子どもたち同士で注意しあうルールを決めるようになった。また，居場所の扉に設置した相談ポストには，子どもたちが自分の気持ちを書いた手紙や，いじめにあっていると書いている手紙などが投函されるようにもなった。

居場所は，現在，小学生向けに開設されている。子どもたちの溜まり場になっては困ると，中学校の先生からの意見もあるためである。そのため，担当する中学校区の小学校と中学校の中間地点にある相談室を居場所にすると，そこにも中学生が相談にきてくれるようになった。小学生では「友達とクラスが離れたけど，新しい友達の作り方がわからない」という相談が多いが，中学生ではLGBTQに関する相談もある。

居場所は週2―3日開設しているが，子どもたちには困ったら行く場所と思ってもらえるようになった。スクールカウンセラーとスクールソーシャルワーカーで話し合い，子どもたちがどちらかに悩みを言えるようにしていくよう協働している。

小学校内の居場所には，自己肯定感が低い子，心が満たされていない子，自分の思いを表出できない子などが多くやってくる。学校内には，子どもたちが

安心して安全に過ごせる居場所や時間が必要であり，このような場があることで教員たちが見落としがちだった子どもたちの気持ちに気づくことができる。子どもたちが気軽に立ち寄れる居場所が校内にあり，スクールソーシャルワーカーが子どもたちの自己肯定感を高める関わりをしていくことで，子どもたちの不登校やいじめ，暴力，情緒不安定等を少しでも減らす役割を担えるのではないかと考えられる。

（5）貧困家庭の子どもたちを支える(3)：「がんばろうか（廊下）」

　スクールソーシャルワーカーが担当するある中学校区の小学校と中学校では，「がんばろうか（廊下）」という場所を職員室の前の廊下に作り，放課後，誰でも勉強できるようにした。職員室前だと，子どもがわからないときはすぐに先生を呼ぶことができ，呼ばれた先生も5分や10分という短時間ならば，職務の合間をぬって子どもたちの勉強をみてあげることができるという利点もある。

　参加する子どもたちの中には，家で音読を聞いてくれる保護者がいない子や，宿題をしない（できない）子もいる。先生から残るようにいわれている子どももいるが，早く帰りたくない子が残ることも多いようだ。「がんばろうか」で勉強することで，先生やスクールソーシャルワーカーから褒められたり，子どもから「宿題をせずに（先生や保護者から）怒られる」という声が減り，子どもたちの自尊心が少しは傷つかずにすんでいるのではないかと思われる。また，「がんばろうか」の机には，クリップ式の自分専用のライトがあり，子どもたちはとても喜んでいる。

　スクールソーシャルワーカーも子どもたちの勉強をみながら，子どもたちとの関わりを深めていくようにしている。以前，スクールソーシャルワーカーはこの中学校区で，家で勉強できない，塾に行けないために（お金がない・塾で学ぶ学力がない），高校合格が難しいといわれていた中学生たちを集め，PTAや学校・地域と協働して，地域の集会所で週2—3日勉強会を開いたこともある。その際，子どもたちからは，「中学校の先生は，『勉強しろ』と言うけど，高校合格後は何をしたらいいか，高校に行ってどうやって友達を作ったらいいかは教えてくれない。ここでいろいろ聞けてよかった」と言っていた。そして，この勉強会に参加した子どもたちは全員無事高校に合格した。この経験から，ス

クールソーシャルワーカーは,「がんばろうか」での時間を勉強だけではなく,子どもたちの話を聞き,その努力（やり抜く力）を励ます大切な時間にしている。

(6) 子どもの貧困と学校ソーシャルワークについて

小学校4年生の担任教諭から相談依頼を受けてスクールソーシャルワーカーが出向いた。ある子どものランドセルからゴキブリが出てきたというものである。放課後,その子の許可を得て,ランドセルを開けてみると,数匹のゴキブリが入っていた。そこで,担任教諭と一緒にスクールソーシャルワーカーが家庭訪問をした。自宅は古びた賃貸アパートで,担任教諭が扉をノックすると中から母親が出て来た。驚いたことに,出てきた母親の手と肩に一匹ずつゴキブリが止まっていた。母親越しにみた廊下にも数匹のゴキブリが這っていた。

この家庭は生活保護を受けていないが,就学援助は受けている。家庭の生計は,父親がパートで得ている給与のみである。母親は精神疾患を患っており,昼夜逆転の生活のようである。本児は時折,数日間風呂に入っていないこともあり,体臭をさせて朝食を食べずに登校してくる。夕食は母親が炊事をすることが少ないため,父親が弁当を買ってくるとのことである。親子関係には問題はなく,一人っ子の本児を両親は可愛がっているようだ。

問題は,クラスの友人たちが本児と接することを嫌がっていることである。あるとき,放課後,本児が自宅で一緒に遊ぶため,クラスの友人を家に連れてきた。しかし,室内に入ったその友人は室内の悪臭とゴキブリの多さから泣いて帰ってしまったのである。この友人の反応に一番ショックを受けたのは,本児であった。翌日からこの話題がクラスに広がり,友人間では本児の家庭は汚いので行ってはいけないというルールができてしまった。

また,家庭に宿題を持ち帰っても勉強する机も無く,両親も本児の宿題には関心がないため,学力の低下がみられている。そのため,最近では時々,登校して来ない日がみられる。担任教諭は,本児が先々,学習や学校にも関心を示さなくなり,不登校となるのではないかと危惧している。

子どもたちが貧困から抜け出すためには,高等教育を受けていくことが重要である。子どもの貧困対策では,教育支援として「学校教育による学力保障」

（少人数による習熟度別指導や補充学習など）や「地域による学習支援」（学習習慣の定着や学習意欲の喚起を図るため，地域による放課後学習活動），または生活困窮者自立支援制度での生活困窮世帯の子どもの学習支援などの取り組みが推奨されている。

　他方，近年では，子どもが貧困から離脱していくためには，学力（認知能力）だけではなく，別の要因も大切であることが指摘されている。それが，意欲や自制心，やり抜く力，社会性といった非認知能力である。特に，高校中退や将来の所得とやり抜く力との関連性が重視されている（日本財団子どもの貧困対策チーム　2016：135—139）。

　上記の児童の家庭の事例では，不衛生な家庭環境を改善していくためにスクールソーシャルワーカーが保護者との関係づくりをしていく必要もあるが，同時にこのような家庭では子どもが学校を休んでも，宿題をしなくても，両親からは何も言われない可能性が高い。そのため家庭で物事をやり抜く力が育っていかず，学力不振となり，不衛生な家庭環境と貧困から本児の自己肯定感は低下していくことが予想される。

　そのため，レジリエンスの観点から，貧困家庭の子どもに対しては安定した家庭環境，親子関係，学校環境の整備に取り組んでいくことが求められる。その支援を展開していくのが学校ソーシャルワークである。福岡市のスクールソーシャルワーカーによる朝食支援や校内の居場所づくり，「がんばろうか」などの取り組みは，子どもたちの自己肯定感を低下させず，孤立化・孤独化させない学校環境での新たな取り組みの実践例である。

　子どもの貧困に対し，これまで学校は家庭に踏み込めず，また踏み込まなかった。しかし，アメリカで誕生した訪問教師は貧困家庭の子どもたちの家庭に踏み込み，支援を展開してきた。この訪問教師による支援手法をわが国での学校ソーシャルワーク実践においても引き継いでいくことが求められている。そして，これからは貧困家庭の子どもたちの安定した家庭環境の支援のみならず，学校環境で子どもたちが自己肯定感を高めていく育ちができるように，開拓的な学校ソーシャルワーク実践が求められていくと考える。

参考文献

門田光司（2002）『学校ソーシャルワーク入門』中央法規。
門田光司（2010）『学校ソーシャルワーク実践――国際動向とわが国での展開』ミネルヴァ書房。
門田光司・奥村賢一監修（2014）『スクールソーシャルワーカー実践事例集』中央法規。
河野荘子（2014）「環境要因（I Have Factor）とレジリエンス」『児童心理』No. 989（特集 子どものレジリエンス）。
日本財団子どもの貧困対策チーム（2016）『徹底調査 子供の貧困が日本を滅ぼす――社会的損失40兆円の衝撃』文春新書。
Addams, J. (1951) *Twenty Years at Hull-House*, New York, The Macmillan Company (＝柴田善守訳『ハル・ハウスの20年』岩崎学術出版社, 1969年).
Barker, R. L. (2003) "Collaboration," *The Social Work Dictionary*, 5th edition.
Johnson, H. M. (1916) *The Visiting Teacher in New York City : A Statement of The Function and An Analysis of The Work of The Visiting Teachers Staff* (1916), Public Education Association of The City of New York.
Mickelson, J. S. (1995) "Advocacy," *Encyclopedia of Social Work* (19th ed), NASW Press.
Walker, W. (1943) "School Social workers," *Social Work Year Book* 1943, Russel Sage Foundation.

第10章
児童養護施設における自立支援
―― レジリエンス理論に着目して ――

梅谷聡子

　児童養護施設とは，「保護者のない児童，虐待されている児童など，環境上養護を要する児童を入所させて，これを養護し，あわせて退所した者に対する相談その他の自立のための援助を行うことを目的とする」児童福祉法第41条に定められた施設である。

　現在，日本の児童養護施設の子どもの約6割が，虐待を受けて入所している（厚生労働省雇用均等・児童家庭局 2015）。また，この児童虐待と貧困問題との関連が指摘され（松本 2010，堀場 2013，彦坂 2015），さらに，児童養護施設の子どもの高校中退率の高さや退所者の生活保護率の高さなどが報告されている（東京都保険福祉局 2017，永野 2017）。このような児童養護施設に入所する子どもや退所者と社会構造上の問題との関わりからみえてくるのは，児童養護施設のケアは，もはや入所している子どもの衣食住を保障するだけでは子どもたちの心身の発達や社会参加のニーズに応えることができないということ。そして，彼らの困難な現状に即して支援するための実践的な提言が必要であるということである。

　こうした背景のもと，2017年に厚生労働省より発表された「新しい社会的養育ビジョン」では，「代替養育の目的の一つは，子どもが成人になった際に社会において自立的生活を形成，維持しうる能力を形成し，また，そのための社会的基盤を整備することにある」と述べられてる。本章では，ここに掲げられた「代替的養育の目的」を自立支援と定義し，実際に日々子どもと関わる施設職員の語りから，児童養護施設の自立支援の構造を明らかにし，レジリエンス理論からそのあり方について考察することを目的とする。

1　レジリエンス理論と研究方法

　Gilligan（1997：12）によれば，レジリエンスとは「どのような状況にあろう

と傷つきやすい子どもを困難の悪影響から保護し，子どもや若者が大きな傷つきや不利もかかわらず，うまく対処し，生き残り，成長するために役立つ資質」と定義される。また，Jenson & Frazer (2015) は，レジリエンスはリスク要因（貧困，親との不和など）と

表10-1　インタビュー協力者概要

施設	形態	ID	性別	年齢	勤続年数
A	ユニット	1	女	56	32
		2	女	51	25
B	大舎	3	男	36	14
		4	女	32	10
C	小舎	5	女	50	16
		6	女	30	11
D	ユニット	7	男	37	15
		8	男	37	15

防御推進要因（ソーシャルサポート，早期教育など）の相互作用がもたらす結果であるとし，レジリエンスの原理は生態学的視点にあるとしている。すなわち，子ども個人の発達は環境条件（一般的に，家族，仲間，学校，コミュニティの状態）との相互作用に影響を受けるものであるという視点である。アメリカでは，すでに子ども・若者や家族に対する公衆衛生の分野でレジリエンス理論にもとづいた実践が広く認知され，成果をあげている（Jenson & Frazer 2015：13）。イギリスの研究者である Cameron (2007) や Stein (2005) は，子ども個人の感情や能力に依存した自立（self-reliance, independent）のあり方を批判し，社会的養護を離れた若者の自立を促す理論としてレジリエンスに着目している。したがって，わが国の児童養護施設における自立支援を，このレジリエンスの理論から考察することは有効であると考えられる。本章では，児童養護施設職員の自立支援に関する語りをレジリエンスの理論から分析することを試みる。

　本章では，児童養護施設における自立支援の現状を探索的に把握するため，児童養護施設職員への質的調査を行った(1)。インタビュー協力者の概要は表10-1のとおりである。

2　不利・困難な状況が児童養護施設の子どもたちにもたらす現象

　本節では，はじめに，子どもの貧困・不利・困難な状況がどのように子どもたちに影響を及ぼしているかを明らかにする。本書全体のリサーチクエスチョンRQ1「子どもの貧困は，どのように表れ，どのような問題や困難をもたら

しているか」を児童養護施設の子どもを中心に検討するものである。
　職員の語りより，児童養護施設の子どもの貧困・不利・困難の現象として【自己形成の土台の不安定さ】，【特殊な生活感覚の習得】，【退所後の孤立】が明らかになった。入所前の虐待をはじめとする困難な経験や脆弱な家族基盤が，施設入所中，退所後と子どもに特に心理的，社会的に影響を及ぼしていると語られた。また，児童養護施設の生活そのものも，職員の離職による交替や集団生活という一般家庭と乖離した生活により，子どもが自立するために必要な経験の提供が不十分となる場合，入所前に受けた不利・困難の影響からの回復を促すためには課題があるといえよう。

（1）自己形成の土台の不安定さ

　施設職員は，入所児童の自己形成の土台の不安定さを実感していた。虐待をはじめとする［入所前の不適切な養育環境］や［親との別離］［集団養育］［自分の生い立ちを知らないこと］などが入所児童の自己形成の土台の不安定さの要因として指摘された。
　特に，子どもにとって親は「絶対的」「変えるに変えられない」存在であるとの語り（施設 A ID2 の職員，以下 A-2。他も同表示）に加え，虐待されたとしても自分だけの親を求め，それが叶わないことに対して「自分が悪い」と思ったり（C-5）。「自己肯定感がすごく低い」状態になる（A-2）入所児童の様子が語られた。

《C-5》 中高生で大きくなってから入ってくる子たちの方が最近は多いんですけど，そういう子どもたちもそういう子どもたちで，物心ついてしまって，「どうせ大人なんて」「どうせ私なんて」「どうせ僕なんて」みたいな喪失感いっぱいの子どもたちというか。そういう中で，目標とか目的をもって，将来を考えていくことがなかなか難しい子が多いかなと。……後ろ盾がなかったりとか，親御さんとか親族の関わりがずーっとなかった子たちっていうのは，そういうのがもちにくい子が多いかなっていうのは思いますね。……子どもって虐待をいろいろ受けてきても，やっぱり自分の親だったり親族だったりっていうのはすごく大事なんだろうなって。かけがえのない存在なんだろうなと思うので。やっぱり自分が悪いって思う子が多い。自分が悪かったから，殴られたんだ，叩かれたんだっていうふうに思う子が多いので，小さいときから，あなたは大切な一人の人間なんだよって。あなたのこといろんな人が愛してくれて大切に思ってくれてるんだよっていうのを感じられなかったっていうことが大きいのかなっていうのは思いますかね。

また，施設生活において「自分だけの」職員がいないこと，職員の離職などが他者への不信感を募らせることが語られた（C-5, C-6, D-8）。

また，どんな幼少期だったか聞いても語れない子どもや，施設入所理由について本人なりにであっても理解していない子どもは大人との関係がとりづらかったり（C-5, D-7），落ちつきがないと語られた（D-7）。

こうした自己肯定感が低い子どもは［目標がもちにくい］，［コミュニケーションがとりづらい］，［人間関係で傷つきやすい］，［信頼関係が築きにくい］等の状態になりやすいと語られた（A-2, C-5）。

（2）特殊な生活感覚の習得

施設生活で一般家庭とは異なる生活形態を長く経験した子どもたちが，施設生活特有の生活感覚を習得していることが，職員より語られた（B-4, C-6）。こうした施設生活において習得した特殊な生活感覚が，入所中の施設外の友人関係や退所後の社会生活におけるギャップを引き起こしていることが明らかになった。

職員が特に問題意識をもっていたのは，食に関することであった。とりわけ大舎制施設の職員（B-4）からは，食堂で一斉に食事をするため，温かいものが温かいまま食べられないことや，効率性を重視しメラミン食器を使用しており子どもが茶碗の存在を知らなかったこと，献立どおりの食生活を送っているので子どもの食への関心が薄く，いざ食べたいものを聞いても食べたいものが答えられないこと，施設の食事はデザートがついているので，退所後，食事を作るときに必ずデザートをつけようとする子どもたちの姿が語られた。食に関すること以外にも，冷暖房を施設で一括管理しているので，エアコンを消す習慣がない，日用品を一括購入しているので，退所後，生理用品がどこに売っているのかわからない，入所中は受診券（入所児童の医療費は公費で支払う）があるので病院受診を無料だと思う，などの子どもたちの様子が語られた。

（3）退所後の孤立

入所児童の多くは家族基盤が脆弱であり，退所後に家族から経済的，社会的，心理的支援を受けることが難しい場合がある。したがって，施設を退所後，あ

らゆる側面において孤立状態におかれる場合がある。また、施設職員との信頼関係が築けず退所した子どもや、障害があるなどして人に相談する能力が低い子ども、施設の受け入れ体制の不十分さから、退所者が施設を頼ることが難しい点も指摘された（B-3, B-4, C-5, C-6, D-8）。

> 《C-6》 家族がいて、経済的理由でここにきて生活して出て行ってってなったときには、きっと、その子にとって支えてくれる大人がいるじゃないですか。でも、そういう子たちだけじゃなく、<u>虐待を受けて頼れない、大人に頼れない子たちがすごく多いな</u>っていうのも思ってて。社会に18でここを出て、働くっていうこととか、人間関係とか、いろんなつまずきがあったときに、近くに話せる大人とか、見本になる大人を思い浮かべて、あの人こうしてたからこうしようと思える存在もいなかったりとか……社会に出てそこで見つけられたら、<u>頼れる大人とか、そういう人がいる子たちはやっぱり自分の道をしっかり歩んでいけたりとか、ちょっと躓いてもそこで引っ張ってくれる人がいると歩んでいけるんだろうなあとか</u>。そこでも見つけづらい子っていうのは、なかなか自立、自分で立てないっていう感じが。

3　児童養護施設職員が考える子どものレジリエンスを育むストラテジー

では、こうした不利・困難な状況にある子どもたちと日々関わっている児童養護施設職員は、どのような子どものレジリエンスを育むストラテジーにより支援を行っているのだろうか。

職員の語りからは、【他者に頼ること】【甘えが充足されること】【個別性が尊重されること】【柔軟性があること】というストラテジーが明らかになった。

Cameron（2007：39—40）は、社会的養護を離れた若者は一般的な同年代の若者より非常に若くして自立を強いられる傾向にあるにもかかわらず、彼らが自立（self-reliance）を自分自身の意欲やイニシアチブにより達成されるものとみなすことで、他者の支援を受け入れられず再び困難に陥る場合があると指摘している。職員が自立観として語ったレジリエンスを促すストラテジーは、子どもたちが自らの個別性を尊重されつつ、いかに依存できる人間関係を築き社会との折り合いをつけていくかに主眼が置かれていた。

（1）他者に頼ること

　職員は，入所児童や退所者の背景にある他者への不信感や社会的な孤立状態を認識し，入所中から子どもが他者に頼ることの重要性を語った（A-2，B-3，B-4，C-5，C-6，D-8）。特に職員との信頼関係構築が，他者への信頼の基盤となると捉え，職員と子どもの関係性を重視していた。

> 《B-3》 本当にこの数年前までは，うちに子どもたちが相談してくるとかほとんどなくて。「ちゃんとやってるよ」とか「頑張ってるよ」，て言うことがほとんどやったんですけど。僕はそれが本当やと思って。頑張ってんねんなと思ってたんですけど，実はそうじゃなかったんだというのが。……相談でけへんのじゃなくて，相談せえへんのではなくて，なんかこう相談したらあかんと思ってる子が多いんやなって。先生忙しいのわかってるしって言うとこらへんが大きいなと思って。そこから（アフターケアを）やっていたら，子どもたちからやっぱり。……なんか《B-3》に言ったら何かしてくれるらしいでみたいな話がポンポンとなんか広まっていって，どんどん連絡がくるようになって，そこからまたどんどん広がってという感じで。ちょっと信用していいんちゃう，みたいなとこらへんが。

（2）甘えが充足されること

　職員は，子どもの自己形成の土台の不安定さの根底に子どもの満たされなさを感じ，子どもの甘えが充足されることの重要性を認識していた（A-1，C-5，C-6，D-8）。「ある程度の正しい欲求を叶えられるということをたくさん経験するほど，やってみようかなっていうふうになるんじゃないかなと。お腹いっぱいになって，初めて出ていけるみたいな」（A-1），「子どもって，してもらって，いっぱいいっぱいお手当てをっていうかね。手を当ててもらうっていう手当て。そういうことをしてもらえば，そこでこう，満足というかね。十分やってなったらそれこそひとり立ちができるようにね，自分でやってみようとか，やりたいって思えるようになるので，やっぱり，それまでは，大人ができることっていうのはたくさん，してあげたらいいんじゃないのかな」（C-5）と語られるように，子どもの主体性を育むには甘えの充足が必要であると認識されていた。

第二部　子どもの貧困を直視して

（3）個別性が尊重されること

　職員は，子どもの自立における個別性の尊重を重視していた。児童養護施設に入所している子どもたちは生い立ちの中で困難な人間関係や生活環境を経験しており，さらに何らかの障害がある子どもも少なくない。さまざまな背景のある子どもたちを画一的な基準で支援するだけでは，彼らの安定した自立にはつながらないと考えられる。たとえば，児童養護施設からの自立において画一的な枠組みの一つは，児童福祉法の規定にしたがって18歳が自立の年限となることである（措置延長は22歳まで）。「若者から成人期の移行」について，「安定した成人期に達するまでに長い期間を必要とする現代では，この時期の試行錯誤を許し，そのための物心両面の支援をすることが必要」である（宮本 2011：5）が，児童養護施設から自立する子どもたちは，こうした現代の若者の成人期への移行に必要とされる期間や支援を十分に得られられないだけではない。児童虐待を受けてきた子どもたちにとっては，現在の年齢から遡って彼らがより幼い頃に養育者から受けられなかったケアを受けることが，自立するうえで必要になる場合さえあるのである。

《A-1》（退所者の一人が）今，シングルマザーで生活保護でいるんだけど。「働かせてあげるよ」って言ってくれるところがあったので，本人も「頑張る」，「生活保護切りたいし」って言って。一週間くらい遠い職場だけどここからちゃんと電車に乗って，遅刻もせずに行ったんだけど。本人が「やっぱりちょっと無理」って言ってきて。「仕事の内容もいいし，職場の人もいい人や」と。「やるんやったらこの仕事やと思うねやけど，なんか，<u>一足飛びやねん。まだ早いねん</u>」みたいな言い方をして。この子にしたら両親おらず，乳児のときから児童養護施設も情緒短期治療施設も児童自立支援施設も行ったような子で，それだけ色々回った子で，高校も中退して。ADHDやねんね。じっと座ってられない。バイトやっても，1か月，2か月ぐらいしか続かず……彼女がそれを言ったのが私としては印象的だったね。「私にはまだ早いねん」。だから<u>世の中的には，20歳やからもう自立でしょって言うんだけど，彼女は違う。……基本はできなくて，それは本人が悪いんでもなんでもないやんか</u>。

（4）柔軟性があること

　職員は，児童養護施設の画一的な生活環境が子どもの自立にとって，課題になる場合があることを認識し，物事に柔軟に対応できる力を育みたいと考えていた（B-4）。

> 《B-4》 自立ってなんやろうって考えたときには，いろんなことが柔軟に考えることができて，心がポキッと折れてしまわへんような。硬すぎるとポキッと折れてしまうので，柔らかく対応できるようなのが自立なのかなあと思っています。……こうあるべきとか思うとすごく硬くなってしまって。卒園して，一人立ちしてから「こんなはずじゃなかったのに」って言ってポキッて折れてしまう卒園生たちをたくさん見て来たので。いろんな考え方をもってしなやかに生きていけるように支援して行かなければいけないなと私も仕事しながら日々日々感じているところなんです。

4　入所している子ども・退所者のレジリエンスを育む自立支援内容

　本節では，職員が以上のストラテジーをもって実際にどのような自立支援に取り組んでいるかを明らかにする。以下は，本書全体のリサーチクエスチョンのRQ4「子どもの自己肯定感あるいはレジリエンスを高めるためにどういう働きかけを行っているか（行っていないか）」を考察しようとするものである。

（1）インケア

　ここでは，児童養護施設においてレジリエンスを促す支援の中でも，施設入所中の支援（インケア）に着目して論じることとする。インケアには，児童養護施設における24時間の日常生活支援を通じて行われるという特徴がある。

　インタビュー結果から得られたインケアにおける自立支援として第1に，【家庭的な生活の提供】が挙げられる。一般家庭と異なった点が多い施設生活をできる限り一般家庭のそれに近づける支援がめざされている。こうした支援は大舎や小舎といった施設形態によって物理的な制約を受けることはいうまでもない。小舎制の施設の方が，少人数の子どもを一般家庭の規模に近い区切られた空間の中で養育できるという点では，【家庭的な生活の提供】の実践がしやすいといえる。小舎制のC施設の職員は，大舎制の場合は，料理や光熱費の管理などを施設の日常生活から切り離して教える機会を別個に設けるが，小舎制の場合は施設生活そのものを家庭生活に近づけることで，生活の中で入所児童に日常生活の知識や技術を身につけさせることができると語る。

　また，単に入所児童の生活技術の習得のみならず「穏やかな」「当たり前の」

第二部　子どもの貧困を直視して

「心地よい」「豊かな」施設生活を経験することを通して，入所児童が「大切にされている」「楽しい」感覚を醸成することがめざされている（C-5，C-6，D-8）。こうした施設生活の捉え方は，貧困状態からの子どもの心理的な回復に寄与する治療的効果を期待するものといえる。具体的な支援内容は，10名以下程度の生活集団（ホーム，家，ユニット等と呼ばれる）ごとで食事を自炊をすること，生活集団ごとに生活費を決めて金銭管理の仕方がわかりやすい形で生活すること，誕生日や特別な日などをお祝いすること，ちょっとした買い物に出かけるときでも子どもが喜びそうなことをしてみること（子どもが好きなペットショップに寄るなど）が挙げられた（C-5，C-6，D-8）。

　第2に【社会経験の提供】として，「学習」の機会や「釣り」などの趣味に通じる経験，退所後の生活場所を想定してあえて都会に外出に行くことなど，施設内の生活以外にもさまざまな社会経験の機会を提供している（A-1，A-2，C-5，D-8）。

　第3に【職員との信頼関係の構築】が行われている。被虐待経験などにより大人への不信感を抱きがちな入所児童に対して職員が「信頼できる大人になって，そこから他の人に甘えてもいいのかなっていうきっかけになれれば」（D-7）というような意識のもと，さまざまな関わりが実践されている。［入所児童を褒めること］［反抗的であったり対応に困る入所児童に対しても関わりを絶たないこと］［話し合いをする集団作り］［離職せず施設にとどまり続けること］などが行われており（A-2，B-3，C-5，C-6，D-8），【職員との信頼関係の構築】は，入所中のケアの質を向上させることにとどまらず，アフターケアでも退所後に相談しやすくなるという効果が期待できると語られた（B-3）。

　第4に【生い立ちの整理】が挙げられる。「自分の人生」を語れるということは，自分の人生を「自分の責任として捉えられる」ことであり，「そこを語らせないっていうのはいつまでも人に依存させる形になるんじゃないか」という語りにもあるように（D-7），複雑な生い立ちが背景にある児童養護施設の入所児童の内在的な自立の契機として，自らの生い立ちを自分なりの解釈であっても理解するという点が挙げられる。一般家庭においては，家族が継続的に養育しているため「普通にある」自分の生い立ちを語る機会が，養育者や生活場所が変わっていく入所児童については乏しく，こうした機会を「保障する」意

第 10 章　児童養護施設における自立支援

識を職員がもって関わらなければならない。日常生活から離れた職員との「面接」において，こうした生い立ちについて語ることはあるが，もっと日常生活の中で，そのようなことを語ることができる機会や人をもちたいとも語られた（D-7）。

2017年から，条件によっては児童養護施設の措置延長期間が従来の20歳から22歳に延長されたが，実際に【措置延長の活用】が行われている。「基本はゆっくりいっていいよって言ってあげる方が，子どもにとっていいやろうなって思っているので」（A-1）と語られるように，精神的に不安定であったり，退所後の十分な生活環境が用意されない場合は，措置延長を積極的に活用し，入所児童自身の自立のタイミングにできるだけ柔軟に対応しようとしている。

最後に，インケアにおける【自立に向けた見立て】である。入所中に施設の中では暴れていたが，アルバイト先では適応的であり退所後も安定しているケースや，入所中に「優等生」として施設のルールを守り生活していたが，退所後に家がゴミ屋敷になってしまっていたケースなど，施設の入所中の子どもたちの行動や単純な評価がそのまま退所後の生活のありように直結しない場合もある（D-8）。しかし，インケアの中で前者の場合はバイト先での適応状態や，後者の場合は「頑張り屋さん」な側面を退所後の生活におけるリスクと強みとして予測し，入所中からのケアに活かすことが行われている。

（2）アフターケア

施設退所者への支援，すなわちアフターケアのレジリエンスを促す支援として，以下の4点が挙げられる。

第1に，【職員個人と退所者のつながりの維持】としてSNS（特にLINE）の活用，飲みに行く，職員の家に招くなどが行われていた（B-3，B-4，D-8）。SNSは気軽につながれることから，生活に関するちょっとした相談（食事の献立，生活用品を買う場所など）について退所者から連絡がくるという。

第2に，【施設と退所者のつながりの維持】が挙げられる。職員個人として退所者とつながっているだけでは，職員の退職による支援の中断や一人の職員へのアフターケアの負担の偏りが生じる。したがって，施設そのものが退所者とつながることも必要となる。方法としては，入所中から退所後も施設とつな

がることができると声掛けすることや，成人祝いを施設で行う，その他施設行事に退所者を招く等が行われていた（B-3, B-4, D-8）。また，定期的に食品や生活用品を仕送りする取り組みを行っている施設もある。また，施設の中にアフターケア専用の窓口を設け，退所者に知らせることを行っている施設もある。窓口を設けてからは，相談件数が飛躍的に伸びたという。こうした退所者への支援は，退所者自身だけでなく，入所児童にとっても入所中に施設が退所者を支援している様子をみることで退所後も施設とつながる見通しをもつ機会になっていると語られた（B-3）。

第3に，【支援のネットワーク化】である。インケアと並行してアフターケアを行うことは職員にかかる業務量が増加することになる。最初は，勤務外の時間，私費などを投じて行っていた支援を，他の職員との連携や他の専門職との連携（弁護士など）によって行うことで職員一人にかかる負担が軽減されることが語られた（B-3）。

第4に，【退所者同士のつながりの活用】である。職員に対しては相談できないようなことも，退所者同士であれば自助グループのような機能を果たし相談することができたり，そのつながりを通して別の退所者から職員が困窮している退所者の把握できる場合があると語られた（B-3, D-8）。

（3）施設職員が語る自立支援の課題

施設職員は，施設の自立支援の課題について，特に以下の5点に着目していた。

第1に，施設生活における物理的環境の制約である。特に大舎制施設の職員が葛藤を抱えるように，施設の物理的環境が一般家庭のありようと乖離することで子どもの生活技術の習得に課題をもたらすことが指摘された（B-4, C-6）。

第2に，職員の交替によって子どもとの関係性構築が困難になる場合がある点（B-4, C-5, C-6）。

第3に，職員の「余裕がなければ（良いケアが）できない」と語られるように，職員自身の余裕がない場合，インケアにおいてもアフターケアにおいても質の向上ができない点（B-3, B-4, C-6, D-8）。

第4に，施設としての支援の方向性のすり合わせに課題がある点が指摘され

た。この点に関しては，自立という職員個人の価値観が影響する支援の考え方に対して，方向性をすり合わせることに苦心することや，アフターケアに関してはインケアのうえにさらに負担となるアフターケアをどこまで行うかで意見が分かれることなどが語られた（B-3，B-4，C-5，C-6，D-7）。

第5に，保護者がいるとアフターケアがしづらい点が指摘された。家庭引き取りになったとしても，その家族基盤が脆弱な場合が多いと考えられるが，退所後，困窮していないか気になる子どもがいても，一人暮らしをする子ども以上に親元に帰った子どもへはアフターケアとして介入しづらい点が指摘された。

5　子どものレジリエンスを育む自立支援の構造

以上の児童養護施設職員へのインタビュー調査から明らかになった，児童養護施設における子どものレジリエンスを育む自立支援の構造を図示すれば図10-1のようになる。

ここで明らかになった支援構造の特徴は，子どもと他者とのつながりや環境条件の提供の重視にあるといえる。今回のインタビュー調査では，施設職員は子どもの自立において，「甘えられる存在」，「頼れる大人」や「家庭的」な環境などに着目しており，子どもたちの自立が，周囲の人間関係や生活条件に影響されることを強く認識していた。本調査で協力者によって語られた自立は，Cameron（2007）やStein（2005）が意図する自立（self-reliance, independent）とは異なり，すでに生態学にもとづくレジリエンスの視点が取り入れられていたといえよう。

こうした支援を展開するためにもっとも重要なのは，職員が子どもの課題を見立てるアセスメントの段階で，どれほど生態学的視点にもとづくレジリエンスの視点を活用できるかという点にあると考えられる。社会的養護を離れた若者へのアフターケアに携わる高橋亜美は次のように述べる。「子ども達は誰も好きで汚い格好をしていないし，好きで暴力をふるったり暴れたりはしない。その背景には必ず『奪われたもの』があり，『大切にしてもらえなかった』『はぐくまれてこなかった』結果だということ，それを絶対忘れてはいけない」（佐々木 2015）。不利・困難な状況にある子どもの課題の背景に存在する「奪わ

第二部　子どもの貧困を直視して

図10-1　児童養護施設における子どものレジリエンスを育む自立支援の構造

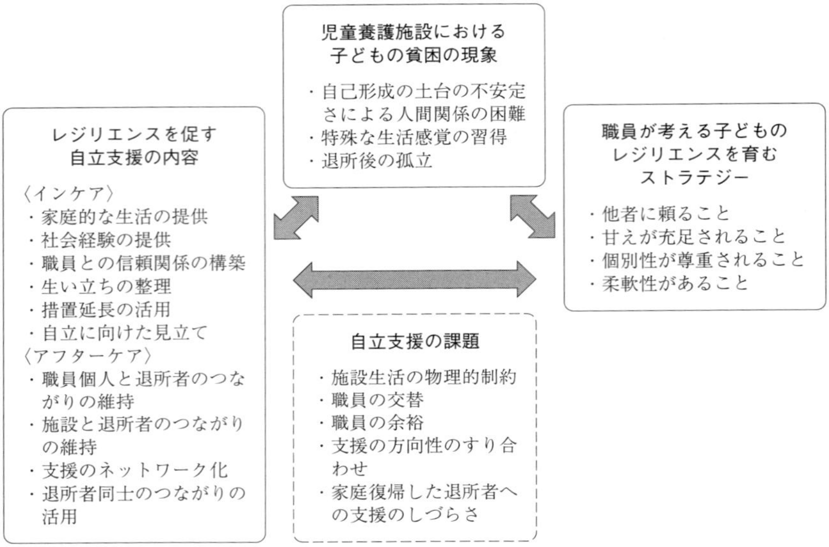

```
                    ┌─────────────────────────┐
                    │   児童養護施設における    │
                    │   子どもの貧困の現象      │
                    │ ・自己形成の土台の不安定  │
                    │   さによる人間関係の困難  │
                    │ ・特殊な生活感覚の習得    │
                    │ ・退所後の孤立            │
                    └─────────────────────────┘
                              ↕
┌──────────────────┐              ┌──────────────────┐
│ レジリエンスを促す │              │ 職員が考える子どもの│
│ 自立支援の内容    │              │ レジリエンスを育む  │
│〈インケア〉       │              │  ストラテジー      │
│・家庭的な生活の提供│   ←──→      │・他者に頼ること    │
│・社会経験の提供   │              │・甘えが充足されること│
│・職員との信頼関係の構築│          │・個別性が尊重されること│
│・生い立ちの整理   │              │・柔軟性があること   │
│・措置延長の活用   │              └──────────────────┘
│・自立に向けた見立て│
│〈アフターケア〉   │
│・職員個人と退所者のつな│
│  がりの維持       │
│・施設と退所者のつながり│
│  の維持           │
│・支援のネットワーク化│
│・退所者同士のつながりの│
│  活用             │
└──────────────────┘
                              ↕
                    ┌─────────────────────────┐
                    │   自立支援の課題         │
                    │ ・施設生活の物理的制約   │
                    │ ・職員の交替             │
                    │ ・職員の余裕             │
                    │ ・支援の方向性のすり合    │
                    │   わせ                   │
                    │ ・家庭復帰した退所者へ   │
                    │   の支援のしづらさ       │
                    └─────────────────────────┘
```

出所：筆者作成。

れた」環境を職員がアセスメントできなければ，レジリエンスを育む自立支援は困難である。

　レジリエンス理論の根本は，同じリスクを負っていてもある一方は困難な状況に停滞し，ある一方は回復し，その回復が本人の能力だけでなく環境条件に帰する場合があるという発見にある。Jenson & Frazer (2015：12) は，リスクレベルが高い子ども・若者がレジリエンスを発揮するには，より強力な防御推進要因を要する傾向にあると指摘する。つまり，不利・困難を被り課題が多い子どもや若者ほど，支援や良好な環境がもたらされることによりレジリエントに育つということである。果たして現在の日本の児童養護施設はこうしたロジックのもとに成り立っているだろうか。児童養護施設の子どものレジリエンスを促す自立支援を展開するためには，実践レベルから政策レベルまでそれぞれを担う大人が子どもを取り巻く環境条件への働きかけを行うことが必要である。こうした働きかけなしには，不利・困難な状況にある子どもの自立支援は，子ども自身の自立の意欲やイニシアチブを伸ばすことに過度に依存した支援に

ならざるを得なくなるであろう。

6 児童養護施設の子どもの自立を支えるために

　本章では、児童養護施設の自立支援をレジリエンス理論から考察することで、児童養護施設職員の子どもの自立に関する語りには、子どもと他者とのつながりや環境条件の提供の重視がみられること、こうした支援を展開するためには未だいくつかの課題があることがあることが明らかになった。

　レジリエンス理論にもとづく児童養護施設の実践を明らかにするには、さらに詳細な検討を要する。特に、今回は探索的研究であったためインタビュー調査という形をとり、限られたエビデンスにもとづく考察となったが、今後は、本調査をもとに定量データによる分析が必要となるであろう。これらを今後の課題としたい。

注
(1) 本調査は、職員に子どもの自立に関する援助観と支援内容を尋ねたものであり、それらをレジリエンス理論を用いて分析する。調査協力者は、実務経験10年以上のインケアを担っている職員であり、半構造化の個別インタビュー調査を行った。2017年5－8月の間に4施設（1施設2名）、8名の職員の協力を得た（表10-1）。インタビューの際、対象者の承諾を得て、ICレコーダーを用いて録音を行った。録音した音声データを文字起こしし、テキストデータをカテゴリー化した。コード化されたデータは、サブカテゴリーが448である。次にコードを整理し、特定の個人、関心を中心にコードをグルーピングし分析を行った。その際、田垣（2008）を参考とした。また、本章では、インタビューの分析結果を【　】をカテゴリー、［　］をサブカテゴリー、「　」をテキストデータ引用として用いる。対象者の基本属性と実施している自立支援の内容を把握するため、質問紙調査も行った。質問紙については、事前に対象者へ郵送した。

参考文献
厚生労働省 新たな社会的養育のあり方に関する検討会（2017）「新しい社会的養育ビジョン」。
厚生労働省雇用均等・児童家庭局（2015）「児童養護施設入所児童等調査結果」。

第二部　子どもの貧困を直視して

佐々木大志郎（2015）「『子ども達の問題の背景には必ず奪われたものがあることを絶対忘れてはいけない』：アフターケア相談所ゆずりは所長・高橋亜美さんが語る『どんな家庭に生まれ育ったとしても生きられてよかったと思える社会を目指して』（http://machibarry.jp/archives/471, 2018, 8, 18）。

篠塚利別香・福島喜代子（2017）「児童養護施設における子どもの成長――レジリエンスを分析枠組みとした事例研究」『ソーシャルワーク研究』43(2)。

田垣正晋（2008）『これからはじめる医療・福祉の質的研究入門』中央法規。

東京都保健福祉局（2017）『東京都における児童養護施設等退所者の実態調査報告書』。

永野咲（2017）『社会的養護のもとで育つ若者の「ライフチャンス」――選択肢とつながりの保障，「生の不安定さ」からの解放を求めて』明石書店。

彦坂亮（2015）「児童養護施設で生活する児童をとりまく生活課題――貧困の視座を中心に」『地域福祉サイエンス』2。

堀場純矢（2013）『階層性からみた現代社会の児童養護問題』明石書店。

松本伊智朗（2010）「いま，なぜ『子ども虐待と貧困』か」『子ども虐待と貧困』明石書店。

宮本みち子・小杉礼子編著（2011）『二極化する若者と自立支援――「若者問題への接近」』明石書店。

Cameron, C. (2007) "Education and self-reliance among care leavers," *Adoption and Fostering*, 31, (1).

Gilligan, R. (1997) "Beyond permanence? The importance of resilience in child placement practice and planning," *Adoption and Fostering*, 21, 1.

Jenson, J. M. & Frazer, M. W. (2015) "A Risk and Resilience Framework for Child, Youth, and Family Policy," *Social Policy for Children and Families : A Risk and Resilience Perspective*, SAGE Publications.

Stein, M. (2005) "Resilience and Young People Leaving Care: Overcoming the odds," Joseph Rowntree Foundation, London.

第11章
子どものレジリエンスが育まれる過程
――生い立ちの整理の実践から――

田中弘美

　本章は，本書の設定するリサーチクエスチョンのうち，RQ4「子どもの自己肯定感あるいはレジリエンスを高めるためにどういう働きかけを行っているか」について検討する。併せて，レジリエンスに限定されたリサーチクエスチョンではないが，RQ3「現在どのような取り組みがあり，その効果はどのようなものであり，どういう方向，改善が望まれているか」についても最後にまとめる。これに答えるため，本章では，児童養護施設で実施されている「生い立ちの整理」という取り組みに着目する。生い立ちの整理とは，子どもの出自や生い立ち，家族の状況，入所理由などについて職員が子どもと一緒に振り返り，確認する作業のことを指す。

　児童養護施設の子どもたちは，後述するとおり，親の状況がもたらす「負の影響」をまともに受け，その影響は彼らの子ども期だけでなく施設を退所した後の生活にまで尾をひくことが多い。本章が問題とするのは，こうした子どもたちが，すでに人生におけるリスクに遭遇してしまった後に，どのようにしてこれを乗り越え，そのリスクを次の世代に持ち越さずに断ち切っていくのかという点である。これに働きかけようとするのが「生い立ちの整理」という実践である。

　したがって「生い立ちの整理」の実践は，本書の提示する子どもの貧困への「総合的アプローチ」（図序-3, 8頁）の中では，⑥子どもの貧困が子ども自身に及ぼした影響への事後ケアに位置づけられる。親の状況によって子どもたちが引き受けざるを得なかった「負の影響」，またそれを乗り越える力とは具体的にどのようなものなのか。生い立ちの整理は，その力を育むことに対してどのように作用しているのか。

　本章では，児童養護施設職員に対する11件の聞き取り調査をもとに，以上のような点を明らかにする。それをとおして，子どものレジリエンスがいかに育

まれていくのか，その過程について考えてみたい。

1　児童養護施設の子どもを取り巻く貧困／不利／困難

現在，約4万5000人の子どもが社会的養護を必要としており，その約9割が児童養護施設で生活している（厚生労働省 2017）。児童養護施設の子どもは，住居や食事など安全で安心な生活を提供されるため，一般的には「貧困」状態にないと認識されていることが多い。しかし，施設への入所に至る背景には「親の貧困」があることが少なくない。児童養護施設の子どもの約6割が何らかの虐待を経験しているが（厚生労働省 2017），虐待の背景にある「親の貧困」についてもこれまで指摘されてきた（松本 2013）。

また子どもの貧困に関しては，経済的貧困だけでなく「剝奪」という視点から捉えることも重要である（山村 2015）。親の貧困が子どもに及ぼしうる影響として「機会の不足」が挙げられる。たとえば，親子で一緒に過ごす時間が十分に取れない，適切な教育環境が子どもに与えられないといった機会の不足である（阿部 2008，山野 2008）。

さらに，虐待などによる健全な養育環境の不足・剝奪は，子どもの心身の発達や人生そのものに深刻なダメージを与える。子ども期においては，愛着形成や自己肯定感の獲得といった大切な成長の過程を阻む。それだけにとどまらず，彼らが施設を退所した後の生活においても，進学や就職に関する選択肢の幅の狭さ，人間関係を築く難しさ，孤立感といった多層的な不利・困難をもたらす（武藤 2012）。またそうした困難に直面した際に，彼らを支えることができる家族がおらず社会資源にもつながっていない場合，すぐさま経済的貧困に陥ってしまう。

このように児童養護施設の子どもは，貧困／不利／困難が複雑に重なり合った影響をもっとも深刻に受けているグループであり，それゆえ政策的な介入の重要度も高いといえる。こうした子どもたちに対して何らかの働きかけを行うことは，貧困／不利／困難の連鎖を断つにあたって重要な手段となりえる。親から引き受けざるを得なかった困難を彼ら自身が咀嚼し，乗り越えることができれば，一人の大人としてその後の生活を健全に歩んでいける可能性が高まる

からだ。

2　生い立ちの整理

　本書では,「貧困／不利／困難に負けない力」を一種のレジリエンス概念として捉えているが,これまでのさまざまな研究から,子どものレジリエンスを育成する基盤には自己肯定感があることがわかっている（フレイザー編著 2009, 阿部 2015）。ここでいう自己肯定感とは,「自己意識の一部として,自分の生き方や自分という存在に対する一般的な肯定の感覚」を指す（矢野 2016）。
　たとえば,小花和（2014）は,レジリエンスを発揮する子どもに共通する特徴として,自己を肯定的に捉えていること,何かをやり遂げたいという意欲があること,生きていく希望をもっていることなどが挙げられると述べている。また古荘（2009）によると,自己肯定感（自尊感情）の高い子どもには,逆境に強く失敗に動じないといった特徴がみられる一方で,低い子どもはその逆だという報告がなされている。
　このようにレジリエンスの基盤となる子どもの自己肯定感に働きかける方法として,児童養護施設で取り組まれているのが生い立ちの整理(1)である。児童養護施設の子どもたちは,その多くが乳幼児期から社会的養護下におかれることもあり,これまで育ってきた過程を継続的に語ってくれる大人が周囲にいない場合が多い。そのため,過去の記憶に混乱や空白を抱えており,入所理由を「自分が悪かったから」と自己否定的に捉えている子どもも多い（楢原 2015）。そこで,施設職員は生い立ちの整理を通じて,子どもの出自や家族の状況,なぜ家族と離れて暮らさなければならなかったのかなどについて,子どもと一緒に振り返り,確認する（山本ほか 2015）。
　楢原（2015：140）によれば,生い立ちの整理は「なぜその事実が起こったのかを信頼できる誰かと一緒に考え,新たな角度から見直し,自分に起こった出来事を良いことも悪いことも含めて子ども自身が自分の物語として胸に収めていくこと」だという。日本における生い立ちの整理の第一人者である才村眞理は,「子どもが過去を取り戻す支援であり,生きていてよかったと思えるための支援」と表現している（才村 2016：296）。つまり,生い立ちの整理は,職員

が子どもの過去を一緒に振り返り，子ども自身による正しい現状認識を促すことで，過酷な家庭環境によって失われた，あるいは傷つけられた子どもの自己肯定感の回復・向上に働きかける支援であるといえる。

期待される効果としては，①自己の存在を肯定できるようになる，②子ども自身が親との関係を見直す・再構築する契機になるといったことが，これまでの調査から示唆される（田中 2015）。しかしながら，以上のような生い立ちの整理に関する議論はいまだ抽象度が高く，より具体的な日常生活の文脈に落とし込んで捉えなおすことが必要である。

そこで本章では，生い立ちの整理の実施過程の具体的な中身を日常的な文脈において拾い上げていく。さらに，それらが子どもの言動に与える変化に着目し，これを言語化していくというアプローチをもって前記のリサーチクエスチョンにせまりたい。

3　児童養護施設の子どもが抱える困難

聞き取り調査では，子どもたちが受けた「負の影響」として，①自分自身の基盤となる土台のなさ，②納得のいかなさ・モヤモヤ感を抱いているといった状況が指摘された。施設職員によれば，家庭における過酷な状況を体験したことによって，子どもたちは自分自身や自分の人生を大切に思うための，よりどころとなる「足場」を失っている。また，自分の過去や現在に関する境遇がはっきりしない状況によって，暴れたり，暴力を振るったりするなどの問題行動や，退所後の生活で不安定さがみられる。

①自分自身の基盤となる土台のなさ

○「見捨てられ感」というか，子どもの中にそういう言葉としてあるかどうかはわからないですけど，でも何も土台がないというか，そういう上に立っているような感じがします。本当に何もないっていう，そういう不安の中で生活していたら揺れることも多いと思うので，それが暴力だったり，発言につながっていくことはあると思います。

○夢見がちのまま，現実をみていないというか。地に足がついていない感じがしますね。人のせいにして自分と向き合えない，嫌なことはとりあえず避けて通る，誰かがどうにかしてくれるっていう感じで他人事のように自分の人生をみている。自分の生き方に対して投げやりだった

第11章 子どものレジリエンスが育まれる過程

りしますね。やっぱり家族っていう支えが確立していない、心の中に何もない、っていう状態だと踏ん張りがきかない。
○ （生い立ちの整理を）ちゃんとできなかった子たちは本当に崩れまくって申し訳ないなと思う。施設を出て、今24－25歳の子たちです。たとえば、女の子だったら誰彼かまわず付き合っているとか、体を安売りするとか。男の子でも特定のところに居られずに仕事がころころ変わる、人間関係でつまずく、悪いところに引っ張られて行ったり。あとは、家族とどうやって距離をとったらいいかわからずに、家族が出てくるたびに生活を壊されたり。ふらふらしている子たちをみると、根づいているものがない感じがすごくする。

②納得のいかなさ，モヤモヤ感

○きょうだいの中でなぜ自分だけが施設に入っているのかとか、やっぱり納得いきませんよね。それで乳児院にいたときからの経緯などを説明して、その場では納得してしばらく落ち着くんですが、また出てくる。ずっとその繰り返しです。暴れることもあったし、他のことで腹をたてるんですけど結局、原点はそこで。そこがすっきりしないからイライラとかモヤモヤが出てくる。叱ったりしても最後はやっぱりそこに話がいくんですよね。
○小学生の子ですけど、ちょっとおませな子っていう感じで、けっこう大人ぶって。「これはお母さんには聞いたらだめだから聞かない」って、そんな遠慮がちなことを言って。でもモヤモヤするからちょっと暴れたり。
○中学生の進路を決めていく時期で揺れたときに、「お母さんの名前を知らない」ということをポンっと言って。父子家庭でお父さんとはしっかりつながっているんですけど、根本的な自分を産んだのは誰かということがわからなくて。
○中学生の受験前くらいで引きこもりになったり不登校になったり、という中高生をみていると、高校生になってもまだ「家に帰れるかもしれない」みたいな期待を話す子が多いです。

4　生い立ちの整理の中身

　以上のような子どもたちの抱える困難に対して、生い立ちの整理では具体的にどのような働きかけを行っているのか。調査からは、①自己否定的な認知の修正、②親との結びつきの確認、③現実の告知という大きく3つが挙げられた。

第二部　子どもの貧困を直視して

（1）自己否定的な認知の修正

　施設の子どもは，入所理由について過去にきちんと説明を受けていたとしても，「自分が悪い」という自己否定感を拭えていない場合が多い。そうした自身の過去に対するネガティブな認知を修正する重要性は，聞き取りの中でくり返し強調された。

> ○入所理由もはっきりわかっていると思っていたんです。でもやっぱり自分が悪かったからってなっているんですよ。たとえば「自分が体調を悪くしていたからダメだったんだ」とか「自分が熱を出していてお客さんに気づけなかったんだ」とか，それが自分のせいだと言って。だからそこは「それは違う。あのときのあなたは子どもで何をどうすることができたんだ，あなたは何も悪いことはないんだ」と修正します。

（2）親との結びつきの確認

　施設の子どもの中には，自身の親を否定的に捉えている，あるいは親の記憶がまったくないという子どももいる。それに対して，自分は誰から生まれてきたのか，親はどのような生活を送っていたのかといった，子どものルーツに関する話を職員は行っている。
　その際に，親の行動をただ単に伝えるのではなく，その事実から読み取れる親の子どもへの愛情を言語化し，肯定的に伝える工夫がなされている。ただし，下記の3つ目の語りからは，必ずしも肯定的な側面でなくとも，使っていた携帯電話や好きなものといった事実を知ることで，子どもはそこから想像される親という存在に結びつきを見出せることが読み取れる。

> ○月1回，子どもを集めて誕生日について話をするんです。けっこう施設の子どもって親に対する否定感があるんですよ。だから「誕生日って何？」って聞いたら「自分の誕生日」と言うので，「いや違う。お母さんの出産記念日だ。お母さんがいてくれてお父さんがいてくれたから，みんながいるんだ」っていうことを，繰り返し何度も話をするんですよ。
> ○母子手帳を一緒に見て，予防接種とかに行ってくれないお母さんもいるんですけど，「あなたの小さい頃，お母さんはあなたのことを考えてちゃんと予防接種に行ってくれていたんだよね」っていう話をしたり。
> ○お父さん，お母さんとは1年間くらいしか一緒にいられなかったんですけど，ありがたいこと

に写真だけはたくさんあった。1年の間にアルバム3冊くらい写真を残してくださっていて。その写真を見ながら，家はゴミ屋敷みたいな感じなんですけど，そんな中にも趣味嗜好が見えるんです。携帯電話の箱がポンとおかれていて，「お父さんとお母さんauの携帯だったんだね」と言うと「自分も将来はauの携帯にする」とか，「ガンダム好きだったんだ」とか，お菓子のゴミが落ちていたら「お菓子好きだったんだね」とか一緒に。

（3）現実の告知

　もう一つの重要な事柄として，過去を踏まえたうえで，子どもが現在おかれている状況や，この先の見通しをはっきりと伝えることが指摘された。その事実を聞くと子どもはショックを受け，乗り越えるには時間もかかる。しかし，子どもの将来を長い目でみたときには，必要なことであると職員は捉えている。

○お母さんの今の状況だと会うことはできる，出かけることもできる。でも本当に家に帰れるのかなという落ち着かなさ，その子のぐらぐら感を感じていたので，はっきりと「家に帰るのは難しい」ということを伝えました。本人はかなりしんどかったと思うし，しばらく入眠が遅いとかはありましたけど。
○その子は記憶のあるうちにお母さんに会ったことがなくて，これまでも全然現れなかったので，児相に協力してもらって「お母さんとこれから一緒に住むのは難しい」と伝えました。そのときは本人が19歳で，「19歳11か月でお母さんが出てきたらどうするんだ，そうなったらお母さんと住めるのか」「自分が今までのこと全部水に流して許したら住めるんだろ」とか言っていました。今もまだ半分認められていないんですが，退所まで，退所してからもぐちゃぐちゃを残しながらも，時間をかけて解決していくんだろうなと思います。

5　生い立ちの整理をとおして子どもにみられた変化

　以上のような働きかけは，子どもたちにどのような影響をもたらしうるか。調査では，生い立ちの整理を実施した子どもにみられた変化として，次の4つが挙げられた。①自分が愛され，大切に思われていることを知る，②弱い部分をみせ，人に頼る，③自分自身について自ら話す，④自分自身で選択し実行する。

（1）自分が愛され，大切に思われていることを知る

　生い立ちの整理では，施設に入る前の子どもの人生史と同様に，施設に入ってから今までの人生も振り返る。そこでは親との関係性にとどまらず，親以外の大人がその子の人生にいかに関わってきたのかを話したり，実際に体験させたりすることで，自分がこれまでの人生でたくさんの大人からいかに愛され，大切に思われてきたかを実感する経験が得られる。

> ○一緒に乳児院を訪ねて，みんなに「大きくなったね，かわいいね」と言われたり，「好き嫌いが多くて」とか「ここで遊ぶのが好きだった」とか，いっぱい話して，写真ももらって。そういう話をすごく楽しそうに聞いていました。なんか嬉しそうに，ニコニコして。
> ○小さいときのことをすごくいっぱい思い出してきて，「職員，学校の先生，いろんな人が，自分が育ってくる中で関わってくれたことに改めて気づいた」と話していました。
> ○その子には関わり，支え，守ろうとしてくれた大人たちがすごくいるんです。たとえば，学校の先生が朝ごはんを用意してくれた。「毎朝学校に来たらそこにあなたの朝ごはんがある。あなたの存在があったからそれを毎日やってくれた」。そういう話をするとすごく嬉しそうにするし，「それってすごいことだよね」とかって言うので，「すごいことだ。あなたのことを守ろうとしていた，何とかしようとしていた人たちが周りにたくさんいたということだよね」と言うと「そうだね」って。その先生とは今でも年賀状とかでつながっていますし。

（2）弱い部分をみせ，人に頼る

　次に，担当職員に対して自分の弱い部分をみせ，頼っていくという変化が指摘された。そこには，過去における負の経験に対して自らを閉ざす，虚勢を張るということでしか自分自身を守ることができなかった子どもが，周囲の大人に愛着を示し，信頼する，その扉が少しずつ開いていく過程がみてとれる。

> ○自分の思いを出すのが苦手な子だったんですけど，少しずつ自分の中のものを出せるようになってきた。退所することがすごく不安だった反面，強がっている部分もあったんですね。それが少し弱みをみせるというか，なかなか出せない部分をちょっと出すようになってきた，というのは感じました。
> ○もともと，損得勘定とかそういう考え方がすごく強い子で，10秒あればわーっと涙を流せるような，女優みたいな感じ。本当に他人のことはどうでもいい，もちろん自分自身のこともどうでもいい，ただそのとき楽しければ，欲しいものが手に入ればいいっていう子だった。本当にロボットみたいな感じだったのが，人間らしくなってきた。演技が下手になったなと思います。

第 11 章　子どものレジリエンスが育まれる過程

> あとは，人を求めるようになった。昔は平気で一人でいたのが，「来て」とか「一緒にいて」とかが増えたり。人との関わりを喜びに感じたり，求めてしまったり，寂しいときに誰かにいてほしいとか，そういうのがみえるようになりました。

（3）自分自身について自ら話す

　さらに明らかな変化として，子どもたちが主体的に自分自身について話すようになるという指摘もあった。その内容は自分自身の気持ちや疑問，主張，境遇などさまざまであるが，自身の非常にパーソナルな部分を誰に促されるでもなく主体的に話せるということは，自分が何を言っても相手は受け止めてくれるという絶対的な安心感がなければ起こりえないことである。

> ○子どもたちが「お泊まりに行きたい」とか「どうして自分は行けないの」というようなこともオープンに口にするようになってきましたね。
> ○ちょっと我慢をしたり，相手が怒っていたら自分が引いたりできるようになった。あと，ここの生活で不満なことなどを「こうだよね。お姉ちゃんたちもっと考えて」と私たちに言えるようになるっていうのが，いっぺんに出てきました。
> ○親のことをまったく職員に話したくないっていう閉ざした子だったんですけど，（生い立ちの整理を）1年半やってきて，もうすぐ終わるかなって思っているんですけど，その子もだいぶ親のことを話すようになってくれました。
> ○親への遠慮がなくなって，色んなことを親に自分から聞けるようになったし，ちょっと苦しいところについても，自分で話せる範囲のことだけかもしれないですけど，「実はこんなことがあったらしい」って私に話してくれる。そこは少しずつ越えてはきていると思います。
> ○小学生の頃からずっと不安定な子（不登校，高校中退，試し行動，自傷行為，摂食障害など）で，高校生くらいになって，バーっと切った後とかに話していると「愛されてこなかった，家族なんていない，いつも見捨てられてきた」っていうことを言うようになって。毎年冬になると自傷行為が激化していたんですけど，記録を見返すとお母さんの命日が12月だったんです。「その頃に思い出すんだ」っていうのをぽつぽつと話してくれるようになった。それから一緒に生い立ちをずーっとたどって行くんですが，高3のときにぽろっと，実は小さいとき継続的に性的虐待を受けていたことを話してくれて。それもやっぱり最初の頃は言えなかった。そこが彼女も話せたから，今はそれとどう付き合っていくか。退所して21歳になりましたけど，私との関係も続いているし，生活も本当に落ち着いています。

（4）自分自身で選択し実行する

　生い立ちの整理を経てきた子どもたちには，自分自身で何かを選択したり，決めることができたり，またそれを実行していけるという変化がみられた。それは自立に向けた心構えという比較的大きなものもあれば，一人で服を買いに行けるという普通の子どもにとっては当たり前に思えるような些細なものもある。

　また子どもたちの背景も，家族と決別して生きていくのか，家族のところに戻るのかといった，家族との距離感はさまざまである。しかし，どのような状況にあっても，自分の生活を自ら選びとっていく，今までできなかったことに挑戦するという子どもたちの姿には，ある種の強さが感じられる。

○家族は頼りないので自分で自立していかなきゃいけないという心構えが多少できたのかな。
○親御さんから「許してもらえるなら連絡がほしい」と連絡があったのですが，本人は自分の生活だけで精一杯だし，もし連絡を取って住所がわかって来られたりしたら絶対に嫌だから「連絡はしたくない」と言って現在も連絡は取っていません。自分でやっていくしかないという思いは，たぶん決めたと思うので，そこは大きかっただろうなと思います。
○お母さんが夜働いていて，だからたぶん帰れないというのはなんとなくわかっていたと思うんですけど。でも本人がようやくお母さんに「帰りたいな」と伝えた。そしたらお母さんも「頑張る」と。「いつかね」っていう感じじゃなくて，中学に上がるときっていう区切りができた。そこがはっきりしたことで，今までは施設でもルールを破ったり，別に私は，という感じだったのが，「やることはやらないといけない」っていう気持ちが芽生えました。
○社会経験も全然なくて，服も一人で買いに行けなかったんです。自信がないし，似合うものもわからないから。高校生の間は全部私が買ってきたものを着ていた。大学に入る前にようやく一緒に買いに行って，私が「これは？」と選んで「うん，いい」というような感じで買うんですけど。この間，初めて一人で行ったんです。一緒に行こうって言われていたけど日にちが合わなくて，そうしたら「一人で行ってくる」って。感動しました。

6　レジリエンスが醸成されていくプロセス

　以上を踏まえて，生い立ちの整理が自己肯定感の回復・向上に，またそれを基盤とするレジリエンスの醸成にどのように作用しているのかを考えてみよう。その過程は，図11－1のような同心円状に広がっていくプロセスとして捉えら

第11章　子どものレジリエンスが育まれる過程

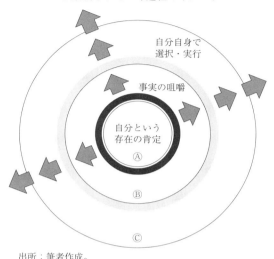

図11-1　自己肯定感を回復・向上し，レジリエンス
　　　　が醸成されていく過程のイメージ

出所：筆者作成。

れるだろう。

　1つ目の円は，自己肯定感の「核」となる部分である（Ⓐ）。調査の中で大半の職員が，あまりにも多くの子どもが自身の境遇に関して自分を責め続ける傾向にあることを指摘した。そのような「間違った認識」をもったままでは，いくら働きかけたところで彼らの自己肯定感が上がっていくことはないだろう。そのため，まずめざすべきは，入所時にマイナスの状態にある自己肯定感を少なくともゼロまで「回復」させることである。

　生い立ちの整理の中では，そのような認識を修正する語りかけや，自分のルーツである親の存在を理解し，親との結びつきを確認する働きかけが行われていた。ここから，自分自身やそのルーツである親に対するネガティブな認知を拭い去ることが，自分という存在を認めるためのもっとも根本的な基盤になることがうかがえる。

　しかし，親と暮らせない子どもにとって，決定的にネガティブな事実に向き合う過程においては，親以外の他者の存在もまた欠かせない。生い立ちの整理において職員らは，その子の人生に関わってきた大人たちから，その子が小さ

199

いときの様子を聞いたり，大人たちがどのような思いで関わってきたのかを伝えたりする機会をつくっていた。そうした機会をとおして，子どもは「愛された，大切にされた自分」という肯定的な自己像を獲得していくことが可能となる。

　さらに，そのような過程の中で，子どもは担当職員に対して弱い部分をみせたり，頼ったりするという変化がみられた。現在の生活においてもっとも身近な大人である担当職員とのこうした愛着・信頼関係の深まりは，そこまでに獲得してきた自分という存在を，何があっても守ってくれるクッションのような機能を果たすと考えられる（図11‐1のⒶ—Ⓑ間の黒塗り部分）。

　次に，2つ目の円である（Ⓑ）。子どもたちが自身の厳しい過去や現状に向き合うことは，自己肯定感の回復が向上へとつながっていくために避けては通れない工程である。なぜなら，未来に向かって歩んでいくには，現在の自分の不安や苦しみがどこから来ているのかを理解する必要があるからだ。生い立ちをたどることには，その点を文字どおり「整理する」という効用がある。多くの場合，それは子どもにとって「見たくない現実」であり，痛みを伴う。しかしそれを知りながら，職員はあえてその現実を伝える。自分の過去や現在を事実として，納得はできないとしても，受け止め咀嚼することができれば，それが前向きな力に変わっていくからだ。その一つのサインは，子どもが主体的に自分自身について話せるようになることといえるだろう。この過程は次のステップへの重要な踏み切り板の機能を果たすイメージである（図11‐1のⒷ—Ⓒ間の灰色部分）。

　そして，3つ目の円である（Ⓒ）。以上のようなクッションと踏み切り板をたずさえて，子どもは日々の生活や将来について自分自身で選択し，実行していけるようになる。もちろん，これをもって「レジリエントな子どもになった」といえるわけではないかもしれない。しかし，選択するというのは自信がなければできないことである。また，実行することには意思が不可欠である。こうした「自信」と「意思」を要する言動は，少なくとも自己肯定感を基盤とするレジリエンスの一形態，あるいは重要な前提条件だといえるだろう。

　以上のような段階的なプロセスを通じて，子ども自身の基盤の欠如や納得のいかなさに起因する「将来を描くことができない」という負の影響や，さらに

それに起因する退所後の生活における人間関係を築く難しさや孤立感といった不利・困難に対して，これを乗り越えていく力としてのレジリエンスが醸成されていくものと考えられる。

7　過程に寄り添い支える「人」の存在

　本章では，児童養護施設における生い立ちの整理という実践から，貧困／不利／困難（の連鎖）を乗り越えるためのレジリエンスが醸成される過程を検討した。それを通して，本書におけるRQ4「子どもの自己肯定感あるいはレジリエンスを高めるためにどういう働きかけを行っているか」，RQ3「現在どのような取り組みがあり，その効果はどのようなものであり，どういう方向，改善が望まれているか」への答えをまとめてみよう。

　まず，RQ4「子どもの自己肯定感あるいはレジリエンスを高めるためにどういう働きかけを行っているか」について，2点が挙げられる。第1に，児童養護施設の子どもに降りかかっている大きな「負の影響」として，自分の人生においてどこに立って生きていくのかという「足場」や「よりどころ」がない傾向にあることである。このことが自己肯定感の低さの要因の一つになっている。

　第2に，このような「負の影響」に対して，生い立ちの整理という働きかけは，①自分という存在の肯定，②事実の咀嚼，③自分自身での選択・実行という3つの過程をとおして自己肯定感の回復・向上に作用しているということである。

　ただし，3つの過程は必ずしもこの順番で進むわけではなく，現実には同時並行的に進む，あるいは事実を受け止めていく中での「揺らぎ」を伴いながら行きつ戻りつといった動きをするものであろう。だからこそ，直線的な過程ではなく，円が広がり大きくなっていく過程として捉えることが重要である。

　次にRQ3「現在どのような取り組みがあり，その効果はどのようなものであり，どういう方向，改善が望まれているか」については，これまで述べてきたとおり，生い立ちの整理という取り組みがあり，上述のような効果が期待されている。今後望まれる方向・改善としては，子ども一人ひとりの個別性を大切にした関わりや働きかけを，よりいっそう追求していくことが挙げられよう。

特に虐待などの過酷な体験をもつ子どもにとって、自分自身を肯定し受け入れていくというのは、容易ではなく大きな痛みを伴うプロセスである。しかし、そのような苦しみを乗り越えて前記の「円」を広げていけたとしたら、それはその過程すべてにおいて、守り、寄り添ってくれる存在がいるからにほかならない。

　児童養護施設においては、職員がこの役割を果たしている。職員らは、目の前にある事実をただ伝えるのではなく、事実を見つけるために探し回り、その事実を子どもと一緒に受け止め、どれだけ時間がかかったとしても、彼らの成長・自立を支える覚悟で子どもと向き合っている。そのプロセスを誰かと共有すること自体が、レジリエンスの醸成にとって欠かせない要素なのである。

　しかし一方で、生い立ちの整理を実施している施設は約2割とまだ十分に普及しているとはいえず、今後の発展が求められる（曽田 2013）。また、児童養護施設の職員の勤続年数の短さ（約半数が3年以内に離職する現状）も、子どもの育ちに重大な影響を与えていると考えられる。したがって、子ども一人ひとりの育ちの連続性を保障する支援体制の整備は、焦眉の課題である。これには、生い立ちの整理に関する現場の意識共有、子ども自身の育ちの記録の徹底、養育に関わる人材の技量の向上、職員が長く働ける環境の整備、などが含まれよう。

　本章で取り上げた生い立ちの整理という取り組みは、主に児童養護施設や児童相談所で行われている実践である。しかし、このように非常に個別性が高く、子どもの人生をひとつづきのものとして過去・現在・未来にアプローチする支援のあり方は、社会的養護にとどまらず、貧困対策全般においても保育園や学校など、子どもに関わるすべての専門職、そしてすべての大人が参考にするべきものである。

調査の概要

調査対象：児童養護施設（4施設）の職員（13名）に対して11件の聞き取り調査
調査期間：2017年5月から11月
調査内容：生い立ちの整理の実施内容、効果、課題など
倫理的配慮：同志社大学倫理審査委員会の承認を得て、それに則り実施した（承認番号：17003）

［謝辞］ 上記の聞き取り調査にご協力いただいた児童養護施設の皆様に心から御礼申し上げます。本研究の一部は，日本経済研究センター研究奨励金による補助を受けたものです（「児童養護施設における『生い立ちの整理』の効果と意義——貧困の連鎖からの脱却を目指して」山村りつ・田中弘美，2017年3月—2019年3月）。

注

(1) 日本に先行してこの実践が普及したイギリスにならって「ライフ・ストーリー・ワーク（LSW）」と呼んだり，施設によっては「家族関係の整理」と呼んだりすることもあるが，本章ではこれらも含めて「生い立ちの整理」という。LSWを含む取り組み全般に関しては楢原（2015），山本ら（2015），才村（2016）などを参照されたい。また，児童養護施設だけでなく児童相談所や里親なども生い立ちの整理の実践者に含まれるが，本章では児童養護施設での取り組みに焦点を絞る。

参考文献

阿部彩（2008）『子どもの貧困——日本の不公平を考える』岩波新書。

阿部彩（2015）「子どもの自己肯定感とレジリエンス」埋橋孝文・矢野裕俊編著『子どもの貧困／不利／困難を考える Ⅰ——理論的アプローチと各国の取組み』ミネルヴァ書房。

小花和 Wright 尚子（2014）「自己肯定感とレジリエンス——危機を乗り越える力の基盤」『児童心理』No. 986。

厚生労働省（2017）「社会的養育の推進に向けて（平成29年12月）」。

才村眞理（2016）「福祉領域におけるライフストーリーワークの実践の現状」『子どもの虐待とネグレクト』18(3)。

曽田里美（2013）「児童養護施設におけるライフストーリーワークの実態——アンケート調査の分析から」『神戸女子大学健康福祉学研究』No. 5。

田中弘美（2015）「児童養護施設の子どもにみる自己肯定感をはぐくむ支援——生い立ちの整理を手がかりに」埋橋孝文・矢野裕俊編著『子どもの貧困／不利／困難を考える Ⅰ——理論的アプローチと各国の取組み』ミネルヴァ書房。

楢原真也（2015）『子ども虐待と治療的養育——児童養護施設におけるライフストーリーワークの展開』金剛出版。

フレイザー，M. W. 編著／門永朋子・岩間伸之・山懸文治訳（2009）『子どものリスクとレジリエンス——子どもの力を活かす援助』ミネルヴァ書房。

古荘純一（2009）『日本の子どもの自尊情はなぜ低いのか——児童精神科医の現場報告』光文社。

松本伊智朗編著（2013）『子ども虐待と家族——「重なり合う不利」と社会的支援』

第二部　子どもの貧困を直視して

　　　明石書店。
武藤素明（2012）「あとがき」武藤素明編著『施設・里親から巣立った子どもたちの自立──社会的養護の今』福村出版。
矢野裕俊（2016）「子どもの貧困と自己肯定感」『Int'lecowk』No. 1058。
山野良一（2008）『子どもの最貧国・日本』光文社新書。
山村りつ（2015）「子どもの貧困をどう捉えるべきか」埋橋孝文・矢野裕俊編著『子どもの貧困／不利／困難を考えるⅠ──理論的アプローチと各国の取組み』ミネルヴァ書房。
山本智佳央・楢原真也・徳永祥子・平田修三編著（2015）『ライフストーリーワーク入門』明石書店。

第12章
子どもの貧困と子ども食堂

田中聡子

1 増え続ける子ども食堂

　子ども食堂は子どもの貧困対策として,子ども自身に働きかける取り組みであると位置づけられる。また,子ども食堂は,貧困を背景として現れる不登校や低学力親からの虐待に対して個別支援を実践するような場ではなく,そうしたさまざまな問題を予防する場だと言える。つまり,序章の「子どもの貧困の経路・ステージと対応する施策」(図序-3,8頁)における予防・事前ケアの⑤「福祉・教育プログラム」に位置づけられた活動である。ただし,子ども食堂は住民の主体的な活動であるところに特徴がある。

　そのうえで,本章では,本書全体のリサーチクエスチョンであるRQ3「現在どのような取り組みがあり,その効果はどのようなものであり,どういう方向,改善が望まれているか」を子ども食堂に即して検討するものである。

　子ども食堂は時代の要請なのか,ブームなのか整理のつかないままに増え続けている。2016年7月2日付け朝日新聞朝刊では,2013年時点でわずか21か所だった子ども食堂が3年足らずで300か所に増えたことが報道された。テレビや雑誌などにも子ども食堂が取り上げられたが,「子ども食堂」に関しては明確な定義はない。前述の子ども食堂の全国的な取り組みを記事にした朝日新聞では,以下のように説明されている。

　　地域の大人が子どもに無料や安価で食事を提供する,民間発の取り組み。貧困家庭や孤食の子どもに食事を提供し,安心して過ごせる場所として始まった。「子ども食堂」という名前が使われ始めたのは2012年。最近は,地域のすべての子どもや親など,対象を限定しない食堂が増えている。食堂という形を取らず,子どもが放課後に過ご

第二部　子どもの貧困を直視して

す居場所の中で食事を出しているところもある。[(2)]

　2018年4月4日付けの朝日新聞朝刊には，子ども食堂が2200か所超になったことが報道されている。前述の朝日新聞の記事以降，2年弱で7倍以上に増えていることになる。子ども食堂は，民間発の活動である。担い手は，おおむね地域住民であり，いわば相互扶助的な面がある。昨今，わが国では，人口減少，超高齢社会を背景に地域の運動会や敬老会の運営が困難になるなど地域活動の担い手不足が問題となっている。ところが，子ども食堂は増え続けている。「子ども食堂現象」ともいうべき状況である。

　数年のうちに全国に広がった子ども食堂は，学術的な定義や整理が追いつかないまま，マスコミ報道が先行した。報道内容は，いわゆる一人ぼっちでさびしい子どもにとっての居場所や十分に手間ひまかけた食事を家庭では味わっていない子どもに手作りの食事を提供するというものが多い。この文脈に沿うと，子ども食堂が提供しているサービスは「居場所」と「食事」だといえる。また，"一人ぼっち"や"手間ひまかけない食事"の子どもに手を差し述べているという報道は，市民の共感を得やすく，世論は同調しやすい。つまり，何の責任もない，あるいは何の非もない子どもが，親の帰りを待ちながら一人ぼっちで市販の惣菜や弁当を食べているような内容の報道の後に，地域の人々の温かい眼差しとおいしそうな手作りの食事を提供された子どもの笑顔は人々の心を打つことになろう。加えて，自発的かつ民間発で取り組まれた子ども食堂は，明石市や滋賀県のように自治体の子どもの貧困対策として補助金や助成金の対象となったところもある。[(3)]このことも急増の一因である。

2　子ども食堂は子どもの貧困に対するどのような取り組みなのか

（1）子どもの貧困対策としての位置づけ

　2013年6月に「子どもの貧困対策の推進に関する法律（以下，「子どもの貧困対策法」）」が制定され，政府によって子どもの貧困対策を推進していくことになった。

　国や地方行政が子どもの貧困対策を実施するということは，貧困の克服，改

善，予防のための仕組みを行政が関与して整備することに加えて，公費を投入して子どもに直接サービスを提供することを意味する。子どもの貧困対策の基本方針として，2014年8月29日に閣議決定された「子供の貧困対策に関する大綱」には生活支援としてひとり親世帯や生活困窮者の子どもの居場所づくりに対する支援が明示された。これ以降NPO団体や母子寡婦団体，社会福祉法人等の民間団体が行政からの委託事業や補助金事業として居場所事業や学習支援事業を運営するようになった。こうした事業にはボランティアとして地域の人や大学生が多く参加している場合が多い。公費を背景に子どもの貧困を改善しようとする市民活動が広がっていったといえよう。

　さらに，子どもの貧困研究が急速に発展し，子どもの貧困は子どもに責任がない（埋橋 2015：13）にもかかわらず，経済的困難と社会生活に必要なものの欠乏状態におかれることにより，子ども時代だけでなく人生全体に影響を与えるほどの不利を負わせること（小西 2009：11，阿部 2008：18—28）が示された。「大人や親の貧困」は個人的努力の不足に収斂されがちである。しかし，子どもの貧困は親や大人の経済状況が子どもに影響することやどんな家庭に生まれるかは子ども自身が選択したわけではないということが広く理解されるようになり，社会的な合意や賛同を得ていったといえる。そこで，子どもに責任がないにもかかわらず，不利，不平等な状況であることに対して，サポートできることがあればやってみようという実践が広がっていった。こうして，非営利団体を中心にした子どもに対する無料もしくは低額で勉強を教える学習支援活動や子どもの居場所事業と同じように，子ども食堂も広がったのである。

（2）地域社会からの要請

　子ども食堂が広がる背景には子どもを取り巻く環境の変化があると考えられる。1つ目は人口減少と単身世帯の増加による地域社会の変化である。少子高齢化が進むのと同時に，従来のような二世代，三世代家族が減少し，ひとり暮らしを含む高齢者世帯が増加している。それに加えて地方都市では人口減少の加速と世帯の小規模化が同時進行している。地域社会が弱体化し，自治会活動の維持が課題になりつつある。町内会の役員を担う人も次第に減り，地域の行事を維持していくことが困難になり，子ども会活動が維持できない自治会も増

えている。さらに，プライバシー保護や個人情報保護法の関係で，地域にどんな人が住んでいるのかがわかりづらい状況になり，地域社会のつながりが希薄になっている。こうしたことから，地域社会においてつながりづくり，相互扶助の構築が求められるようになった。特に社会保障の財源が問題となる中で，医療・介護サービスの適正化と受け皿としての地域包括ケアシステムに期待が高まり，地域の相互扶助，つながりづくりは行政だけではなく，地域住民にとっても重要な課題となった。

　２つ目は少子化の影響である。学校の統廃合が進み，今までのように登下校時に大勢の子どもが並んで歩く姿をみなくなった地域が存在する。近くの大人が「おはよう」「おかえり」と声をかけることも少なくなってきている。また，学校から帰って一緒に遊ぶ友だちも減っている。子どもは塾や習い事に行って，そこで友だちと会うということになる。子どもが地域社会の中で友だちと遊び，大人と出会う機会も減っている。こうした状況の中，団塊の世代が65歳を迎える2015年問題，75歳を迎える2025年問題の文脈で介護予防，生きがいづくり，あるいは高齢者のセカンドライフの啓発が実施されている流れと，子どもを中心にした異年齢交流や居場所づくりが合流した。子どもや若者世代を巻き込んだつながりづくりや異年齢交流による地域活性化がマッチした。

　以上の２つの社会的背景と同時進行で子どもの貧困は社会に広がっている。子どもの貧困はひとり親世帯に顕著ではあるが，夫婦共働き世帯にも広がっている。2015年度の国民生活基礎調査の結果においても大人が二人の世帯の子どもの貧困率は10.7％であり，児童のいる世帯の61.9％は「生活が苦しい」と感じている。[(4)]

　そこで，子ども食堂には，希薄化した社会の中で，子どもたちが多様な大人や異年齢の子どもと出会うつながりづくりの場として期待がかかる。

（3）相対的剥奪指標による地域社会への貧困の明示

　子どもの貧困問題は，阿部（2008，2014）や小西（2009），埋橋（2014）に代表されるように，経済的困難が子どもの生活や成長の諸段階で発達に必要な資源や環境からの排除や剥奪状態を生み出すと論じられている。剥奪指標は貧困測定のための指標である（阿部 2014：224）。その項目は衣食住の生活環境，教育

表12-1　子どもの実態調査の項目（一部抜粋）

貧困の状況にある子供や家庭の支援ニーズの所在を把握するために調査するもの
ア　教育の支援に関する調査項目 ・登校状況，勉強時間・場所，学校の勉強の理解度，希望学歴と見込まれる学歴（ギャップの理由） ・子供の放課後の過ごし方（塾・習いごと，部活，家で一人・家族と過ごす，児童館，学童クラブ，繁華街・ゲームセンター等，友達と過ごす，バイトなど） ・教育関連の支出で負担に感じるもの（授業料，学用品，給食費，修学旅行費，クラブ活動費，学校外教育費（塾の費用）など） ・子供の進学に関する不安（学力，金銭的不安など）など
イ　生活の支援，保護者に対する就労の支援，経済的支援に関する調査項目 ・子供を養育する世帯の構成，住居の状況，学歴，就業の状況，世帯のおおよその収入など ・親子の会話の時間・内容，学校生活の満足度，子供の悩み事，子供の自己肯定感 ・子供の食事（三食摂取しているか，誰と食事するか，内容（手作り，冷凍食品，菓子のみ等）など） ・子供の入浴習慣，起床就寝時間 ・テレビ，ネット等を使用する時間 ・子供のう歯の状況，医療機関のかかり方（必要な時に医療機関にかかれるか，かかれない場合はその理由），子供の健康状態

出所：内閣府HP「実態調査の調査項目の具体的事例」http://www8.cao.go.jp/kodomonohinkon/torikumi/koufukin/pdf/jirei/gutaitekijirei.pdf

機会や余暇活動，友人，近隣等の社会関係やライフイベントなど多角的である。**表12-1**は内閣府の「地域子供の未来応援交付金」活用による子どもの貧困対策のための実態調査の項目の一部である。

　調査項目は子どもの放課後の過ごし方，食事の状況，入浴や起床就寝時間など学校外の活動や家庭生活に踏み込んだ内容になっている。こうした項目は，現代社会の生活の質を測定するものである（阿部 2008：192—198）。阿部は，子どもが与えられるべき必需品がもてない状況を相対的剥奪状態とした。このことを実証するため「大阪子ども調査」や「東京都子供の生活実態調査」などの調査を実施している。子どもの貧困状態は，放課後に塾や習い事に行かない，一人で過ごす，進学に対する不安がある，親子の会話時間がない，食事は一人，手作りでない，起床と就寝時間が遅いなどの状況に該当する。つまり，相対的剥奪指標は子どもが経済的に困窮した状況に置かれた場合に，子どもの生活のどの部分に影響し，結果としてそのことが成長や発達の諸過程において不利をもたらすことを実証できる指標である。こうした具体的な指標を示すことは，

対策を推進するうえで重要である。

　また，剥奪概念は指標化されることにより，貧困でない層との生活の水準を比較できる。そこで，地域の住民には，低位な生活水準に置かれた子どもの存在を知ることになる。特に，放課後一人で過ごし，食事は一人で手作りでない子どもが少数ではなく，身近に存在していることが明らかになる。現代社会の貧困は相対的な貧困であり，みえないことが特徴である。また，経済的な指標以外は測定が難しい。したがって相対的貧困に対する経済給付以外の支援は難しい面がある。そこで剥奪指標を用いて生活の水準を測定することで，低位な水準で生活する世帯の実態を社会に明示できる。さらに，貧困状態の測定指標が孤立と孤食であり，手助けできる方法が居場所と食事の提供であるならば，地域としてもできる活動になろう。

（4）住民活動として広がる子ども食堂

　子ども食堂は，子ども食堂を必要とする子どもと，子どもに食事を提供する人，すなわちニーズと提供主体の両方があって成立する。そこで，子ども食堂を開設しよう，子どもに食事を提供しようとする人が増加している点にも着目する必要がある。

　つまり，子ども食堂は子どもの孤立や孤食を改善しようとする地域の住民活動の側面をもっている。すでに報道されている子ども食堂の多くは，自主的，自発的な活動であり，子ども食堂をやってみようという人たちが運営している。経済的な問題を抱える家庭，親が不在で子どもだけで食事をする家庭，あるいは「つながり」「居場所」が必要と感じられる家庭が身近に存在することを肌で感じているのだろう。

　子ども食堂は自主的なコミュニティづくりである。積極的な政治への関わりはないにしても，親の貧困を背景とした子どもの問題への関与がある。

3　子ども食堂はどのような効果をもたらすのか

（1）子ども食堂はどんな機能をもつのか

　市民の自発的活動として始まった子ども食堂は，マスコミによって先行して

表12-2 子ども食堂の整理

ビジョン＼対象	ユニバーサル型	ターゲット型（貧困対策）
地域づくり（コミュニティ志向）	共生食堂	
ケースワーク型（個別対応志向）		ケア付き食堂

出所：湯浅（2016）より筆者作成。

取り上げられた。さらに，実践を紹介する雑誌やフェイスブック，ブログなどにも子ども食堂が取り上げられた。インターネットを中心に子ども食堂ネットワークが形成され「子ども食堂サミット」や「全国ツアー」が開催された。[6]子ども食堂の立ち上げから運営方法までを体験談を交えて紹介した『子ども食堂をつくろう！』（NPO法人豊島 WAKUWAKU ネットワーク編，明石書店）などが出版され，子ども食堂の活動は広がった。

　冒頭に述べたように子ども食堂に明確な定義はない。そこで，子ども食堂はどのような機能をもち，どのような効果があるのかについて論じる。

　子ども食堂の機能について最初に言及したのは湯浅（2016）である。湯浅は子ども食堂を，ターゲット（対象）とビジョン（目的）という2つの視点から類型化している。

　表12-2は湯浅による子ども食堂の整理をもとに筆者が作成したものである。子ども食堂は，対象者を限定しないで交流の拠点となる「共生食堂」と，対象者を限定し子どもの生活課題への対応をめざす「ケア付き食堂」の2つに代表されると示している。湯浅は，後者が特に子どもの貧困対策として取り組まれていると論じている。

　湯浅の整理は，次々誕生する子ども食堂に対しての枠組みを作ったのだと考えられる。対象者をユニバーサル型とターゲット型に分け，目的をコミュニティ志向と個別対応志向に整理した。しかし，この枠組みについては検討が必要と考えられる。たとえば，対象者を限定しない子ども食堂であっても子どもと保護者へのケアや支援を実践している子ども食堂もあろう。

　一方，限定された対象者とはひとり親家庭や生活保護世帯等を典型例として想定しているのだろう。対象者を限定すると，子ども食堂は何らかの社会サービスの一つとなり，そこに集まる子どもは，利用者やクライエントになる。つ

まり，すでにこの家庭の子どもには何かの福祉ニーズがあり，ニーズを充足するためのサービス提供として，子ども食堂があるという意味になる。福祉ニーズが貧困を要因にした欠食，孤食，孤立であることが明らかになった場合，ニーズ充足のためのサービスは，食事の提供とケアの提供となる。

　また，湯浅は対象を限定しないユニバーサル型の子ども食堂は地域づくりを志向していると述べている。つまり目的が貧困対策ではなく，地域づくりであると論じている。筆者は，子ども食堂が対象を誰にするかと，やってきた子どもに食事以外のことを提供するかどうか，すなわちどのような機能をもたせるかは，開設者の動機に影響されるものと考えている。市民発の子ども食堂は，ボトムアップの福祉実践である。子ども食堂は運営者の強い動機から誕生している。

（2）子ども食堂は誰を対象にしているか

　社会福祉実践の目的は利用者のウェルビーイングの向上である。ミクロの実践では，当事者，利用者のウェルビーイング向上のために相談援助によって明らかになった利用者のニーズに対応してサービスの提供を実施することになる。福祉サービスを利用する子どもは，すでに生活上の問題，たとえば親からの虐待，不登校，非行，学力低下などの問題を抱えている。そこで，専門職が面接し，アセスメントシートを用いて具体的な課題を析出し，課題を改善，解決するために適切サービスを提供する。このような専門職によるサービス提供は序章の図序-3（8頁）の事後ケア⑥に相当する。事後ケアは個別性が高く，選別された利用者が対象となる。

　筆者は2017年8月に，インターネット上で確認できた全国の子ども食堂のうち，開設者の住所等が公表されており，調査票が送付可能である342の子ども食堂を対象に郵送質問紙調査を実施した。結果，回収は154である（回収率45％）。欠損値の少ない153か所の回答をもとに子ども食堂は誰を対象としているかについて論じていきたい。

　図12-1は，子ども食堂が対象としている児童についてのグラフである。未就学児が参加する子ども食堂は全体の88.9％である。小学生の参加がある子ども食堂は98.7％になり，中学生になると71.9％になる。高校生になると39.2％

第12章 子どもの貧困と子ども食堂

図12-1 子ども食堂の対象児童と保護者の参加状況

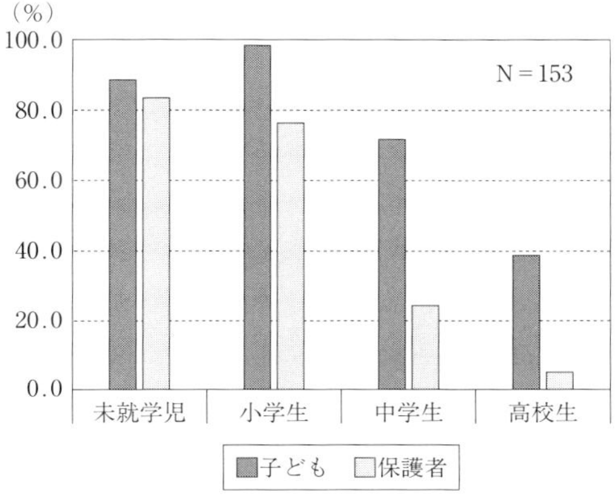

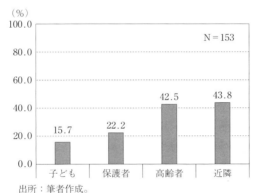

図12-2 参加要件がある割合（対象者別）

にまで減少している。保護者の参加状況では，未就学児の保護者が参加している子ども食堂は83.7%，小学生の保護者の参加がある子ども食堂は76.5%である。中学生の保護者が参加する子ども食堂は24.8%に減少し，高校生の保護者が参加する子ども食堂は全体の5.2%になる。したがって子ども食堂が主として対象とするのは未就学児と小学生およびその保護者といえよう。

図12-2は，参加する条件があるかどうかを尋ねた結果を示したグラフである。子どもに関しては84.3%の子ども食堂が参加のための要件の設定がなく，

213

表12-3　子ども食堂の参加要件

子ども	保護者	高齢者	近隣
年齢制限	未就学児に一名まで	ひとり暮らし	地区を限定
地区を限定	母親，付き添いの大人	子どもの家族	ボランティア
低所得世帯	働いている親	地区を限定	
ひとり親家庭	ひとり親	ボランティア	
孤食の子ども	低所得世帯，生活保護受給者，児童扶養手当て受給者，修学援助利用者		
子どもが一人で来ること	食事を作るのが大変と感じている人		

出所：筆者作成。

　保護者に関しては77.8％の子ども食堂は参加するための要件を設定していない。子どもも保護者も概ね8割の子ども食堂は参加する要件を課していないことがわかる。子どもと保護者であれば，ほとんどの子ども食堂は参加できることになっている。

　表12-3は子ども食堂に設定されている具体的な参加要件を示したものである。

　子どもに設定された要件のうち，「小中学生とする」などの年齢制限を設定しているところや，居住地を限定しているものがある。特に自治会や学区社会福祉協議会などの組織が運営している場合は地区を限定している割合が高い。ひとり親家庭を対象とした補助金事業として実施しているところは，対象となる子どもを限定している。しかしながら，参加要件の多くは，低所得世帯や生活保護世帯に限定するというものより，義務教育課程の子どもや地域に居住する子どもという要件である。一方，保護者の要件の中で「働いている親」を設定しているところは，公費による補助事業の子ども食堂であった。しかし，「ひとり親」「低所得」「孤食」の要件は公費の補助がなくても設定しているところもある。

　また，多くの子ども食堂には高齢者や近隣住民も参加している。保護者以外の大人が参加する場合は，居住地が要件になっていることがある。高齢者の場合はひとり暮らしであることや，ボランティアとして参加することなどを要件にしている子ども食堂もある。

　以上のことから，子ども食堂の多くは，子どもや保護者であれば誰でも参加

できる。参加要件があるところは，居住地域や年齢による制限などが主であり，高齢者やボランティアを含めた地域福祉活動の色彩が強いといえる。

（3）子ども食堂はどういう効果をもたらしているか

子ども食堂の対象は，おおむね子ども食堂を開設した人の身近に居住する子どもと保護者である。また，高齢者や近隣住民も要件なしでおよそ5割の子ども食堂に参加していることが示された。つまり，子ども食堂は，コミュニティの場になっている。

以上で明らかなように子ども食堂は，福祉的ニーズの高い子どもをアセスメントによって選別し，子ども支援のプログラムに位置づけたサービスを提供しているわけでない。子ども食堂は入り口では，ターゲットを絞っていない。その点こそが子ども食堂による課題のある子どもへの予防的なアプローチであると考えられる。間口を広くすることで，課題のある家庭の子どもも包摂できる。親の社会関係の乏しさは，子どもの人間関係を狭くし，親以外の大人を知る機会をも失わせてしまう（田中 2016：64―66）。したがって，子どもに親以外の多様な地域の人との出会いの場，コミュニティの形成の場を提供するという役割を子ども食堂は果たしている。

（4）社会関係を広げる子ども食堂

子どもの抱える課題は家庭によって異なる。また，課題のある人にスティグマを与えるような場所に本当に困っている人は集まってこない。入り口は広く，低くすること，さまざまな家庭の子どもを包摂するために子ども食堂が多様性をもち，多義的であることによって，誰でもアクセスできる，困難家庭にもつながる，受容し，つながりをつくることが可能になる。子ども食堂は地域に開かれた食堂であり，子どもが行きたいと思えば誰でも利用できることが重要である。集まった「誰」かに課題があると気づけば，福祉の専門職や民生委員などにつなげていけばよい。

したがって，子ども食堂は，欠食や孤食の改善を目的にしているが，効果は食事の摂取以上にある。それは，孤立の予防やつながりづくりだといえる。核家族，特にひとり親家庭では親の社会関係が狭く，親自身が地域から孤立して

いることが指摘されている。仕事と育児に追われて，親子の会話時間の不足，子どもが社会参加をする機会の不足が生じる。子ども食堂に参加することで，地域の高齢者やスタッフの人と子どもが交流する機会をもつことが可能になる。つまり，子ども食堂は孤立を予防し，社会関係を拡げる可能性がある。また二次的な効果として，子ども食堂に行くとなじみの大人が声をかけてくれる。子どもにとって，子ども食堂は自分を受け入れ，待っていてくれる人がいる場となる。子ども食堂が急速に増える理由がここにある。

4　これからの議論のために

　本章を締めくくるにあたって，子ども食堂をめぐる議論で留意すべき点を2点指摘しておきたい。1点目は，子ども食堂が貧困問題に対してもつ効果は限定的だということである。
　現状，子ども食堂の活動に対してマスコミ，世論は好意的な立場である。むしろ推奨するような状況にさえある。しかし，子どもがなぜ孤食や欠食の状況に置かれているのか，なぜ夜にコンビニエンスストアの弁当を1週間に何日も食べることになるのかといった背景にまで言及する必要があろう。親が子どもと一緒に食事をできないぐらい遅い帰宅であること，十分に栄養のある食事を提供できない状況にあることは，親の働き方や収入の問題であるにもかかわらず，そのことが議論から外れる危険性がある。もっといえば，孤食，欠食，店屋物の食事が，1か月に数回開催される子ども食堂における食事の提供によって改善されるのであろうか。子ども食堂が貧困対策の代表のように取り上げられることは，保護者の低所得や不就労による貧困問題を矮小化するのではないだろうか。
　2点目は，子ども食堂が価値の押しつけになってはならないということである。筆者が実施した前述の子ども食堂調査において，子ども食堂の目的として，98％の子ども食堂は手作りの食事の提供について「ややあてはまる」「あてはまる」と回答した。NHKが2016年に実施した「食生活に関する世論調査」では，出来合いの弁当や惣菜を食べたことがある割合は家族と同居の女性が62％，無職の女性が54％，1週間に35時間以上働いている人は73％になる。忙しい現代

人はむしろ，加工食品を利用しながら食生活を送っているといえる（村田ほか 2016：58—59）。女性が手間ひまかけた食事を提供することが美徳とされた時代とは違うのであり，共働き世帯が増加した現代社会で手作りの食事が前面に出ることは，手間ひまをかけていない母親へのプレッシャーや罪悪感へとつながることがある。子ども食堂の運営において家族の団欒を理想とする専業主婦モデルを感じさせない配慮が必要だろう。

注
(1) 2014年9月25日（木）NHK放送「おなかいっぱい食べたい〜緊急調査・子どもの貧困〜」（http://www.nhk.or.jp/gendai/articles/3556/1.html，2017/12/18）では，子どもの貧困の状況とともに，フードバンクやNPO法人 豊島子どもWAKUWAKUネットワークの活動が紹介された。
(2) 2000年1月1日から2013年12月31日までに朝日新聞記事データベース（http://database.asahi.com/library2/main/top.php，2017/12/18）にて「子ども食堂」を検索した結果，3件の記事がある。もっとも古い記事が2012年10月1日付け「大きな紙，好きな絵存分新聞工場が提供，大田でイベント」である。大田区「きまぐれ八百屋だんだん」で「ワンコイン寺子屋」，「子ども食堂」を企画したと掲載されている。
(3) 明石市では，こどもの居場所創出事業（こども食堂）として，「一般財団法人あかしこども財団」（明石市が設立者）が運営している（明石市ホームページ「こどもの居場所創出事業（こども食堂）」https://www.city.akashi.lg.jp/fukushi/jisou/zaidan-hp.html，2018/8/20）。

大阪市西成区は「こども食堂支援事業補助金」をこども食堂を運営している団体に事業費の一部を補助している（大阪市西成区ホームページ「こども食堂支援事業補助金交付要綱」http://www.city.osaka.lg.jp/nishinari/page/0000424631.html，2018/8/20）。
(4) 「平成28年 国民生活基礎調査の概況」（http://www.mhlw.go.jp/toukei/saikin/hw/k-tyosa/k-tyosa16/dl/03.pdf，2018/6/30）。
(5) 阿部の代表的な調査は，2012年の「大阪子ども調査」である（「貧困に対するコンピテンシーをはぐくむ福祉・教育プログラム開発」〔研究代表者：埋橋孝文 同志社大学教授〕の一環として行われたものである）。2016年には首都大学東京の子ども・若者貧困研究センター（阿部彩センター長）が東京都の「子どもの生活実態調査」を実施した（https://www.tmu-beyond.tokyo/child-and-adolescent-poverty/

survey/tokyo2016.html)。

　その後，子どもの貧困対策の推進に関する法律（2014年）施行後に「子供の貧困」に関する独自調査を実施している自治体は都道府県53.2％，指令指定都市85.0％，市区町村53.7％になっている（内閣府ホームページ「平成29年度　地域における子供の貧困対策の実施状況及び実施体制に関する実態把握・検証報告書」http://www8.cao.go.jp/kodomonohinkon/chousa/h29/pdf/s2-1.pdf，2018/7/23）

(6)　「子ども食堂ネットワーク」(http://kodomoshokudou-network.com/summit/，2018/7/23)

　　「広がれ，こども食堂の輪！」全国ツアー実行委員会（http://kodomoshokudo-tour.jp/，2018/7/23)

参考文献

阿部彩（2008）『子どもの貧困――日本の不公平を考える』岩波新書。

埋橋孝文（2015）「子どもの貧困とレジリエンス――8つの論点」埋橋孝文・矢野裕俊編著『子ども貧困／不利／困難を考えるⅠ――理論的アプローチと各国の取組み』ミネルヴァ書房。

小西祐馬（2009）「子どもの貧困を定義する」子どもの貧困白書編集委員会編『子どもの貧困白書』明石書店。

芹沢俊介（2000）「居場所について」藤竹暁編『現代のエスプリ別冊　現代人の居場所』至文堂。

田中聡子（2017）「母子家庭自立支援における多様な『大人モデル』提示プログラムの試み」『月刊 地域ケアリング』第19巻第3号。

田中聡子（2018）『子ども食堂調査報告書』科研基盤C（15K03935：研究代表　田中聡子）。

藤竹暁（2000）「居場所を考える」藤竹暁編『現代のエスプリ別冊　現代人の居場所』至文堂。

村田ひろ子・政木みき・荻原潤治（2016）「調査から見える日本人の食卓――『食生活に関する世論調査』から①」『放送研究と世論』10月（https://www.nhk.or.jp/bunken/research/yoron/pdf/20161001_7.pdf，2018/7/25）。

湯浅誠（2016）「『こども食堂』の混乱，誤解，戸惑いを整理し，今後の展望を開く」（https://news.yahoo.co.jp/byline/yuasamakoto/20161016-00063123/，2017/12/18）。

第13章
「子どもの貧困」と児童文学
―― 二宮金次郎ストーリーを超えて ――

三島亜紀子

1　レジリエンスとナラティブ

　埋橋（2015：13）は子どもの貧困がより深刻で注目が集まる理由として，①（親の）貧困に由来する各種の「不利」「困難」を受動的に引き受けざるを得ないこと，②現在の子どもだけでなくその後の世代にまで，貧困と「不利」，「困難」が継承されていく可能性が高いことを挙げている。近年，各種調査で貧困の連鎖が明らかにされてきた。それはあたかも，貧困家庭は社会カーストの底辺に位置しているかのような様相を呈している。自由で平等な社会に生きているつもりが，実態はそうでなかったことに対して人々は心を乱されるのだろう。

　本章では児童文学を切り口にして，子どもの貧困について考察する。富の移行により貧困に陥ったり裕福になったりすることは，昔から人々の関心を集めてきた。「貧乏神」や「笠地蔵」，「花咲か爺さん」，「田螺長者」など，枚挙にいとまがない。その多くは，正直者や信仰心の深い者が金持ちになり，意地悪で嘘ばかりつく者が貧しくなるといった大団円で終わる。

　これに対し，近代化とともに生まれた児童文学の中に登場する貧しい人々や子どもたちの多くは，意地悪でも嘘つきでもない。近代化や都市化，産業構造の変化などによって生み出された困難は，まじめで信心深い人や無垢な子どもにも降りかかる。伝統的な社会がもっていた機能や規範では解決できない貧困問題にどう立ち向かうべきかは，多くの人々の関心事であった。そうした物語には人々の貧困に対する考え，時に社会保障制度のあり方まで映し出されている。逆にこうした物語の存在が，人々の考え方や社会保障制度のあり方を規定することもあったかもしれない。

　レジリエンスに関するナラティブの観点からの研究に，レジリエントな人は

たとえ逆境にあっても注意深く振り返り，新たな意味を見出して新しい人生を物語ることができるという指摘がある。またレジリエントな人のナラティブは，周囲の人間関係を把握しており，困難を切り開く主体性の力に溢れているという（ハウザーほか 2011：10—15）。自ら逆境を切り開く物語は，子どもが自らの境遇をポジティブに物語るときのモデルとなり糧となる可能性がある。それが児童文学のようなフィクションであっても，有益な型を提供すると考えられる。

　本書の第11章では，「生い立ちの整理」の実践が論じられている。これは，子どもが出自や生い立ち，家族の状況など子どもの過去を職員と一緒に振り返るもので，レジリエンスの基盤となりうる自己肯定感に働きかける実践とされる。こうした場においても，子どもが現実と向かい合い，出来事を再構成する際には，既存のストーリーが何らかの影響を与えていると考えられる。そもそも子どもが耳にしたり読んだりする物語は，子どもの生きる力を育てるために大切なものだ（脇 2008）。加えて児童文学を読むことは直接，読み書きの能力の向上をもたらすものでもある。

　本章では，図序‐3（8頁）「子どもの貧困の経路・ステージと対応する施策」にある福祉・教育プログラム⑤⑥と，リサーチクエスチョン（RQ）4の「子どもの自己肯定感あるいはレジリエンスを高めるためにどういう働きかけを行っているか（行っていないか），今後どういう対応をすべきか」に焦点を当て，①貧困をモチーフにした児童文学を概観し，それぞれが与えた社会的インパクト，②現在，貧困に苦しむ子どもたちのレジリエンスを高めるために効果的な物語とはどういうものかについて考察したい。前者については，受賞作品や，推薦図書，影響力のある人物による作品など，広く読まれた児童文学全般を検討し，後者は，筆者が今後も絵本の出版を企画していることから絵本に絞って考察した。

2　近代児童文学と貧困

（1）スティグマ発生装置としての金次郎

　明治期以降，子ども向けの物語で大きな存在感があったのは，二宮尊徳であろう。幸田露伴の『二宮尊徳翁』（博文館）は，1891年に『少年文学』の双書と

図13‑1　立身出世物語にある勤勉さと貧困の関係

出所：竹内（1976）を基に筆者が図式化。

して出版された。1920年代後半から全国各地の小学校などに設置されていった「金次郎像」は，このときの挿絵の影響を受けたといわれる。1904年には国定教科書「尋常小学修身書」に金次郎の話が採用され，1911年には『尋常小学唱歌　第二学年用』に「二宮金次郎」が掲載された。

若くして両親を亡くした孤児が仕事の合間に勤勉に努め，立身出世するストーリーが，「修身」の授業や唱歌，銅像，広告，児童文学などさまざまな様式で繰り返された。不思議なことに，明治20年代以降，現実には立身出世が難しくなればなるほど，この物語が求められたという（岩井 2010：181—182）。

竹内洋によると，「貧乏」していても刻苦勉励して修養を積みさえすれば世間に「後ろ指」をさされることがない「かたぎ」で「矜持ある清貧」と認められ，社会全体としては貧困層による抵抗や暴動などを封じ込めるという「癒しの文化」であった（竹内 2005：206—222）。つまり図13‑1に示したように，成功を勤勉と結びつける物語（a）は，実際は貧乏であっても寝る暇も惜しんで働いたり勉強したりする限り胸を張って生きる資格があるという物語（b）として重宝された。しかし同時に，立身出世の物語の普及は，暗に怠惰で努力が足りないから貧困に陥るという物語（c）を生み，貧困は個人的な責任に帰せられることになる（竹内 1976：119）。

こうした図式は，今も国内外の社会保障制度や人々の貧困観の底流にあるように思えてならない。おそらく日本では，生活保護を受ける行為は修養や勤勉であることを放棄したものとみなされ，「後ろ指」をさされる対象となるのだろう。

（2）『赤い鳥』の「健気」で「純粋」な孤児

大正時代に入ると，こうした道徳的・教訓的な立身出世の物語に批判が寄せ

られることになった。『赤い鳥』を中心に鈴木三重吉や小川未明，北原白秋といった作家が先導した「童話・童謡」運動である。

『赤い鳥』の「標榜語（モットー）」(1918) の中では，「子供の純正を保全開発」することが目標に掲げられ，子どもを無垢な存在とみる近代的な「ロマン主義的な子ども観」が確立したといわれている（河原 1998：12）。「二宮尊徳翁」が掲載された『少年文学』や『少年世界』，『日本少年』など明治期の雑誌は，儒教を基礎にした道徳的・教訓的，勧善懲悪の物語が主であった。三重吉は，これらを「子供の真純を侵害」するもので「下劣極まる」と断じたのであった。

河原和枝は『赤い鳥』で描かれた子どもを「良い子」「純粋な子」「弱い子」の３つの基本的イメージで捉え，このうち「弱い子」の枠に，貧困家庭の子どもや孤児のような社会的・経済的弱者としての子どもが含まれるという（河原 1998：98—149）。この枠では，総じて辛い境遇にあっても健気に生きる子どもが描かれた（河原 1998：118—122）。

同雑誌に収められた宇野浩二の「天国の夢」(1923) や下村千秋の「曲馬団の『トッテンカン』」(1928) などでは，貧困のため長時間労働を強いられる，いたいけな子どもが描かれた。「天国の夢」は，鍛冶屋に拾われた孤児が主人公である。何の落ち度もない，清らかで無垢な子どもが酷使，虐待され，失明し，夢さえみたくない，天国に行きたいと思うに至る，救いのない悲劇だ。

また「曲馬団の『トッテンカン』」も，同じく鍛冶屋で朝から晩まで働く少年が主人公である。サーカス団のきらびやかな世界に魅かれ，鍛冶屋から逃亡して象使いになるものの，団長は「わからずやで意地わる」，主人公を「朝から晩おそくまではたらかせ」，団員の少女が「芸をしくじ」ると彼女の食事を減らし，挙句には死に至らしめるような非道人物である。そこで主人公はサーカス団から逃げ，「人品のいい」「親切なおじいさん」に救われる。プロレタリア児童文学の流れに属する槇本楠郎などは，こうした物語は童心主義の域を出ず，経済的に裕福で教養のある層の子ども向けであるとして批判した。

また東京下町に住む貧しいブリキ職人の娘，豊田正子（当時小学校４年生）の作文が収められた『綴方教室』(1937) も，もとは『赤い鳥』に掲載されたものであった。豊田は『赤い鳥』の綴方投稿欄で「うさぎ」(1932) という作品

で佳作を受賞した。このとき三重吉は「選評」に「家の中の空気が浮かんで来る」ほど「ありのまま」の生活の様子が書けている点に加え,「終始うぶうぶとした純感さにほほえませるかわいらしい」点,「無邪気な」点などを評価している（鈴木 1995：55—56）。のちに優秀作に選ばれた「にわとり」も同様に,三重吉は「どこまでも純真でかわいらしいところが勝利です」と評した（鈴木 1995：1—2）。このとき豊田の家庭が貧しいことを作品から知ることができたにもかかわらず,三重吉は「純真でかわいらしい」童心主義を求めた。この『綴方教室』や『赤い鳥』に掲載された物語は,いわば童心主義的な「清貧の物語」（図13-1のb）として受け止められることが多かったといえる。

（3）明治・大正期の翻訳児童文学とノブリス・オブリージュ

1880年代以降,日本では外国の児童文学作品が数多く子ども向けの本として翻訳・出版された。その中に「子どもの貧困」を見つけ出すのはいともたやすい。たとえばフランシス・E・H・バーネットの『小公子』（1886）は,若松賤子による言文一致の翻訳で,『女学雑誌』に1890年8月から1892年1月にかけて掲載された。ほかにバーネットの『小公女』（1888,初訳は1893）,エクトール・アンリ・マロの『家なき子』（1878,初訳は1935）や『家なき娘』（1893,初訳は1918）,ジーン・ウェブスターの『あしながおじさん』（1912,初訳は1933）など,枚挙にいとまがない。

これらの作品では,ともに工業化や都市化など急激な社会変化や資本主義社会が生み出した貧困や混乱状況が描かれた。主人公たる子どもは逆境の中にあっても,明るさや希望を失わず,ひたむきに生きる。『小公女』のセーラは,父の死により苦しい生活を余儀なくされるが,のちに裕福な父の友人の養女となり,再び豊かな生活にもどる。また『小公子』も貧しい少年が,突然イギリスの爵位の後継者と判明する話である。

これらの物語で健気で利発な子どもを貧困から救うのは,ノブリス・オブリージュ,つまり「身分の高い者はそれに応じて果たさねばならぬ社会的責任と義務がある」（『大辞泉』）として貧困をはじめとする問題を解決しようとする道徳観であった。

こうした貧困が描かれる翻訳児童文学作品は,必ずしもハッピーエンドでは

ない。ハンス・アンデルセンの『マッチ売りの少女』(1848, 初訳は1894) のモデルは，貧しい少女時代をすごした作者の母親だったが，物語の中で少女は微笑みを浮かべ，燃えたマッチの束を握りしめたまま，元日の朝に亡くなった。マリー・ルイーズ・ド・ラ・ラメーの『フランダースの犬』(1872, 初訳は1908) も同様に画家志望の貧しくともまじめな少年とその飼い犬の死が結末の悲しい物語だ。大きな社会変動の中，無数に存在したであろう子どもの死を映しだしたものでもあったのだろう。貧困が生んだ悲劇を物語化することによって，前近代の社会から続く相互扶助や宗教的な慈善活動ではもはや救いえないことを強調したといえなくもない。そこから，社会的養護を含めた社会保障の重要性を人々が認識する糸口がつかめる。

現に，アンデルセンは貧困がもたらす悲劇を描くことで社会の人々に訴えかける意思があったと指摘されている。同様の意図は，ウェブスターやバーネット，さらにマロが影響を受けたC. ディケンズにもあった。小川未明も「この社会から，生きるための苦痛と，悲劇を，無くしたい」(小川 1930：313) と述べた。

雑誌『赤い鳥』で貧困が描かれた要因の一つとして，こうした翻訳文学の存在もあったように思える。しかしながら，日本では「マッチ売りの少女」のような悲劇の物語でさえ，かわいそうなおとぎ話や清貧の物語として曲解され消費される場合が多かった。

また秋庭俊彦の「クリスマス」(1924) や宇野四郎の「お金持と子供の国」(1924) には，ノブリス・オブリージュが見出せる。貧しくとも健気で利発であれば誰かが救ってくれるというノブリス・オブリージュが描かれる物語は，現実の貧困家庭の子どもに「健気であれ。辛抱強くあればいいことがある」と無理を強いたのではないだろうか。この物語は図13-1の成功を勤勉と結びつける物語 (a) の構造と似てはいるが，持てる者からの援助が介在する点が異なる。いずれにしても，血縁も地縁もない富める者からの贈与という，これまでにない形での支え合いが表現されていたといえる。とはいえ，ここに「社会的なもの」は介在しない。

（4）戦時中の貧困の描かれ方

　戦時中の児童文学は完全な統制下にあったものの，また新たな形で貧困を描いた点で注目できる。「皇国ノ道ニ則リ国民文化ノ基礎タル日本少国民文化ヲ確立シ以テ皇国民ノ錬成ニ資ス」ことを目的とする「日本少国民文化協会」の創立総会は，真珠湾攻撃の約2週間後の1941年12月23日に開かれた。同協会の起源は，「児童読物改善ニ関スル指示要綱」（『出版警察資料』1938年8・9・10月合併号）にあるとされ，1940年10月に発足した大政翼賛会の文化部が組織化を担当，主務官庁は情報局と文部省であった（増井 2017）。

　戦時中の未明の作品は，大政翼賛会や新体制運動の理念にピッタリと寄り添うものだ。たとえば，物資不足の中子どもがカイコを飼う「芽は伸びる」（小川 1941：53—69），体力増強を促す「君よ強くなれ」（小川 1940：30—35）や，節約する母親を描く「是等の子供達」（小川 1940：45—52）など。そして興味深いのは，貧しい子どもの登場する童話が数多くあることだ。それらは，①イエの枠組みを超えて支え合うことの大切さを説く，②児童労働を好意的に描く，③貧困であっても国への貢献が承認のチャンスとなり，それ自体がハッピーエンドとなるなどの特徴がある。

　大政翼賛会文化部の初代部長を務めた岸田国士は，これまで日本人は「家族主義」で，「人を見たら敵と思え」といった教えが残っていることを嘆き，国家の総力を強化するためにイエの枠組みを超えて支え合うことの大切さを説いていた（大政翼賛会文化部編 1941：23）。①は，イエの枠組みを超え，「恩返し」や「お返し」を期待せずに支え合う，「新しい文化」創造の試みの一つであったといえる。それ以前の見ず知らずの人との互恵関係には，宗教的なものを介されることが多かったが，そのフェーズから脱するものであった。未明の「春風の吹く町」（小川 1940：82—87）や「波荒くとも」（小川 1940：96—110），「阿呆鳥の鳴く日」（小川 1942：113—136）などでは，血縁関係にない貧しい者同士が支え合う姿が描かれた。一方，「金持」は人々の和を乱す存在として描かれ，ノブリス・オブリージュの物語にあったように子どもを貧困から救う存在ではなくなった（たとえば，小川 1942：79）。

　②の例として，「薬売りの少年」（小川 1940：79—95），「僕が大きくなるまで」（小川 1940：35—46），「世の中を見る目」（小川 1941：63—77）を挙げることがで

きる。時に苦渋を伴うものの，親の戦死や病気のために子どもが働くことは，「お国のため，人のため」に役立てるチャンスとして位置づけられた。これは，児童労働が不幸や苦難として描かれた，『赤い鳥』以降の児童文学と異なる。

③の例としては，『赤い鳥』出身の作家，新美南吉による「貧乏な少年の話」（『おぢいさんのランプ』所収，有光社，1942）がある。幼い弟がキャラメルの箱を拾う姿を目撃し，自分の家が「貧乏」であることを意識しはじめた主人公の少年。そして弟がキャラメルの箱を拾ったのは，「役場の軍事課へ献納」する目的であったことが判明するという，「ハッピーエンド」で締めくくられた。先生から「のぐち英世の家はびんぼうだつた」と教わった主人公は，次のように思う。

> 貧乏だとて恥ずかしがることはないのだ。僕達は健康だ。そして僕達には頑張る力があるんだ。僕達にはこれからどんなことだつて出来るのだ（新美 1942：220）。

戦時下のファシズム期にあっては，貧困であっても国に貢献できることが，あるいは貢献しようとする姿勢が称賛の対象となり，ある種の大団円の型となった。貧しい子どもでも「総力戦体制」，「国民勤労」，「勤労報国」を支える一員として承認されるチャンスが与えられたといえる。

> 「どこで働いても，お國のため，人のためになるなら自分の身をわすれてつくす，それが日本精神といふものだ。それで，たとえ貧乏をしても，自分は日本人であるといふほこりを持ちつゞけることが出来るのだ」とおぢいさんはいはれました（小川 1941：76）。

終戦までのファシズム期の国家総動員体制を下支えした児童文学には，貧困であっても，勤労奉仕や兵隊に志願したり，見返りを期待せずに支え合ったりすることで，周囲の評価を得られる，ある種の平等な社会が描かれていた。それは清貧の物語の1バージョンであったといえる。

とはいえ，この時代にも，与えると見返りがあるという互恵の原則が否定されたわけではない。「同じ日本人として」の支え合いが描かれた小川の「春風の吹く町」（小川 1940：82—87）は，元孤児である中国出身の本屋が貧しい少年に本を与えた話である。少年の母親がお礼に病に罹った本屋のために薬草を探

第13章 「子どもの貧困」と児童文学

していると，思わぬメリットがあり，心地よい春風が吹いたところで話が終わる。

（5）戦後のリアリズムの児童文学

　山中恒『赤毛のポチ』（理論社，1956）は，「社会性をもったテーマと，リアリスティックな描写が，現代児童文学の新しい側面を開拓した」[2]と戦後の児童文学を代表する作品と評価されている。この流れに属するものとして，国分一太郎の『鉄の町の少年』（新潮社，1954），山中の『サムライの子』（講談社，1960），鈴木実ほかの『山が泣いてる』（理論社，1961），早船ちよの『キューポラのある街』（弥生書房，1961）などが挙げられる。これらには，戦争が終わり民主主義に移行した社会で，貧しい人々が力強く生きる姿が写実的に描かれた。戦時下と違って，貧しい者を差別する現実の社会を描く自由があったといえる。

　こうしたリアリズムにもとづく児童文学が注目され評価された背景には，「少年文学宣言」（1953）で「真に日本の近代革命を目指す変革の論理に立つ」と謳った早大童話会をはじめ，社会主義やマルクス主義と親和性の高い児童文学者層の存在があった。砂田は，1960年頃になって，戦時中の窮乏を子どもの頃に経験した若い世代が「労働者や農民と連帯して資本主義という敵に立ち向かう階級的意識をもつ子どもを描いた作品を世に送り出した」（砂田 1991：24―36）という。ここには，社会問題の解決をめざす作家たちの強い想いをみることができる。

　戦後も引き続き，貧しい子どもが自ら綴った文章も評価された。久野収と鶴見俊輔が，豊田正子の綴り方は，田山花袋や徳田秋声などよりも「もっと冷酷な自然主義に達している」「日本のプロレタリア文学の発生があるのではないか」（久野・鶴見 1956：87―91）と書いたように，当時の有識者によって大いに評価された。[3]

　この流れに与するものとして，無着成恭が教え子の作文をまとめた『山びこ学校』（青銅社，1951）や，炭鉱街の在日孤児であった安本末子の日記『にあんちゃん』（光文社，1958）が挙げられる。これらは貧困な生活を送る子どもが書いた綴り方をまとめたもので，映画化・ドラマ化され，多くの人が涙した。ある程度，第三者による修正があるだろうが，当時の貧しい人々の暮らしの一面

がうかがえる貴重な資料といえる。

　こうした文脈があったからだろうか，なぜか貧困にまつわる物語が実話か否かが問題となることがある。大ブームとなった『一杯のかけそば』（栗っ子の会，1988）もそうだろう。毎年，大晦日に粗末ななりをした母親と子ども二人がそば屋にやってきては，一杯のかけそばを分け合っていたが，やがて来なくなった。そして十数年後，その母親と社会人になった息子二人（長男は医師，弟は銀行員）が食べにやってきたという話で，ノンフィクションという触れ込みであった。日本社会がバブル景気に浮かれているさなか，清貧の暮らしや日々重ねられたであろう苦労に多くの者が心揺さぶられた。しかし，のちに作り話ではないかという疑いがかけられると，一気にブームは冷めてしまう。

　事実にもとづく子ども向けの読み物としては，各学校の図書館に並ぶ「偉人伝」「伝記物」の類も忘れてはならない。現実には「偉人」とされる人物の中でも貧困から成功をつかんだ，野口英世やエイブラハム・リンカーン，ベーブ・ルースなどが読まれている。今も成功を努力や勤勉と結びつける物語（図13-1のa）に親しんでいるといえる。

　1960年代に花開いたリアリズムの児童文学は，貧富の格差を描写することで貧困を社会問題化しようとする意図があったと考えられる。そうした作者側の意図とは別に，戦時中や終戦直後に比べると少し余裕が出てきた人に共感的に読まれたり，感動をもたらす単なる娯楽として消化されたりすることもあった。

3　貧困を描く児童文学の今後

（1）貧困が描かれる児童文学の問題点

　雑誌『子どもの本棚』では2009年8月号と2016年2月号で，また『日本児童文学』では2010年3・4月号で，子どもの貧困をテーマとする特集が組まれた。今や，児童文学関係者の間でも子どもの貧困問題は重視されるようになったテーマの一つである。本節ではRQ4を視野に，これまで検討してきた児童文学作品の問題点を指摘し，子どものレジリエンスを高める物語とはどういったものか考察したい。

　第1に，これまでの児童文学作品で描かれた，飢饉や子どもも労働しなくて

はいけない経済的環境や戦争時の物資不足などは，絶対的貧困の範疇にあることが挙げられる。これに対し，現在，問題化されているのは「絶対的貧困」ではなく「相対的貧困」である。絶対的貧困を扱う物語は，相対的貧困を問題にするときに誤解やミスリード（戦時中と比べるとこんなの貧困とはいえない，昔は貧しくても日本人の心は豊かだった，など）をもたらす危険性もはらんでいる。

たとえば，日之出の絵本制作実行委員会の『おたまさんのおかいさん』（解放出版社 2002）や長谷川義史の『ぼくがラーメンたべてるとき』（教育画劇 2007）などの絵本がある。前者は敗戦直後の被差別部落で頼母子講をまとめる「肝っ玉ばあさん」の力強い姿を明るいタッチで描かれた絵本である。後者では，なにげなく「ぼくがラーメンたべてるとき」にも，世界のどこかに貧困のため働かなくてはならない子どもや亡くなる子どもがいることが描かれた。遠い国の貧困は地球規模で解決されるべき課題で，それを子どもに伝える重要性は高い。しかし，同様のミスリード（昔の人やアフリカの人は大変，今の日本に生まれてよかったなど）はよくある。

子どもにとってリアリティに欠ける物語は，共感しづらく他者化されてしまう。筆者なんぞは，小公女セーラの境遇に対して，あこがれに似た想いさえ抱いた。そうすると，もともとあった貧困を問題化するような水路は遮断されてしまう。

第2に，努力や勤勉，修養が成功につながるという物語（図13-1のa）が今も強力に社会の隅々にまで浸透し，自分ではニーズを満たすことができない人でさえも，その物語世界に生きるように圧力がかけられる点が挙げられる（図13-1のc）。前節でみたように，社会サービスの改善や社会保障の充実を訴えていた児童文学でさえ，日本語に翻訳されると清貧の物語（図13-1のb）として受け止められた。ここに，生活保護受給者へのバッシングや貧困を自己責任とする土壌をみることができ，文化と社会保障はいわば相互依存関係にあるといえる。そこから苦しみが生まれる限り，その関係は共犯関係といえる。

第3に，昔成立したような相互扶助を支える社会基盤が変化したため，近代児童文学で描かれた過去の助け合いのあり方が必ずしも現在の子どもの道標とはならない点が挙げられる。たとえば，親のない子どもや貧しい子どもの親が，知り合い（ソーシャルキャピタル）の「口利き」で職を得たという支え合いのエ

ピソードがある。しかし児童労働は禁じられているし,「口利き」にしても企業の透明性が求められる現在の社会では難しい。地域社会に自営業が減り,地域住民の裁量による「口利き」の機会も減った。働き方の管理も徹底されるようになり,利益に結び付かないマニュアル以上の会話は抹消されるべき無駄となった。たとえば雑貨屋などで昔あった子どもとの会話さえも,規制緩和や合理化の波のなかに消えてしまった。

　身寄りのない子どもを血縁関係のない人が引き取るといった支え合いのエピソードがある。しかし例外を除き,子どもは一日中,子守や家業の手伝いをせねばならない。子どもは8歳にもなれば労働力となり,4歳ぐらいでも物乞いはできる,いわば動産であった。このような子どもが力強く生きる姿も何らかの学びになるだろうが,今を生きる子どもに具体的な解決方法を伝授するものではない。

（2）社会問題と児童文学

　1994年にヒットした『家なき子』（ドラマ・映画）では,安達祐実演じる主人公がサーカス団で働く設定であったように,貧しい家庭の子どもがサーカスに売られるという話は,最近まで都市伝説あるいは負のファンタジーとして存在した。しかし上記の「曲馬団の『トッテンカン』」や「天国の夢」(1923)に登場する,鍛冶屋や曲馬団(サーカス)で長時間にわたり過酷な労働を強いられる子どもは,当時の現実であった。

　1933年に「児童虐待防止法」が制定されたが,今と異なるのは児童労働を取り締まる目的があった点である。内務省令第21号によって規定された禁止・制限できる行為は,「軽業,曲馬其ノ他危険ナル業務ニシテ公衆ノ娯楽ヲ目的トスルモノ」,「不具畸形ヲ観覧ニ供スル行為」,「乞食」,「芸妓,酌婦,女給」などであった。同法に先行して,過酷な児童労働が描かれた児童文学が存在したことは,児童労働を問題化することに多少なりとも貢献したのではないだろうか。また戦後のリアリズム児童文学も,少なからぬ影響を与えたと考えられる。

　現在,相対的貧困を問題化させるべきときにあるといえるが,これを扱う絵本は,母子家庭の生活を描いた長谷川義史の『おかあちゃんが　つくったる』（講談社,2012）などがあるものの,渉猟しえた限り,残念ながらあまり存在し

ない。

　アメリカで出版された絵本，イヴ・バンティングの『わたしの　おひっこし』（2017，光村教育図書）やマット・デ・ラ・ペーニャの『おばあちゃんとバスにのって』（2016，鈴木出版），マリベス・ボルツの『靴（Those Shoes）』（Candlewick Press, 2007），ローラ・ウィリアムズの『空き缶おじさん（The Can Man）』（Lee & Low Books, 2010）などはいずれも相対的貧困がテーマとなっている。それぞれ，経済的な問題により引っ越ししなくてはならない，車，流行の靴，スケートボードが買えないという現実に直面するものの，それを乗り越える物語である。

　これらの絵本は総じて「相対的貧困」の状態にある生活の中に豊かさを見出し楽しむよう発想の転換に導くストーリーである。欲しい物が手に入らなくても，そうした事態をポジティブに捉えなおし，それがなくとも前向きに進んでいく。こうした物語の書き替えこそ，子どもが現実を受け入れ自ら語る際のモデルとなり，レジリエンスを高める可能性につながるのだろう。

　これらを翻訳出版するのも有効な方法の一つだとは思うが，単なる清貧の物語と受け止められる危険性もある。マッチ売りの少女が，ロマンチックな悲劇のメルヘンと解されたように。そこで日本社会の現実を反映させたほうがより望ましいだろう。

　とはいえ，これらの絵本で格差問題が示唆されないことに歯がゆさを覚える。アメリカでは1980年代以降，所得格差は大きく拡大して1920年代以来の水準になったというが，そうした時代に相対的貧困にあってもポジティブに生きていく絵本が多くの賞を受賞し評価される現状をどうみるか。貧困の中に豊かさを見つける物語に酔わせることで，今ある格差社会の温存を促しているとも読めるだろう。

4　子どもと社会のレジリエンスを高める物語

　日本で貧困が再問題化されてから，10年余り。思えば今も人はファンタジーを求めているのかもしれない。大ヒットした映画，『ALWAYS　三丁目の夕日』（2005）。リーマンショックを経た3作目のキャッチコピーは「どんなに時

代が変わっても，夢があるから，前を向ける」である。昔は貧しいけど心が豊かだったというファンタジーは，今ここにある貧困を消すマジックとして機能したのではないだろうか。

　似たようなファンタジーは，昨今の社会保障制度の議論の中にも見出せる。「地域共生社会」などを語る際に，必ずといっていいほど前提にあるのは，「昔の日本人は温かくみんなで支え合っていた」というストーリーである。しかし，本章を執筆するにあたり目を通した明治期以降の児童文学に描かれていたのは，地域社会から排除される貧困者の姿であった。子どもでさえ，貧しい子どもに石を投げる。宮沢賢治の『銀河鉄道の夜』(1934) でも，ジョバンニは父が行方不明となり貧困に陥ったからこそいじめられ，世間も冷たく当たったのであり，貧困からの脱出のきっかけは父＝ブレッドウィナーの帰還であった。

　貧困家庭ほど労働時間が長く家族で過ごす時間が十分に取れず会話も少なく (阿部・埋橋・矢野 2014：25)，地域社会や各種コミュニティからも排除されやすいといった現在の問題も，「古き良き日本」のメンタリティにルーツがあるのではないだろうか (木下 2017)。

　こうした過去があったため，いじめをなくす一つの手段として，日本の教育現場では貧困を臭わせるものを極力消そうとしてきたのだろう。文房具を指定する，華美なものをもってこないよう指導するなど。しかし，その結果として教室は，そこにある貧困問題について語れない場にもなってしまった。道徳の小学校学習指導要領に「貧困」や「格差」についての言及はなく，「節度・節制」が説かれるのみである。まずは，児童文学を通じて，フィクションあるいは第三者の貧困を語ることが重要なのではないだろうか。

　では，子どものレジリエンスを高めるために教育や福祉などの現場でさりげなく置かれたり，読み聞かせたりするにふさわしい児童文学とは，どういったものだろうか。

　第1に，子どもが自らの境遇を物語るときのモデルとなる，貧困を「ポジティブに書き替える物語」が挙げられる。その際，身近な自分の問題として考えられるように，子どもたちが生きる社会の現実を反映させたものであるほうが望ましい。

　第2に，貧困に打ち克つことができた，レジリエンスが高い人物の物語も有

第13章 「子どもの貧困」と児童文学

効だろう。ただしここで勤勉や勤労の重要性を説くとするなら，まじめに働いている人が普通に生活できるような社会，（相対的）貧困に陥った人が「後ろ指」をさされることなく再分配を受けられる社会の実現を急がねばならない。子どもが「頑張れば報われる」「将来の夢をもてる」（これらは自己肯定感の指標にされることがある）と信じることができる社会。努力が成功を導く物語が語られ，道徳では勤勉・勤労が教えられるにかかわらず，低賃金で長時間労働する親の背中をみて育つのは，貧困家庭の子どもである。そうした矛盾こそが子どもの自己肯定感を低くするのだろう。努力の重要性は否定しないが，傑出した人物のサクセスストーリーを単に強要するばかりでは，長時間労働や過労や格差を培養する道徳に成り下がる。2018年に教科化された小中学校の道徳では今も二宮金次郎が教えられているが，このままでは，これまで犯してきた失敗を繰り返し続けるに終わるだろう。

　第3に，図13-1のような労働と経済状況の因果関係を相対化するような物語が望まれる。日本では，あらゆる物語が図13-1に収斂する傾向にあるが，事故・病気・障害や社会環境的な要因で収入が断たれる可能性があり，すべての人にリスクがあることを伝えることは重要であろう。また，岸田が戦時中にめざした，家族の枠組みを超えたつながりや支え合いの強化は未完成のまま終わったように思われる。私たちは今も「余計なおせっかい」ではないか「差し出がましい」のではないかと二の足を踏むことがあるように。この未完の「文化創造」に関する考察を今後の課題としたい。

注
(1) 厚生労働省（子ども家庭局子育て支援課）社会保障審議会福祉文化分科会は，児童文学を「児童福祉文化財」として推薦を行っている。つまり，厚生労働省は今も文化の領域に幾分かの影響力をもつといえる。
(2) http://iiclo.or.jp/100books/1946/htm/frame022.htm
(3) 豊田を指導した教師・大木顕一郎はベストセラー『綴方教室』の印税をすべて着服した。「経済観念のない一家に金を渡すのはいけない」というのがその理由で，まちがった「自然主義」的対応であった。

第二部　子どもの貧困を直視して

参考文献

阿部彩・埋橋孝文・矢野裕俊（2014）「『大阪子ども調査』結果の概要」（http://gpsw.doshisha.ac.jp/osaka-children/osaka-children.pdf）。

岩井茂樹（2010）『日本人の肖像――二宮金次郎』角川学芸出版。

埋橋孝文（2015）「子どもの貧困とレジリエンス――８つの論点」埋橋孝文・矢野裕俊編『子どもの貧困／不利／困難を考えるⅠ――理論的アプローチと各国の取組み』ミネルヴァ書房。

小川未明（1930）「貧乏線に終始して」『常に自然は語る――感想集』日本童話協会。

小川未明（1940）『赤土に来る子供達』文昭社。

小川未明（1941）『亀の子と人形』フタバ書院。

小川未明（1942）「時計のない村」『赤いガラスの宮殿』新潮社。

河原和枝（1998）『子ども観の近代――『赤い鳥』と「童心」の理想』中公新書。

木下光生（2017）『貧困と自己責任の近世日本史』人文書院。

久野収・鶴見俊輔（1956）『現代日本の思想』岩波新書。

厚生労働省（2015）「ひとり親家庭等の現状について」（http://www.mhlw.go.jp/file/06-Seisakujouhou-11900000-Koyoukintoujidoukateikyoku/0000083324.pdf）。

鈴木三重吉（1995）「選評」豊田正子『新編綴方教室』岩波文庫。

砂田弘（1991）「社会主義の崩壊と児童文学」『山口女子大学文学部紀要』第１号。

大政翼賛会文化部編（1941）『生活の黎明』目黒書店。

竹内洋（1976）「立身出世主義の論理と機能――明治後期・大正前期を中心に」『教育社会学研究』第31号。

竹内洋（2005）『立身出世主義［増補版］』日本放送出版協会。

ハウザー，S. T.・アレン，J. P.・ゴールデン，E.／仁平説子・仁平義明訳（2011）『ナラティヴから読み解くリジリエンス――危機的状況から回復した「67分の９」の少年少女の物語』北大路書房。

増井真琴（2017）「小川未明と日本少国民文化協会――日中・『大東亜』戦争下の歩み」『北海道大学大学院文学研究科　研究論集』第17号。

脇明子（2008）『物語が生きる力を育てる』岩波書店。

終　章
総合的アプローチ再考

三宅洋一

1　現代日本における貧困

　少子高齢化のもとで人口減少が進展する日本社会の中で，家族規模が縮小し家族がこれまで担っていた扶養や介護の機能も失われつつある。さらに家族世帯と地域社会との関係も希薄となり，都市部での世帯の孤立化などもみられるようになった。1980年代以降，世帯の所得分配の不平等が拡大しつつあると同時に貧困率の上昇がみられた。

　現代では貧困は複雑でみえにくく直感的には捉えにくいものになっている。通常，貧困率は，世帯の等価可処分所得の中央値の50％を貧困線としてそれより低い所得の世帯比率として示される。これは相対的貧困という考え方であり，社会における世帯間の所得格差を示している。しかし，格差が所得で定義されることになり，どのようによく生きることができるか，ということを測定することはできない。こうした貧困の定義の限界があることを踏まえつつ，子どもの貧困研究の意義について再確認することにしよう。

2　2部構成で研究を展開

　本書は子どもの貧困の研究を第一部と第二部の2部構成で展開してきた。第一部では序章で掲げられた検討課題のうち「自己肯定感」と「貧困に負けない力」についてその考え方を明確にした。さらに子どもの貧困を親との関係を通じて考察した。たとえば母子世帯，障害をもつ親とその子ども，貧困の中での妊娠・出産など，具体的な親子関係における貧困の考察である。これは成長過程にある子どもは可塑性があり，親との関係の中でさまざまな適応行動をとる

こと（子どもの貧困の現れかた）を重視したからである。

　第二部は，子どもの貧困の深刻さになんとか働きかけようとする問題意識のもとに執筆されている。第7章から第9章では，子どもの成長過程――保育期，小学校期――において貧困がどのような形で現れてくるのか，どのように対応し，どのような成果があったのかなど，共通のリサーチクエスチョン（RQ）の設定によって展開されている。

　これに続けて第10章，第11章では，児童養護施設の職員へのアンケートや聞き取りなどを通じて，子どもの自己肯定感の重要性をくみとり，自己肯定感とレジリエンスとの関係についての分析を行っている。最後の2つの章において，第12章では，子ども食堂は子どもの貧困の事後的支援でもあり予防的施策でもあるという社会的役割の位置づけを行い，第13章の児童文学の分析では貧困に対する勤勉を強調するような「子どもの貧困」理解の限界を指摘している。各章は序章で設定したリサーチクエスチョンに対応する形で問題の限定と叙述の統一を図っている。こうして第一部と第二部の本書全体を通して検討課題に向かい合い，「子どもの貧困に対する施策についての総合的アプローチ」を示すことができたと考えている。

3　第一部の意義

　子どもの貧困とはその親が貧困であることの結果である。だから子どもの貧困を解決するには親の貧困を解決しなければならない。しかし，親の貧困が解決したとしても，貧困が子どもにもたらしたすべての悪影響が解決されるわけではない。ここに親の貧困とは区別される子どもの貧困に注目しなければならない理由がある。

　子どもに対する貧困の影響（とその現れかた）は大人とは異なっている。子どもは心身の成長過程にあることから，貧困は子どもの生活における経済的，物理的不足を表すだけでなく，心身への悪影響を及ぼし，さらには他の子どもにとってありふれたことが体験できなかったり，友人や大人たちとの人間関係を構築できないなどの困難に直面することがある。心身への悪影響とは，貧困そのものの影響ではないが，たとえば親からの虐待によって子どもの自尊感情や

自己肯定感が低下することがある。虐待の衝撃を緩和したり，合理化しようとして脳神経回路が萎縮し，その結果として脳の一部の領域の容積を縮小させるという形で反応する。子どもは厳しい現実に対して脳の容積を縮小（場合によっては拡大）させる形で一種の適応を行っているのである。同じように脳に残された貧困の痕跡は，たとえ子どもが貧困から脱出したとしてもなんの治療もされなければ消えずに残されたままになっている。心身に対する貧困の悪影響は治癒されねばならない。

　脳科学的な治療そのものではないが，本書では「子どもの自己肯定感やレジリエンスに注目して子どもに対して貧困が及ぼす影響を最小限にくい止めるためのサポートのあり方を福祉と教育の両面から考えてきた」（「刊行にあたって」）。こうした考えをまとめたものが「貧困，不利，困難に負けない力」という表現となった。しかし，この力は子どもに個人的な努力を一方的に求めることでも，個人の資質を問うものでもない。あくまで子どもとその環境（物理的環境と人間関係という環境）との関係改善が重要なのである。

　第一部の冒頭の第1章と第2章では子どもの自己肯定感，レジリエンス，貧困に負けない力の三者の概念と関係について考察した。

　第1章では自己肯定感に関する研究を回顧しつつ，この数年間に実施した複数の調査結果を参照して子どもの自己肯定感の捉え方をより柔軟で幅の広い膨らみのあるものにした。貧困が子どもの自己肯定感を低めることもあるが，子どもの自己肯定感は経済的要因からの直接的影響よりも子どもの学校生活や友人関係といった関係的要因からの影響の方がより大きいことも明らかになった。これは自己肯定感を高める学校教育の成果かもしれないが，それはいわば「平時」の自己肯定感であり，人生における「危機」（たとえば進学のとき）に直面するとき，子どもの自己肯定感はその真価が問われるのである。危機に直面しても圧倒されずにレジリエントな力となって働くもの，それが求められるのである。そこで自己肯定感，レジリエンス，そして貧困に負けない力との関係の考察に進むのである。

　こうした展開の中で，自己肯定感は「平時」における自己に対する肯定的な感覚であるが，レジリエンスは「平時」には働かず，危機や逆境局面で現れるものであるという考えに至った。この点で自己肯定感とレジリエンスとは別物

である。しかし，レジリエンスの基礎には自己肯定感があることから両者は何らかの関係があることになる。レジリエンスはリスク（貧困）に直面したとき，それに反発したり，やり過ごすこと（防御促進要因）として発現するから「貧困に負けない力」とほぼ等しいものといえる。しかし，「貧困に負けない力」は個人に帰属する力としてだけでなく，子どもが大人や友人との間に築く関係性に埋め込まれる力でもあるのでレジリエンスより広い概念として捉えることができる。また，「貧困に負けない力」を子どもを取り巻く環境に埋め込むべきものとして考える際には，責任ある大人や友人との関係性をいかに広げ，豊かにしていくのかという視点がきわめて重要である。

　第2章ではレジリエンス概念について検討する作業を通じて自己肯定感との関連を探っている。まず「貧困に負けない力」を一種のレジリエンス概念と捉えた。自己肯定感とレジリエンスとの関係は第1章でも述べられたが，ここでは自己肯定感が，自分の能力に対する肯定的自己評価と他者からの評価があり，双方のバランスも重要であることが指摘される。レジリエンスや自己肯定感を個人に内在する特性や傾向と捉えるのではなく，経済状態や，家族，学校，地域，交友関係に及ぶさまざまな環境の変数として理解することが「サポートシステム」を構想する際に重要である。レジリエンスを貧困の事前的予防として，子どもの貧困への経路を遮断することは重要である。しかしレジリエンス研究において留意すべきことは「子どもが貧困に耐える」ことをけっして目標とすべきではないことである。

　最後に個人内の自己肯定感の形成と強化が「貧困に負けない力」へと展開していく教育と福祉の実践事例を紹介することによって貴重な経験や知見を蓄積する重要性を示している。貧困は本人の責任ではなく恥ずかしがることではないことなど具体的な言葉や行動で示してくれる先生，周囲からの個別的な配慮，目標としたい先輩の存在などが重要である。そしていずれも独力で解決の方向へ向かったのではなく，さまざまな人との出会いがあったことである。このような知見がさらなる理論的研究の発展に結びつき，実践と研究との相互交流が期待されるのである。

　では日本の社会福祉は子どもの貧困についてどのように対応してきたのか，その歴史的変遷を回顧したのが第3章である。社会福祉においては喫緊の課題

終　章　総合的アプローチ再考

図序-3（再掲）　子どもの貧困の経路・ステージと対応する施策

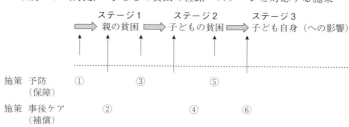

　に対応することが優先されているが，その課題の背後にある経済的，社会的構造問題を根本から解決することは後回しになるか手つかずのままにされる。子どもの虐待にはすぐに対応できても，子どもの貧困には目が届かないかもしれない。絶対的貧困の状態でないかぎり貧困に気づきにくいし，気づきがあったとしてもそれは子どもの貧困として認識されるより親の貧困問題として認識されたのであった。

　第4章から第6章まで親の貧困について分析されている。第4章ではひとり親世帯の貧困が取り上げられ，先進国と比較して親の就業率は高いが貧困率が異常に高くなっていること，ひとり親世帯の大部分が母子世帯であることから日本でのジェンダー格差を，つまりひとり親世帯の貧困の中に日本の社会的，文化的構造問題があることを明確にした。第5章では障害（特に精神障害）をもつ親の貧困とその親子関係の課題が指摘されている。子どもは親から十分にケアされることもなく，認められることも少ないため自尊感情や自己肯定感の形成に悪影響が及んでいる。さらに子どもは親のことを気にかけ世話をしたり，幼い妹や弟の世話などで子どもとしての時間や生育の機会を奪われることになる。第6章では貧困の中で育った子どもが親となり，子を生み育てる際の課題が提起される。妊婦の栄養摂取不良，出生前の医療未受診，新生児の低血糖など健康上の課題である。

　第4章から第6章までに取り上げた親の貧困は，序章において掲げられた**図序-3**（子どもの貧困の経路・ステージと対応する施策〔再掲〕）に即していえば，第4章で論じられた貧困は川上側の①防貧的社会政策の対象であり，②の救貧的社会政策の対象であり，③の児童手当，児童扶養手当の対象でもある。第5

章で取り上げた障害をもつ親は①の対象であり親と子どもへの事後ケアという点では②の対象でもある。第6章での貧困は親の出産への対応という点では②の事後的ケアの対象であるが生まれてくる子どもにとっては貧困を予防する③の対象と考えられる。

4　第二部の意義

　第二部は子どもの貧困をどのように認識し，対応すべきかについて多方面からの問題意識によって執筆された論考によって構成されている。対象となる現場という観点からみると，保育所や学校での問題を取り扱った第7章，第8章，第9章，児童養護施設での問題を取り扱った第10章，第11章，そして子ども食堂を扱った第12章とに区分される。第13章は児童文学という観点から子どもの貧困が考察された。さらにリサーチクエスチョン（RQ）にもとづいて各章を分類することもできる。RQとは以下のような4点であった。

RQ1．子どもの貧困は，福祉や教育の場面でどのように表れ（現象し），どのような問題や困難をもたらしているか

RQ2．（福祉や教育は）子どもの貧困にどのように対応してきたか，対応してこなかったか

RQ3．現在どのような取り組みがあり，その効果はどのようなものであり，どういう方向，改善が望まれているか

RQ4．（福祉や教育は）子どもの自己肯定感あるいはレジリエンスを高めるためにどういう働きかけを行っているのか（いないか），今後どういう対応をすべきか

　上記のRQ1からRQ3までに答える形で執筆されているのが第7章と第8章である。RQ4の自己肯定感やレジリエンスについての課題を取り上げているのは第10章と第11章である。これら2つの章での分析と考察は第1章や第2章で展開された自己肯定感，レジリエンス，貧困に負けない力などの思索にも反映されている。第9章の学校ソーシャルワークに関するアメリカの事例と日本の事例においては上記RQのすべてが反映されている。

　序章において掲載した図序-3の中に各章を位置づけると，第7章を除いて

ほとんどの章が⑤教育・福祉プログラム—1　予防・事前ケアか⑥教育・福祉プログラム—2事後ケアに含まれることになる。保育に関する第7章だけが①，③，⑤の予防・事前ケアの領域となっている。

5　改善の方向について

　第二部では子どもの貧困がどのような現象として認識され，どのように対応し，どのような効果があったかなどを保育，教育，福祉という場面で分析した。その結果から子どもの貧困解消の方向を展望することができる。
　保育所はあからさまな貧困対策の拠点ではないという大きなメリットがあるが，そのことが逆に子どもの貧困をみえなくしていた点があるかもしれない。保育士が貧困家庭の親と子どもについて理解を深めれば保育士と親との良好な関係や相談支援が円滑に行われることが期待できるだろう。また，保育所は質の高い幼児教育の保障，食育の推進など子どもの成長・発達を支援することで，親の貧困が子どもに及ぼす影響を軽減することができるのである。
　小学校での子どもの貧困は不可視化され，個別的対応によって可視化されるという奇妙な経過をたどっている。これは小学校で子どもの貧困を正面から受け止める体制が十分ではなかったというだけではなく，小学校の周囲の環境もそうした体制や認識が不十分であったことを示していると考えられる。子どもの貧困への対応には，担任以外の教師や専門知識を有する養護教諭やスクールソーシャルワーカーとの協力や役割分担も必要である。さらに学校外の協力も受け入れながら，教師は子どもが生育する地域や家庭へ出向いて子どもを取り巻く環境を理解する必要もあるだろう。
　教育は子どもの属性の一部分を対象とする場合でも総体としての子どもを把握する必要がある。そのため担任の教師は支援者と役割分担をしても子どもの全体像を把握するためにはともに行動したり，支援者からの十分な引き継ぎを必要としている。学校を「子どもの貧困」対策のプラットフォームとする構想においても，こうした点は軽視されてはならない。
　児童養護施設の子どもは貧困の中で暮らしているわけではないが，退所後に自立した生活をしようとする際に多くの不利・困難を抱えていることがある。

自己肯定感の低い子どもは自分の目標をもちにくいし，コミュニケーションを取りづらかったり，人間関係に傷つきやすかったりしてレジリエンスに課題がある。レジリエンスの基礎となりうる自己肯定感に働きかける方法として児童養護施設で取り組まれているのが生い立ちの整理という実践である。レジリエンスの醸成過程において誰かが子どもとその過程を共有することが欠かせない条件である。このように子ども一人ひとりの育ちの連続性を保障する支援体制の整備が喫緊の課題である。

　本書では子どもの貧困を，子どものさまざまな言動の中に現れる貧困現象として捉えてきた。保育，教育，福祉の現場では子どもの行動に対応する際に，一時的な対応手段をとる場合もあれば，より長期的あるいは根本的な解決策を講じる場合もあるだろう。

　子どもの現状改善を考える際に，子ども自身が貧困をどのようにみているかも重要である。子どもが自らの貧困を意識している場合には，貧困が子ども自身の責任ではないことを認識させ，自信をもたせることで自己肯定感を高めるような対応が可能だろう。だが子どもに貧困意識が十分ではない場合，子どもは現状の貧困を自然のものと捉えるだろう。だからこそ子どもにとって現状がより苦しいものとなっている可能性がある。親子関係が保持されている場合には，その子と親との関係，友人との関係などの改善を図ること，その子だけではなく親への働きかけや友人への働きかけを同時に行って関係の改善を図ること，こうした人間関係の改善がその子の自己肯定感を高めることができるだろう。親子関係が保持されていない場合，たとえば児童養護施設の子どもは生い立ちの整理などによって自己肯定感を高めることができることはすでにみてきた。子どもが自己肯定感を高め貧困に負けない力を生み出していく過程において絶えず同行する大人の存在が重要であることを改めて認識するものである。

あ と が き

　本書の刊行にこぎつけることができて執筆者一同喜んでいます。
　ここに至るまでにかなりの年数を要しました。
　科研申請の準備1年，第1期科研の実施3年，ひと休み1年（この間に前著のⅠ，Ⅱの出版），第2期科研の実施3年，本書の執筆1年，全部で併せて9年間（2010～2018年）という長期にわたるプロジェクトもようやく一応の目的地に到着することができました。
　振り返れば，子どもの貧困に注目が集まった2008年から数えて，2014年の子どもの貧困対策推進法の施行，子供の貧困対策に関する大綱の制定を経ての10年間にこの分野の研究は著しく進展しました。しかし，その割には建設的な相互の批判や議論はそれほど多くないと感じられます。
　本書も，上で「一応の目的地に到着」といいましたが，終章でふれているようにまだいくつかの課題が残されています。
　「総合的アプローチ」を提唱できたことと教育・福祉現場に役立つ知見を見出したことは，私たちの研究の成果だと思っています。しかし，思わぬ見落とし，偏りや誤りもあるかと思います，読者のみなさま方の忌憚のないご意見やご批判を切にお願いする次第です。

2019年3月

埋橋孝文

索　引

あ　行

愛着　196, 200
愛着形成　190
アウトリーチ　162, 163, 167
アドボカシー　162
アフターケア　179, 182-186
尼崎市子どもの生活実態調査　26
育児ヘルパー派遣　117
『一杯のかけそば』　228
一般就労　89, 99
　──の促進　99
居場所　148, 151
医療法　121
インケア　181, 183-186
エコチル調査　111
SSW　→スクールソーシャルワーカー
生い立ちの整理　15
大阪子ども調査　i, 25
親子関係の課題（問題）　87, 95
親子関係の剝奪　96, 98-100
親と子の生活意識に関する調査　26
親の雇用機会の保障　131
親の貧困　iii, 4, 7, 10, 11, 73
親役割の遂行　95, 96, 98, 100, 101

か　行

解放教育（人権教育）　142, 145, 155
学習支援費　81
家計調査　87
家族内介護者　97, 100
学級担任　151
学校カウンセリング　163
学校ケースマネジメント　165

家庭の貧困　141
家庭の文化格差　147
基本的信頼　31
虐待　121, 190
教育扶助費　68
教師の対応　143
協働（collaboration）　153, 166, 167
京都子ども調査　6, 27
『銀河鉄道の夜』　232
ケアラー法　100
経験の格差　147
経済的・物質的貧困のリスク　99
校外協働　166, 167
校内協働　166, 167
個人情報　150, 153
子育て家庭に対する相談支援　132
子育て世代包括支援センター　119, 120
子どもがいる障害世帯　92
子ども視点（child perspective）　8
子ども食堂　205
子ども手当　78
子どもの居場所づくり　207
子どものいる障害者　91
子どもの成長・発達の支援　133
子どもの貧困　27, 73
　──の可視化　38
　──の不可視化　37
　──貧困率　i, 1
子どもの貧困対策推進法　82, 83
子供の貧困対策に関する大綱　i, 82, 83, 133, 134, 207
子どもの貧困対策の推進に関する法律　i, 140, 206
「子どもの貧困」対策のプラットフォーム　154

子供の貧困に関する指標　82, 83

さ 行

産前産後母子ホーム　116, 117
ジェンダー　120
自己意識プロファイル　22
自己肯定感　iii, 5, 9, 10, 13, 23, 24, 27, 31, 39, 47,
　　48, 53, 95, 121, 135, 148, 163, 176, 177
　　——の回復・向上　192, 198, 201
自己責任論　150, 154
自己有用感　23
事前・予防的ケア　33
自尊感情　22-24, 46, 47, 95, 149
自尊心　24
児童虐待　93, 104
児童相談所　52, 118
児童手当　9, 77
児童の権利条約　104
児童福祉法　104, 115, 121
児童扶養手当　9, 11, 78, 79
児童養育加算　81
児童養護施設　10, 29, 48
社会正義　163
社会的養護　92
　　——の発生理由　93
社会福祉学　13
社会福祉理論　38
若年妊娠　111
Japan Children's Study　111
就学援助費　9
周産期医療　104, 121
受益者負担　150
障害者の主な収入　88
障害者の所得　90
障害種別による差　90
障害年金　88
障害のある（をもつ）親　86, 87, 92, 98, 101
　　——のもとで育つ子ども　99, 101
　　——のニーズ　101

奨学金返済　109
助産指定病院　105
人権教育　→解放教育
新生児死亡率　113
新生児等訪問指導　117
申請主義　115
人的資源　153
スクールソーシャルワーカー（SSW）　14, 54,
　　137, 145, 152, 163, 164
スティグマ　70, 96, 141
生活経験　147
生活扶助基準　80, 81
生活保護　79, 88
生活保護基準　79
生活保護制度　62
生活保護手当　10
生活保護法　115
性感染症　108
性的虐待　197
清貧　221, 223, 226, 229, 231
絶対的貧困　229
セツルメント　61
セルフエスティーム　21, 22
選別主義　150
総合的アプローチ　12
相対的剥奪指標　69, 208
相対的貧困　229, 231
相対的貧困率　73-75
ソーシャルアクション　160, 163, 164
ソーシャルキャピタル　229
ソーシャルワーカー　3
ソーシャルワーク　55

た 行

胎芽期　111
胎生期　111
耐糖能異常　108
脱商品（市場）化　82, 83
地域共生社会　232

索　引

地域貢献支援員（スマイルサポーター）　136
Child Development Index　113
中３学習会　70
朝食支援　168
DV被害　109
特定妊婦　113-119, 121
特定妊婦制度　116, 120

な　行

National Children's Study　111
ナラティブ　219, 220
「二宮金次郎」　221
『二宮尊徳翁』　220
日本保育ソーシャルワーク学会　136
ネグレクト　108, 144
ノブリス・オブリージュ　223-225

は　行

Birth Cohort Net　111
ハーディネス（強靱性）　41, 55
ハイリスク妊産婦　106
Hull House　159, 160
反貧困学習　33, 34
ひとり親世帯　1
非認知能力　172
貧困世帯　49
貧困線　74, 76
貧困に負けない力　21, 32, 35, 53
貧困の可視化　142
貧困の不可視化　56, 142
貧困／不利／困難に負けない力　5
貧困率　104
ファミリーホーム　52
父子世帯　76, 77

二葉保育園　130
普遍主義　150
フリースクール　52
ヘルシンキ誕生コホート研究　111
保育所保育指針　132, 133
保育ソーシャルワーカー　135
保育ソーシャルワーク　135, 136
訪問教師　159-163
母子加算　81
母子健康手帳　113
母子生活支援施設　105
母子保健センター　112
母子保健法　104, 115121

ま　行

『マッチ売りの少女』　224, 231
箕面市学力実態調査　46

や　行

ヤングケアラー　97, 100
ユニセフ・イノチェンティ研究所　i
養育支援訪問事業　118
要対協　→要保護児童対策地域協議会
要保護児童対策地域協議会　114, 117

ら　行

リサーチクエスチョン（RQ）　12
リプロダクティブ・ヘルスライツ　119-121
レジリエンス　iii, 5, 6, 13-15, 31, 39, 40, 48, 135, 163, 174, 175, 178, 181, 185-187, 219, 220, 228, 231, 232
レジリエンス概念　4
労働市場への参加　94
ローゼンバーグ自尊感情尺度　22

執筆者紹介 (担当章順，＊印は編著者；執筆分担)

＊埋橋　孝文（うずはし・たかふみ）　刊行にあたって，序章，第 2 章，あとがき
　　編著者紹介参照。

＊矢野　裕俊（やの・ひろとし）　刊行にあたって，第 1 章
　　編著者紹介参照。

＊田中　聡子（たなか・さとこ）　刊行にあたって，第 3 章，第12章
　　編著者紹介参照。

＊三宅　洋一（みやけ・よういち）　刊行にあたって，終章
　　編著者紹介参照。

　桜井　啓太（さくらい・けいた）　第 4 章
　　大阪市立大学大学院創造都市研究科博士後期課程満期退学，博士（創造都市）。
　　現　在　立命館大学産業社会学部准教授。
　　主　著　『〈自立支援〉の社会保障を問う──生活保護・最低賃金・ワーキングプア』（単著，法律文化社，2017年），『生活保護（シリーズ「福祉＋α」④)』（共著，ミネルヴァ書房，2013年），『揺らぐ主体／問われる社会』（共著，インパクト出版会，2013年）。

　山村　りつ（やまむら・りつ）　第 5 章
　　同志社大学大学院社会学研究科社会福祉学専攻博士後期課程修了，博士（社会福祉学）。
　　現　在　日本大学法学部公共政策学科准教授。
　　主　著　『精神障害者のための効果的就労支援モデルと制度──モデルに基づく制度のあり方』（単著，ミネルヴァ書房，2011年），「「合理的配慮」の運用における精神障害者のための配慮──アメリカの裁判記録のレビューから」『社会政策』3（3）（単著，ミネルヴァ書房，2012年）。

鷲巣　典代（わしず・のりよ）第6章
　　同志社大学大学院文学研究科社会福祉学専攻博士前期課程修了。
　　現　在　京都市北区・上京区在宅医療・介護連携支援センター　コーディネーター。
　　主　著　『社会保障（新・基礎からの社会福祉5）』（共著，ミネルヴァ書房，2015年），『社会福祉概論Ⅰ──現代社会と福祉』（共著，全国社会福祉協議会，2017年）。

石田　慎二（いしだ・しんじ）第7章
　　同志社大学大学院社会学研究科社会福祉学専攻博士後期課程修了，博士（社会福祉学）。社会福祉士。
　　現　在　帝塚山大学教育学部こども教育学科教授。
　　主　著　『保育所経営への営利法人の参入──実態の検証と展望』（法律文化社，2015年），『貧困と生活困窮者支援──ソーシャルワークの新展開』（共著，法律文化社，2018年），『新・プリマーズ／保育／福祉　社会福祉（第5版）』（編著，ミネルヴァ書房，2017年），『社会的養護内容演習』（編著，建帛社，2017年），『家庭支援論』（共著，ミネルヴァ書房，2017年），『保育相談支援』（共著，中央法規出版，2015年）。

小川　眞智子（おがわ・まちこ）第8章
　　大阪市立大学大学院創造都市研究科都市政策専攻共生社会研究分野修士課程修了。
　　大阪市立小学校・高槻市立小学校教諭を経て，
　　現　在　高槻市民生委員・児童委員。

門田　光司（かどた・こうじ）第9章
　　同志社大学大学院文学研究科社会福祉学専攻博士後期課程退学，博士（社会福祉学）。
　　社会福祉士，精神保健福祉士。
　　西南女学院大学，福岡県立大学を経て，
　　現　在　久留米大学文学部教授。
　　主　著　『学校ソーシャルワーク入門』（単著，中央法規，2002年），『スクールソーシャルワーカーのしごと』（共著，中央法規，2009年），『学校ソーシャルワーク実践』（単著，ミネルヴァ書房，2010年），『スクールソーシャルワーカー実践事例集』（編著，中央法規，2014年），『知的障害・自閉症の方への地域生活支援ガイド』（編著，中央法規，2006年）。

梅谷　聡子（うめたに・さとこ）　第10章
　社会福祉士。児童養護施設児童指導員を経て，
　現　在　同志社大学大学院社会学研究科社会福祉学専攻博士後期課程・京都市教育委員会スクールソーシャルワーカー。
　主　著　「私の児童養護施設職員としての実践を振り返って」『同志社社会福祉学』29（2015年）。

田中　弘美（たなか・ひろみ）　第11章
　同志社大学大学院社会学研究科社会福祉学専攻博士後期課程修了，博士（社会福祉学）。
　現　在　武庫川女子大学文学部心理・社会福祉学科専任講師。
　主　著　『「稼得とケアの調和モデル」とは何か──「男性稼ぎ主モデル」の克服』（ミネルヴァ書房，2017年），「イギリスのECEC政策にみる連続のなかの変革」『社会福祉学』58(1)（2017年）。

三島　亜紀子（みしま・あきこ）　第13章
　大阪市立大学大学院生活科学研究科後期博士課程満期退学，博士（学術）。
　現　在　同志社大学社会学部嘱託講師。
　主　著　『児童虐待と動物虐待』（単著，青弓社，2005年），『社会福祉学の〈科学〉性』（単著，勁草書房，2007年），『妖怪バリャーをやっつけろ』（単著／監修・平下耕三／絵・西村悦子，生活書院，2010年），「児童文学にみる障害者観──「ピノキオ」問題は克服したか？」『手招くフリーク』（共著，生活書院，2010年），『社会福祉学は「社会」をどう捉えてきたか──ソーシャルワークのグローバル定義における専門職像』（単著，勁草書房，2017年）。

編著者紹介

埋橋　孝文（うずはし・たかふみ）
関西学院大学大学院経済学研究科博士後期課程修了，博士（経済学）。
大阪産業大学経済学部，日本女子大学人間社会学部を経て，
現　在　同志社大学社会学部教授，放送大学客員教授。
主　著　『参加と連帯のセーフティネット――人間らしい品格ある社会への提言』（共編著，ミネルヴァ書房，2010年）。
　　　　『福祉政策の国際動向と日本の選択――ポスト「三つの世界」論』（法律文化社，2011年）。
　　　　『子どもの貧困／不利／困難を考えるⅠ，Ⅱ』（共編著，ミネルヴァ書房，2015年）。
　　　　『貧困と生活困窮者支援――ソーシャルワークの新展開』（共編著，法律文化社，2018年）。

矢野　裕俊（やの・ひろとし）
大阪市立大学大学院文学研究科後期博士課程修了，博士（文学）。
大阪市立大学文学部，同大学院創造都市研究科を経て，
現　在　武庫川女子大学教育学部教授，教育学部長，大阪市立大学名誉教授。
主　著　『自立的学習の探求――高等学校教育の出発と回帰』（晃洋書房，2000年）。
　　　　『子どもの貧困／不利／困難を考えるⅠ――理論的アプローチと各国の取組み』（共編著，ミネルヴァ書房，2015年）。

田中　聡子（たなか・さとこ）
龍谷大学大学院社会学研究科社会福祉学専攻博士後期課程修了，博士（社会福祉学）。
現　在　県立広島大学人間福祉学部教授。
主　著　「子どもの居場所における重要な他者の役割」『子どもと福祉』10（2017年）。
　　　　「母子家庭の現状から看る子どもの居場所事業――A市ひとり親家庭の子どもの居場所事業に参加する母親のインタビュー調査から」『日本の地域福祉』30（2017年）。

三宅　洋一（みやけ・よういち）
大阪市立大学大学院経済学研究科後期博士課程満期退学。
元大阪経済大学経済学部非常勤講師。
主　著　『イギリス社会政策講義――政治的・制度的分析』（共訳，ミネルヴァ書房，2015年）。
　　　　「終章　福祉・教育現場での「子どもの貧困対策」に向けて」『子どもの貧困／不利／困難を考えるⅠ』（ミネルヴァ書房，2015年）。

子どもの貧困／不利／困難を考えるⅢ
――施策に向けた総合的アプローチ――

2019年6月10日　初版第1刷発行　　　　　　　〈検印省略〉

定価はカバーに
表示しています

編著者	埋橋 孝文 矢野 裕俊 田中 聡子 三宅 洋一
発行者	杉田 啓三
印刷者	江戸 孝典

発行所　株式会社　ミネルヴァ書房
607-8494 京都市山科区日ノ岡堤谷町1
電話代表　(075)581-5191
振替口座　01020-0-8076

© 埋橋・矢野・田中・三宅ほか, 2019　　共同印刷工業・新生製本

ISBN978-4-623-08589-7
Printed in Japan

子どもの貧困/不利/困難を考える

既刊2点/A5判上製カバー/各巻本体3800円(税別)

I 理論的アプローチと各国の取組み

埋橋孝文/矢野裕俊[編著]

序　マクロとミクロ、福祉と教育を架橋する（埋橋孝文）

一　子どもの貧困に抗うために

1　子どもの貧困とレジリエンス（埋橋孝文）
2　子どもの貧困と福祉・教育プログラム（矢野裕俊）
3　子どもの貧困をどうとらえるべきか（山村りつ）
4　子どもの自己肯定感の規定要因（阿部 彩）
5　児童養護施設の子どもにみる自己肯定感をはぐくむ支援（田中弘美）
6　子どもの貧困に抗うための実践（田中聡子）
7　子どもの貧困と母親の就業（室住眞麻子）

二　海外での子どもの貧困と対策プログラム

8　アメリカ（室田信一）
9　イギリス（所 道彦）
10　フィンランド（石川素子）
11　韓国（劉 眞福）

終　福祉・教育現場での「子どもの貧困対策」にむけて
　　　　　　　　　　　　　（埋橋孝文/矢野裕俊/三宅洋一）

II 社会的支援をめぐる政策的アプローチ

埋橋孝文/大塩まゆみ/居神 浩[編著]

序　先鋭的に深刻化しているグループに注目（埋橋孝文）

一　児童養護施設の子ども

1　児童養護施設の子どもと自立支援（田中弘美）
2　児童養護施設退所者の不利、困難、貧困を克服する手立て（宮田暢子）
3　児童養護施設退所者の自己肯定感向上の契機（小田川華子）

二　母子家庭の母親と子ども

4　母子家庭の母親の就労の現状と課題（大塩まゆみ）
5　母子世帯の貧困と支援施策（桜井啓太）
6　母子家庭の母が描く子育てと子どもの姿（田中聡子）
7　母子生活支援施設利用による母親たちの自己肯定感の変容（堺 恵）

三　不利と困難を抱えた若者

8　大学から仕事への移行期にある若者たちの経済的困難（室住眞麻子）
9　若者の就労自立支援におけるプロセス評価とアウトリーチの必要性（居神 浩）
10　地域若者サポートステーションにおける相談援助（松山 廉）
11　日本と海外の若者支援の取組み（水野篤夫/岸田祐子/横江美佐子/竹田明子）

終　貧困/不利/困難に対する社会的支援（埋橋孝文/大塩まゆみ/居神 浩）

ミネルヴァ書房

http://www.minervashobo.co.jp/